绝版春秋

乱离与重构

冬熊 著

台海出版社

图书在版编目（CIP）数据

绝版春秋：乱离与重构 / 冬熊著 . —— 北京：台海
出版社 , 2023.2
ISBN 978-7-5168-3485-5

Ⅰ . ①绝… Ⅱ . ①冬… Ⅲ . ①中国历史 – 春秋时代
Ⅳ . ① K225

中国国家版本馆 CIP 数据核字 (2023) 第 022095 号

绝版春秋：乱离与重构

著　　者：冬　熊

出 版 人：蔡　旭　　　　　　　　责任编辑：姚红梅
视觉设计：周　杰　　　　　　　　策划编辑：王云欣

出版发行：台海出版社
地　　址：北京市东城区景山东街 20 号　　　邮政编码：100009
电　　话：010 - 64041652（发行，邮购）
传　　真：010 - 84045799（总编室）
网　　址：www.taimeng.org.cn/thcbs/default.htm
E - mail：thcbs@126.com

经　　销：全国各地新华书店
印　　刷：重庆市国丰印务有限责任公司
本书如有破损、缺页、装订错误，请与本社联系调换

开　　本：787毫米×1092毫米　　　　　1/16
字　　数：276千字　　　　　　　　　印　张：17.5
版　　次：2023年2月第1版　　　　　　印　次：2023年2月第1次印刷
书　　号：ISBN 978-7-5168-3485-5

定　　价：99.80元

目录

序

四年前，我在知乎网结识了冬熊。虽然他的关注者并不多，但从字里行间的谈吐来看，他对历史的见解是不错的，之后我们经常探讨一些先秦史话题，冬熊也不时会展现出自己的灼见。我得知冬熊兄是一个从事经济工作的理工男，工作之余仍保持读书的习惯，对他更为赞赏。

去年，冬熊跟我说想出一本有关春秋的通俗史作品，并把写好的样稿给我过目。我粗略看了一遍，发现不但见解深刻，尤为难得的是，文笔优美，有一定的市场价值。于是我将冬熊推荐给了擅长为新手出版的指文图书，编辑果然也表示满意，双方达成合作。之后一年的时间里，冬熊将写好的章节陆续发送给我，我针对内容也提出了一些意见。后来冬熊写完全稿，又经过一段时间的编辑，他告诉我这本书准备送审了，并嘱咐我为这本书写序。我深知自己才疏学浅，但也不好拂却好意，于是就诞生了这篇抛砖引玉的小序。

冬熊这本书写的是春秋时期的历史，在我看来，春秋是历史上最独特的朝代，春秋、战国合在一起可以说是历史上最重要的朝代。清人王夫之在《读通鉴论》中，就称春秋、战国是"古今一大变革之会"。20 世纪的"古史分期"也证实了这一点。故现在一般称夏、商、西周及春秋为奴隶社会，战国至清朝灭亡为封建社会。尽管目前倾向于淡化"五种社会形态论"，但中国在春秋、战国之际发生了一场社会巨变，这在历史研究中已经成为不刊之论。

春秋、战国正是这两种社会形态的承前启后时期。这两种社会形态变化的根源，从经济角度来看，是铁器的使用和牛耕的推广。在夏、商、西周三代时期，因为没有发明铁器与牛耕技术，农业需要家族（文献中称为"氏"或"族"，非原始社会语境的血缘氏族）集体生产。所以在这个时候，个体家庭要完全从属于家族，不能脱离家族来生存。春秋时期农业技术发达了，个体家庭拥有了独立生存的能力；再加上连年战乱，不少家庭也就从家族中脱离出来了。

这条原理其实简明直白，也正是解开春秋、战国社会变迁的一把秘钥。掌握这把秘钥，我们再去看战国以后描写春秋的史料，就会发现存在不少显而易见的漏洞。

举个例子，春秋第一相管仲改革的内容，记录春秋史最翔实的《左传》没有提到，在《国语·齐语》和《管子》中却有详细叙述。不少学者在面对这些史料时，往往不加分辨便予以采信。甚至顾颉刚先生及弟子童书业在合著的《春秋史讲义》中，也将《齐语》的内容作为管仲治齐的政策抄录，之后童书业先生将此书修订为《春秋史》，亦将此段抄录，并认为"虽然《国语》等书的记载未尽可信，但必保存些当时的真相的影子"，质疑但不愿放弃。

其实，《齐语》《管子》都是战国、秦、汉经济学者编写的文献，其中记录春秋时期的管仲改革，实际上都是从战国、秦、汉的社会形态出发，进行了一种理想化的构拟，并作为托古改制的依据。管仲进行"士农工商"四民分处、各司其职的改革，在春秋前期是不可能存在的。因为当时都是家族从事农业生产，士、工、商都无法脱离农业。国人忙时作战、闲时务农，《诗经·国风》就表现了这一点，士与农本身也是一体的。

相比于焦不离孟、孟不离焦的战国时期，春秋时期还显得更加独特。因为春秋时期是历史上独一无二的"霸权迭兴"时期，在周天子王权式微的情况下，"春秋五霸"奉天子以讨不臣，你来我往、轮流"坐庄"，共同书写了春秋两百多年的大历史，这在中国历史上是绝无仅有的。冬熊此书的书名《绝版春秋：乱离与重构》，对于这个时期的特征概括得非常恰当，春秋时期一方面是旧时代的"乱离"，另一方面又是新时代的"重构"。

冬熊在书中除了指出春秋、战国的社会变迁，在第一章中也追根溯源，简述西周是如何经历王纲解纽、进入霸权迭兴的。春秋史研究目前多依托于《左传》，"西周史"目前研究为文献与考古并进。后世流传西周文献不但支离破碎，而且不少史料也不可靠，需要考古资料予以证明。冬熊阅读杨宽《西周史》与许倬云先生《西周史》，提出杨著中的政治制度主要依靠《周礼》写成，不如许著可靠，对此我也深表赞同。

这部书是冬熊的处女作，也是他成为通俗史作者的一个起点，希望读者能够喜欢他的作品，也期待他能够写出更多更优秀的作品。

林屋公子

2022 年 7 月

林屋公子，文史作家，知乎 13 万粉丝答主，专注先秦秦汉史、神话妖怪学，出版《先秦古国志》《先秦古国志之吴越春秋》《山海经全画集》《魅影：中国古代神灵志异图鉴》《你一定爱读的中国战争史·春秋》《中华经典名著全本全注全译丛书·列仙传》《漫画中国古代帝王·先秦两汉卷》《文物里的早期中国》等著作，文章散见于《国家人文历史》、《北京晚报》、澎湃新闻等三十余种报刊媒体、门户网站，并发行音频课程《文物里的先秦密码：像侦探一样学历史》。

第一章

周的兴衰

肆伐大商

周是一个为无数后人津津乐道的时代，与之前的商王朝相比，它显然更符合人们对于"礼仪之邦"的想象。周人不像商人那样神秘而暴虐，也不动辄杀人祭天，或者用活人殉葬；他们安土重迁，把农业看得无比神圣。即便到了王权衰微的东周，贵族和士人仍然贡献了古往今来最丰富的思想流派和最充沛的历史典故。

周又是个矛盾的综合体。西周王朝威严但模糊，东周清晰却衰弱。周朝的建立始于一场血流漂橹的惨烈战争，后来的儒生却宁可相信周是"以三千仁义之师，胜亿万残暴之众"。一代代的儒家学者充分发挥想象力，把文王、武王、周公、召公等早期统治者包装为半人半神的圣者，将他们的行迹一次次美化升级，打造成完美无瑕的政治神话。周，就像存在于另一个时空之中，既熟悉，又陌生。

传统的思维模式中，王朝的兴衰，约等于最高统治者的水准，甚至仅仅是道德水准：皇帝好，时代就好；皇帝差，时代就差。这点在一个王朝的开局和末尾阶段体现得尤为明显。开国之君怎么做都是对的，如果他善待民众，便是"如天之仁"，国家自然治理得好；要是他残暴不仁，则可以称赞其性格"杀伐果断"，治乱世用重典。而亡国之君则怎么做都是错的，残忍暴虐者自不用说，倒行逆施的独夫民贼怎会有好下场？宽仁爱众的，也只能得到个"暗弱"的评价，活该被架空，被篡位，被对手干掉。

把这个"公式"带入周代，得到的无非是"文王、武王英明神武，所以西周开国""厉王、幽王暴虐昏庸，所以西周亡国"之类的结论。拿结果倒推原因，固然免除了具体问题具体分析的痛苦，却也永远告别了得到真相的可能性。

要了解周的结束，就要先了解它的开始。

周人的祖先，很可能是游荡在陇西高原到黄土高原广袤台塬上的一个小部族，主要的定居点在泾水上游。沿着河谷顺流而下，他们会发现泾水汇入的另一条大河——渭水。经过许多次对未知世界漫无目的地探索,他们果然发现了黄土高原南部的渭水谷地。渭水丰沛的流量冲刷出肥沃的平原,这片肥沃的土地后世被称为"关中平原",将成为周和后来秦、汉的龙兴之地。

比起称雄中原数百年的"大邑商","小邦周"的文明可以说是寒酸。他们的青铜器不如商人的精致美观,祭祀神明的场面也土里土气。他们挥舞着用石头、木头、兽骨、蚌壳制作的简陋农具,耕种着松软的黄土,倒也自得其乐,收获颇丰。在商人眼里,周和其他野蛮的部族没有太大区别。

弱小的周人虽然发现了渭河平原这片巨大的宝藏,但他们对新地盘的开发依然是谨慎而有序的。最初,在周太王公亶父的带领下,他们没有完全抛弃黄土高原,而是谨慎地选择了定居在高地和平原交界处的岐山脚下,有序地开发着这片丰饶的平原。定居的黄土台地被他们命名为"周原",如今是陕西省宝鸡市岐山县的风景区。这次搬迁是天启般的英明决策,上天因此降下祥瑞:"周之兴也,鸑鷟鸣于岐山。"(语出《国语·周语》)"鸑鷟"是凤凰的别名,凤鸣岐山,便成为周人勃然而兴的征兆。

此后,周人一步步向东探索,摸清了渭水的脾气,他们驱逐野兽、除剪荆棘,经营出一片人间乐土。到太王的孙子文王时,周人已经探索到了关中平原的精华区域,即如今的陕西省省会西安市一带。在西安市和咸阳市交界附近的渭河河段,其右岸有一条发源自秦岭、由南向北汇入的支流丰水。周文王在丰水西岸营建了一座城市,以水为名,称其为"丰京",将都城从岐山脚下迁了过来。

文王的儿子武王又在丰水东岸建立了另一座城市镐京,此后的近三百年里,二京合称"丰镐",始终作为周王朝的统治中心活跃在历史舞台之上。其间,周人向商人学了许多本事:他们的政治体制越发成熟;青铜器工艺虽然不如商人,却也日渐精美。周人的势力逐渐延伸到整个渭河平原。

早在周人找到渭河平原之前,他们就在西方收获了盟友——羌人。羌人是广泛分布于关中平原西部、西北和西南的强悍部族,在商人口中他们叫"羌方",

周人则称他们为"姜"。羌人经常遭到看他们不顺眼的商人的毒打，许多人被捉去献祭给商人的先王。共同的敌人，让周人和羌人走到了一起。

周人心目中的始祖叫"稷"，稷是黍一类的谷物，可见周人对农业的重视。稷的母亲是一位叫姜嫄的女子，《诗经·大雅·生民之什》里留下了她踩到天帝脚印，因此怀孕生子的传说：

厥初生民，时维姜嫄。生民如何？

克禋克祀，以弗无子。

履帝武敏歆，攸介攸止，载震载夙。

载生载育，时维后稷。

《诗经·鲁颂·閟宫》这首宗庙诗，也有类似的记载：

赫赫姜嫄，其德不回。

上帝是依，无灾无害。

弥月不迟，是生后稷。

周人和羌人的关系便是如此。考察西周十一代共十二王的婚姻，会发现一个有趣的规律：从武王开始，每隔一代就会迎娶一位姜姓的王后，只有最后三代厉宣幽王是连续娶姜女的。

周王代际与即位次序表			
西周天王	代	即位次序	王后
武王	1	1	邑姜
成王	2	2	王姒
康王	3	3	王姜
昭王	4	4	王祁

续表:

西周天王	代	即位次序	王后
穆王	5	5	王俎姜
共王	6	6	王妫
孝王		8	王京
懿王	7	7	王白姜
夷王	8	9	王姞
厉王	9	10	申姜
宣王	10	11	齐姜
幽王	11	12	申姜

注：懿王去世后王位由叔叔孝王继承，故此处王的次序与代际顺序相反。

这张表格透露出重要的信息，即周人和羌人是人类学上的"两合氏族"，实行的是互相嫁娶的族外婚。每隔一代，就有一位羌人女子嫁给周王，成为母仪天下的王后。她的儿子则不再从羌人那里娶妻，直到她的孙子会再迎娶一位羌女。因为在更早的母系社会里，丈夫是跟随妻子生活的，只有隔一代的孙子才会再次"出嫁"到祖父所居住的母系氏族。这种原始的习惯保留下来，便成了周王"隔代娶姜"的传统。

羌人的加入，为姬姓周人注入了新鲜血液，也加强了他们的武力。到商朝末年，姬、姜早已融为一体，宝鸡周边不止一处西周墓葬中，例如茹家庄的弜伯墓、竹园沟墓地等，都发现了羌人的寺洼文化与周人文化共存的迹象。看来周人十分慷慨地和羌人盟友分享了富庶的关中平原，他们齐心协力，磨刀霍霍，准备把"大邑商"掀翻在地。

商人的统治，恐怖而血腥。他们认为，只要让神灵满意，王朝将永远得到庇护。他们在高高的祭台上杀死战俘和奴隶，用鲜血和灵魂取悦神灵。在受难者垂死的哀号声中，商人纵情歌舞、痛饮美酒，把一次次祭祀推向高潮，然后在酒精的作用下颓然倒地。

商人时常发动恃强凌弱的战争，只为了削弱其他国家，顺便捕捉祭品。西方逐渐崛起的周人，同样不免成为商人打击的对象，甚至他们骁勇善战的首领王季，也被骗到商都杀死。王季的儿子文王继承了父亲的事业，广泛联络其他方国，引起了商王帝辛的警惕。《竹书纪年》记载，文王召开诸侯会议的消息被探知后，帝辛带领大军到周人领土渭河谷地狩猎。所谓狩猎，其实是明目张胆的武力威胁，警告周人不要轻举妄动。次年帝辛颁布新历，文王不得不前往商都参会。盟会是一场阴谋，文王被当场逮捕，囚禁在羑里（今河南省安阳市汤阴县北）七年才被释放归国。

漫漫长夜之后，黎明总是静悄悄地到来。在商人越来越不得人心的同时，周人的声望日益高涨，随之而来的是周人日渐蓬勃的野心。王季之死和文王被囚，又加深了周人对商的仇视。《诗经·鲁颂·閟宫》在诗的开头记叙了剪商的缘起：

> 后稷之孙，实维大王。居岐之阳，实始剪商。

也就是说，从周太王开始周人就萌生了消灭商的想法，当然这是周人自己的说法。太王时周人还比较弱小，尚不敢以蕞尔小邦去挑战中原霸主。然而人的欲望总是一点点膨胀起来的，随着关中平原的开发，周人的实力不断攀升，他们开始不满商人的暴政，进而萌生出取而代之的想法。与此同时，许多方国为了报复多年被欺压的仇，暗地里投靠到周人的阵营，共谋剪商大业。但周人毕竟人数太少，于是他们通过联姻的方式，争取到了一些原本是商人"铁杆"的国家。"合二姓之好"的方式，被写在了《诗经》里：

> 挚仲氏任，自彼殷商，来嫁于周，曰嫔于京。
> ……
> 文王嘉止，大邦有子。大邦有子，伣天之妹。

——《诗经·大雅·大明》

王季的夫人是挚国公主太任，她的出身是"自彼殷商"。可见挚国即使不是商人的核心方国，也必然是非常重要的盟友。文王的夫人太姒则来自"大邦"，由于周人常称商为"大邦殷"，太姒应当也是商人，或至少是商人的重要方国。文王迎娶太姒的场面极其隆重，他在渭水搭建浮桥，亲自跨过浮桥迎接妻子的到来。周人对她的描写是"伣天之妹"，意思是天上掉下个姒妹妹，美丽得无法形容。看来在"小邦周"的眼中，来自"大邦殷"的太姒举手投足都无比洋气，让周人开了眼界。

文王与太姒感情极好，伯邑考、武王姬发、周公姬旦都是她的亲子。从儿子的优秀程度来看，太姒的基因应当十分出众，相夫教子的水平也非常高。当然，除去太姒个人素质的因素，她的商人背景，恐怕也是她如此受文王重视的原因。以太任、太姒娘家为代表的商人方国都被一个个拉进了周人的阵营，除了说明周人有智慧，也能看出商人内部出现了明显的分裂，商人的统治已经危机重重。

对那些死硬派，周人则毫不手软，予以重击：

> 密人不恭，敢距大邦，侵阮徂共。王赫斯怒，爰整其旅，以按徂旅。
>
> ……
>
> 帝谓文王：询尔仇方，同尔弟兄。以尔钩援，与尔临冲，以伐崇墉。
>
> ——《诗经·大雅·皇矣》

被周人攻灭的国家中，最有名的恐怕就是崇国。它的末代国君崇侯虎被写进了《封神演义》，成了助纣为虐的反面典型。但关于崇国到底在哪里，后世却有不小的争论。许多人根据《诗经·大雅·文王有声》中"既伐于崇，作邑于丰"，认为文王灭了崇国，在它的故地兴建了丰京，因而崇在丰镐之间。但文王在渭水搭建浮桥迎娶太姒，证明周人的势力早就蔓延到了这一带，为何事后才在这里灭崇建丰呢？可见伐灭崇国与在丰镐搞建设是两回事。何况一个国家也不太可能刚打下某块地盘，就立刻把首都迁到这里。周人应当是占据了关中平原，丰镐之地成为核心腹地之后，才把首都从岐山迁徙过来的。而文王之所以要灭掉崇国才迁都，可能是因为崇的地缘对丰镐造成了一定威胁。

介于商周之间，对关中平原存在一定威胁的地理单元，基本只有位于关中东北方，今山西省西南部的河东地区。这里有一座崇山，周围是富饶的临汾盆地和运城盆地，是古大夏的中心区域。周边临汾、襄汾、侯马、曲沃、翼城、绛县等地已经发现了七十多处夏文化遗址，昭示着以崇山为中心、长达数百年的繁荣历史。唯有这样一个历史悠久、文明灿烂又亲商的古国，才能让周人如此重视，直到将其打败，才敢把首都迁徙到丰镐一带来。除了确保关中的防务，控制晋南更大的意义是灭商时的安全。周人伐商的常规路径是沿着黄河南岸的崤山东进，此时有可能威胁大军侧翼或者切断其后路的，便是山西南部的崇国。崤之战秦军之所以片甲不回，便是后路被晋国截断的缘故。

经过王季、文王、武王至少三代人的谋划，周人拉拢了能够帮战的盟友，剪除了不能帮战的对手。虽然不到儒家所说的"三分天下有其二"，但他们已占据关中，控御晋南，确实具备了与商人一战的实力。可见周人势大，帝辛只能选择妥协，册封文王为西伯："王赐命西伯，得专征伐。"文王就此称王，名正言顺地召集诸侯，主持盟会。商人此时正陷在与东夷旷日持久的战事之中，无暇西顾。等到武王继位，商周两国实力此消彼长，周人认为灭商的时机已经成熟。公元前 1046 年二月甲子日清晨，岁星当空，武王统率着多国部队长途奔袭，出现在商朝陪都朝歌的郊外。

此时，末代商王帝辛的主力兵团仍在东方与夷人苦战。他只好给奴隶们分发武器，拼凑出一支军队应对危机。羌人首领吕尚以武勇闻名西土，周人的战车和虎贲战士在他的带领下，发起了无畏的冲锋。吕尚像翱翔天际的雄鹰一般，单车驰入商人的军阵。此时的他正值壮年，肌肉虬结、长发飞舞，把手中的长戈挥得虎虎生风，粉碎了所有敢于挑战他的敌人。商人中那些名扬四海的勇士，一个个倒在他的面前。

以奴隶为主的军队扛不住打击，前锋临阵倒戈，剩下的人四散奔逃，周人只用一个早晨就彻底摧毁了帝辛徒劳的抵抗，取得了一场压倒性的胜利。目睹商人奴隶大军的四散，周人的战车势不可当，追杀着逃散的敌人，随行的史官掏出空白竹简，捏笔记录下了吕尚的英姿：

> 维师尚父，时维鹰扬。凉彼武王，肆伐大商，会朝清明。
>
> ——《诗经·大雅·大明》

我国的国宝级文物利簋的铭文与之互相印证，向后人诉说着这场史诗般的战斗：

〈 ∨ 利簋及其铭文，中国国家博物馆藏。

> 武王征商，唯甲子朝，岁鼎，克昏夙有商。

甲子日的清晨爆发战斗，到黄昏，武王已经占领了朝歌。胜利来得不可谓不快。听闻前方战败，帝辛明白大势已去。他走上巍峨华美的鹿台，把所有珍宝付之一炬，然后跳入火堆自焚，留给这个世界最后的痕迹，是一具面目难辨的焦黑尸体。他最宠爱的两个女人，也追随她们的王和夫君自尽了。

胜利者当天傍晚就进驻朝歌，郑重其事地举行了宣告胜利的典礼。周武王亲自上场，乘车来到鹿台，屹立在战车正中央，张弓搭箭，对准帝辛焦黑的尸体连射三发，然后下车，拔剑刺入尸身。接着用象征王权的黄色大斧，砍下帝辛的头颅，把它挂在战旗太白旗下面。接着，又用同样的方式处理了两名宠妃的尸身，区别是用来斩首的武器换成了黑色大斧，她们的人头则被挂在小白旗下。

人们大多把注意力放在恐怖的侮辱尸体、斩首示众环节，认为武王被父祖的仇恨冲昏头脑，做出了不理智的泄愤举动，忽视了他对商人平民的宽恕。按照那个时代的惯例，再加上积累多年的血海深仇，胜利者完全有动机也有能力发动一场针对平民的大屠杀，但周人保持了最大的克制。目睹了这场特殊仪式的商人隐隐感觉到，新的征服者与他们过去残忍的王不太一样。"诛除首恶，胁从不问"的态度，表明周人已经萌生了可贵的宽容精神和原始的人本主义。

周武王的宽大政策，无论是出于深思熟虑还是天生的宅心仁厚，客观上都为周人后续的统治铺平了道路。如果不分青红皂白屠杀老弱妇孺，必定会激起反抗，把一些商人的同情者推向自己的对立面。大商王朝，无论如何残暴，也是虎踞中原六百年的强大政体，而周不过是新近崛起的西方小国。商的政权崩塌后，如何在东方广袤的国土上建立新秩序，比剪商大业更考验周人的政治智慧。

武王将宽大政策进行到底，他立帝辛的儿子武庚为新的商王，继续统治原先商都城殷附近的版图。不过，作为一代雄主，武王当然不会轻信敌人，他又安排了弟弟管叔、蔡叔、霍叔带人监视武庚，以防商人遗民掀起叛乱。

武王在灭商之前就患上了严重的失眠症。在克商的第三年他溘然长逝。弥留之际，武王将年幼的儿子成王诵托付给弟弟周公旦，让他在成王成年之前，代为管理这个崭新的国家。

武王早逝，身后留下了巨大的权力真空。此时的周人，需要面对三个重大难题：

一、商人遗民蠢蠢欲动，试图挑战周人建立的新秩序。

二、同为武王兄弟的管叔、蔡叔、霍叔，对周公独揽摄政大权暗中不满。

三、各地方国，四方蛮夷，并没有完全纳入周人的统治。

重任在肩的周公，还没来得及擦干眼泪，王朝的东土就传来了爆炸性的警报：商王武庚起兵反周了。武庚的同谋中，赫然出现了原本负责监视商人的"三监"——管叔、蔡叔和霍叔的身影。

众建亲戚

武庚是如何蛊惑"三监"参与到自己行动之中，如今已无可稽考，但不妨碍我们依据有限的信息做一些推测。从商人贵族的立场来看，帝辛过于残暴，他的毁灭倒也不是不能接受，大不了换一个大王便是。何况武王立了帝辛的儿子为新的商王，说明周人对商的核心领土没有要求。大商浮浮沉沉几近六百年，迁都多达十几回，几度衰落又屡屡中兴，这一次也不过是古往今来遇到的众多挫折之一罢了。周人远在西土，必然不可能长久控制中原，商人只要励精图治，复兴仍然大有希望。而且，持有这种想法的可能不仅仅是商人，周人对自己的前途也没有太大的期待。否则，以管叔、蔡叔天子至亲的身份，如果不是认为武庚起兵胜算很大，如何肯蹚这浑水呢？换句话说，周人对如何统治整个天下，暂时还没有可行的方案。或者说即使有方案，也因为武王病重迟迟没有实施，因此给了武庚可乘之机。

"三监"的加入，让周公格外被动。管叔是武王众弟中最年长的，理论上他最有资格摄政，因此对周公代行王事最不满的也是他。《尚书·周书·金縢》载："管叔及其群弟乃流言于国，曰：'公将不利于孺子。'"对立国未稳的周人来说，内部分裂的杀伤力无疑是巨大的。流言的可怕在于无影无踪，但又牵制着人心。白居易曾对周公的处境感慨道："周公恐惧流言日，王莽谦恭未篡时。向使当初身便死，一生真伪复谁知？"

"三监"之乱波及的范围非常广，武庚不光策反了管叔等人，还联合原本敌对的东夷如徐、奄等国。周公东征打到了江南，花费三年时间才艰难平定了叛乱，这场叛乱也让他下定决心重塑国家的治理结构。从表面上看，是野心家的铤而走险诱发了"三监"之乱，但究其根本，则是因为在关中遥控广阔的东部国土本就不现实。平叛大军仅穿越崤函通道进入中原，就需要花费四十到六十天。这次叛乱之所以耗了三年才得以消弭，与漫长的行军路线不无关系。

既无法杀掉全部商人——那显然只会让局面彻底失控，也不可能施以比"三监"更靠谱的监管——如果连管叔、蔡叔、霍叔这样的至亲都会被居心叵测的商人拉下水，那么派其他人来，谁又能保证不是下一个"三监"呢？所以要改的只能是治理模式，变遥控为就近管理。

经过缜密的论证以后，周公颁布了新政策。这些政策影响之深远，恐怕是他自己都没有料到的。

第一条新政，是在东出豫西通道后的洛水谷地营建一座东部行政中心，王室未来就要凭借它控御东方辽阔的疆土。这座崭新的城市，周公命名为雒邑，十三朝古都洛阳的前身便是此地。从后世的经验来看，在刀兵四起的乱世，洛阳并不是一座适合坚守的城市。洛阳盆地过于逼仄，周边的山峦、关隘又不够险要，这使得它面对强敌围困时，做不到自给自足长期坚守。但若是在承平之日，洛阳作为"天下之中""四方辐辏"之地，因为其便利的水

〈何尊及其铭文"宅兹中国"，
宝鸡青铜器博物院藏。

陆交通，非常适合作为国家的中心向全国发号施令。传世国宝何尊的铭文中
就记录了武王对洛阳的期待："余其宅兹中国，自之义民。"可见兴建雒邑，
应当是在武王时期便议定的决策，遗憾的是武王过早去世，他的遗愿只能由
弟弟周公完成了。

洛阳兴建完毕，协调东西两边国土的治理问题便摆上了台面。既然在关中
遥控东部不太现实，那么同理，坐镇洛阳反向遥控关中故地也一样困难重重。
所以周公以"陕"地为界，把国家一分为二，西边为周的熟地，以镐京为中心，
交给弟弟召公姬奭管理；东边则是剪商后得到的新地盘，以雒邑为中心，周公
亲自坐镇。召公姬奭的性格沉毅稳重、温和可亲，又是尊贵的王叔，王畿里的
贵族和人民大多对他心服口服，由他负责大本营再合适不过。至于东方未知的
世界，治理起来困难重重，这份责任，就由自己来承担吧。

以"陕"为周公、召公治理国土的分界线应当是经过严密论证的：陕地位
于今天的河南省三门峡市，黄河在此劈开秦岭，把丰沛的水流从第二级阶梯灌
入平缓的第三级阶梯。进入平原之后，河面逐渐加宽，奔涌咆哮的黄河变得安
静柔顺，水流速度迅速下降。从黄土高原上裹挟而来的泥沙纷纷沉积，日复一
日地垫高河床，以至于下游水位经常高过地面，在河堤的护持下才勉强沿着原
先的河道流淌。又因为水往低处流，河床高悬的黄河过了三门峡之后就几乎没

有支流汇入，换句话说，三门峡便是黄河水量最充沛的河段。加上巍峨秦岭坚硬山石的约束，让这一带的水文变幻莫测，水道十分狭窄，水流极为湍急，船只几乎无法通航。东西二周的水路连接，被三门峡这个奇点阻断，那么以此划分疆界再合适不过。

周、召二公之所以分陕而治，还有一重不得不如此的缘由：洛阳承担着周王室开拓进取的使命。这种说法听起来很奇怪，周人不是已经灭掉了大商，建立了新朝吗，何来开拓一说呢？

这便是周与后来集权帝国的不同之处了。此后的改朝换代，都以某一个集权势力彻底消灭所有敌对集权势力为前提，胜利者登基称帝时，放眼四海已经没有反抗者，是真正的"普天之下，莫非王土；率土之滨，莫非王臣"，是为先"打天下"，再"坐天下"。但商只不过是松散的邦国联盟的盟主，此时的中原大地上，大大小小的邦国星罗棋布，大部分国家和文明都是点状散落，托起这些点状国家的"面"上，分布着森林沼泽，以及不臣属于任何人的"野人"。武王伐纣是一次大胆的斩首行动，其结果是让本已危机四伏的商王朝统治崩溃。但周人尚且无法直接而彻底地统治商的版图，遑论迫于威势而心不甘情不愿臣服的蛮夷戎狄。本质上，周人是在"坐天下"以后，再进一步"打天下"的。

周公面对的就是这样一个一盘散沙的局面：商人依然不满，小国仍旧观望，蛮夷戎狄还在逍遥法外，"野人"们则继续稀里糊涂的岁月静好。周人就像是巨大红松树洞里的一只松鼠，在它撬开红松树每一颗松子坚硬的果壳，把美味的果仁塞进肚子之前，实际上并没有做到对红松树庞大资源的"利用"。

地理上的"分陕而治"，是找的暂时变通的方案。周公心中浮现出一个更为宏大的构想：把整棵红松树"利用"起来，让这片土地的所有人都变成周的一部分。这需要进行难度空前的制度设计，"周虽旧邦，其命维新"，信之有也。

周公启动了第二个大型国策：众建诸侯、分治商人。"三监 VS 商人"的模式已经被证明是失败的，而周人还面临着"打天下"的压力，继续与商人耗着显然不是办法，应当谋求调动他们的人力资源，为新生的周王朝添砖加瓦。

周公把在伐纣和平叛中战败的商人分为三六九等，施以不同的政策：对恭顺者，比如在灭商时第一时间投降的帝辛长兄微子启，封以大国，作宾王家，给予政治上最高的礼遇，树立正面典型。对起兵反抗者（他们又被称为"殷顽"），则把他们从商人故地迁徙到东都洛阳，在周人的看管下成为这座伟大都市最早的居民。但商人的上升通道并没有断绝，他们中的优秀分子将被吸纳进周人的统治集团，慢慢地被同化。洛阳肯定住不下如此多的商人，剩下来的，将由周人的贵族带领着去远方立国，征服不臣服的蛮夷和"野人"。而最冥顽不化的一部分，周公则把他们连根拔起，迁徙到遥远的地方。

被放逐的人群中有一个部族比较特殊，他们在对帝辛忠心耿耿的恶来的带领下，在"三监"之乱中负隅顽抗到最后一刻。周人因此十分恼怒，杀了恶来，把整个部族放逐到极西之地（大约在如今的甘肃东南部）。这个小小的商人部族，到了西边依然坚持自己的传统，崇拜的图腾仍是商人引为祖先的玄鸟，现今在他们的墓葬中经常发现大量的人殉，车马坑中的车马是整装待发的状态，墓主人两腿盘曲，墓底的腰坑里还有可怜的殉葬狗狗，这些都与周人的墓葬风俗完全不同，而是典型的商人习俗。八百年后，他们的后代"振长策而御宇内，吞二周而亡诸侯"，建立了大秦帝国。河东河西，沧海桑田，不外如是。

为了化解商人对拆分的抵触情绪，周公反复对自己人和商人训话：现在大家都是一家人，就不要再把周人和商人分得那么清楚。如果非要分清楚，那么大周朝的精神也是"严于律己，宽以待人"——作为周人，必须学会严格要求自己，某些事情商人做了尚属情有可原，比如喝酒喝得酩酊大醉（饮酒是商人的传统，并且因此亡国），但如果周人做了，则一定严惩不贷。

商人就这样被按照氏族分解开来，交到了周人贵族的手下。按照童书业先生的判断，周人此时不过十几万人，却要统治多达二百万人的商人，委实有点捉襟见肘。但或许是帝辛与武庚的失败让他们丧失了反抗的意志，抑或是周人的怀柔政策起了效果，他们心灰意冷地接受了命运的安排，此后再没有出现过商人叛乱。当然，最根本的原因，恐怕还是最强悍的已经被杀掉或被放逐，剩下来的都是相对柔顺者。

"带上商人去开荒"真是好想法。身处陌生的新环境，初来乍到的商人与周人共同垦荒。商人发现：周人强毅坚忍，心性质朴，遇到危险总是冲在前面，用健壮的臂膀保护着包括商人在内的所有人的安全。

尤为让人欣慰的是，周人相当尊重他们的风俗习惯，允许商人按照自己千百年来的方式生活。在出发前，周公就一再告诫伯禽、康叔等领导人——开展工作千万要因地制宜，不要搞教条主义，要尊重各族人民的习俗，让他们按照自己的方式生活。几百年后孔子时代的鲁国，人民仍然在不同的神社里祭祀祖先神明、订立盟约，周人在"周社"、商人在"亳社"。曲阜故城的考古发现也提供了有力的支持。鲁国的西周墓葬可以分为两类，一类集中在望父台墓地，墓的形状狭长，墓主大多头朝北脚朝南，手握或口含玉石，殉葬品以陶制的食器为主，这是典型的周人墓葬。另一类分布在斗鸡台和药圃墓地，墓的尺寸较宽，底部中央挖出的浅浅腰坑、腰坑里埋葬的用来引导主人灵魂的殉狗、墓主头朝南脚朝北的摆放姿势，无不昭示着这是商人最后的归宿。商周二族捏合在一起，熔铸为周王朝"辟土服远"的洪流。

这一期间，至少二十多个姬姓诸侯国建立起来。他们有分布在太行山东麓靠近商都地区的卫、凡、胙国；拱卫在洛阳东北方的邢、原、雍国；立国于今山东省最西南角，承担着连接东方诸侯与王室重任的曹、郜、茅国；泰沂山脉南部的鲁、郕、滕国；从洛阳正南向东南方斜线排开的应、蔡、蒋国。当然，周人也分封了许多异姓诸侯国。诸侯们以东都雒邑为圆心，呈扇形向东北、东、东南方向辐射出去，彼此呼应，组成了王室的坚强屏藩。

上述国家，大体上是以三个国家为一组，呈三角形互相保护。这应当是出自周人有意的设计，而不是随机形成的格局。周人最重要的诸侯国，基本上都在黄河中下游这一开发度最高的区域。大河流域的冲积平原是诸侯国赖以生存的根本，除了黄河，济水、淮河乃至长江都能见到诸侯国的身影。江、河、淮、济古称四渎，渎者独也，这四条巨川分别独自入海，因此拥有崇高无比的地位。济水被黄河多次的改道侵占，河道逐渐淤塞，最终湮没无闻，只剩下河南、山东许多含"济"的地名，依稀宣示着这条曾经灌溉千里的大河的存在。淮河流域此时仍被东夷占据，长江、汉水流域则是荆蛮楚国的天堂，周人在这里的势力不大，发展很是艰难，分封的诸侯国大多无法立足，终究淹没在历史的长河之中，没有事迹流传下来。

体国经野

瓜分商人氏族，对周的贵族们来说如同一场人力资源盛宴。

周公从近亲开始分配，第一个是他的儿子伯禽（周人的名字非常有规律，第一个字是家族里的排行，"伯"证明他是嫡长子。第二个字有时候会是某种动物的名字，尤以鱼类和鸟类为多）。伯禽得到了"殷民六族"：条氏、徐氏、萧氏、索氏、长勺氏、尾勺氏。条、索二氏看样子是给商人制作绳索的手艺人家族，长勺、尾勺二氏的履历更加辉煌，他们以往的任务应当是为商王制作精美的青铜酒器。商朝灭亡，他们被分到新朝摄政王儿子的身边做事，可见拥有一项专业技能是不吃亏的。

周公的弟弟康叔分到了"殷民七族"：陶氏、施氏、繁氏、锜氏、樊氏、饥氏、终葵氏，制作陶器的陶氏和制作三足釜的锜氏出现在名单里，再次证明技术型人才的通用性。

武王年幼的儿子叔虞也不差，他得到的是"怀姓九宗，职官五正"。怀即是媿，是鬼方人的姓氏。鬼方本是商人的大敌，此时却成了周人的属下，或许他们是事先投靠，也有可能是被周人征服，抑或是被商人俘虏后同化，再于商灭亡后投降了周人。周人的政府还很原始，职官五正应是沿袭了商人的官僚体系。在这批具备丰富治国理政经验的商人的辅佐下，叔虞及其子孙的事业，未来不可限量。

伯禽带着一批周人和更大一批商人，就是前面提到的"殷民六族"，向东方长途跋涉。队伍止步于一座低矮的山系西侧——小小的尼山原本籍籍无名，直到四百九十多年后，山脚下一个名叫"仲尼"的婴孩呱呱坠地，尼山因此名扬天下。面对周边土著的不解与不看好，伯禽视若无睹，他带领着队伍版筑夯土，依托山势修建城市、开垦良田。没过多久，一座周人心目中兼具美观和硬度的城市就显露出雏形。伯禽派人把他的成绩快马加鞭汇报给父亲周公，并告诉父亲：自己已经给这个新生的国家取了个威风堂堂的名字——鲁国。鲁国的第一座城市依山而建，城中有一座弯弯曲曲长达七八里的阜（土山），因此大家一致决定称它为曲阜。

周围的土著们虽说对这批人十分好奇，但鲁国人（虽说他们内部分得很清楚，你是周人，我是商人，但在外人看来他们已经是一伙的了）富丽堂皇的战车、手上寒光四射的戈矛无不说明他们并不好惹。何况他们的打扮和前几年横扫东国、把商王武庚追得入地无门的那群人很像，于是土著们也就不管不问，继续自己的岁月静好了。他们不知道的是，历史的大江正在汹涌向前，平淡的岁月已经不剩多少日子了。

从曲阜向北遥望，泰山的最高峰直入云霄，鲁公伯禽心里清楚，山的那边，有一支和他们成分类似的队伍也正做着同样的事。但这群人的运气就差得多了，他们甫一立足就遭遇了来自东方胶东半岛的莱夷的骚扰。跟鲁国这边胆小怕事的族人不同，莱夷是见过世面的，当初商王朝何等的威灵赫赫，不照样在自己手上吃了败仗吗？现在这伙人来者不善，还是早点除掉免生后患为好。可他们严重低估了对手的实力，在"牧野战神"吕尚的带领下，周商混合部队给了他们一个下马威（商人对莱夷恨之入骨）。周公也是绸缪在先，如果不是对莱夷的侵略性和战斗力早有耳闻，为什么要派吕尚这位荣耀王者带队呢？

吕战神不负所望，把莱夷打得抱头鼠窜，而吕尚转头日夜赶工，在泰山北麓建起首都来。营丘的得名，证明吕尚是个有勇有谋之人，他沿着"丘"陵"营"造城池，自有防备莱夷侵略的用意。吕尚的国家，便是地表东海的泱泱大国齐国，他被后人尊称为齐太公。吕尚的名字非常多，名气最大的莫过于明代人写的小说《封神演义》里的姜子牙。他在小说中的形象不再是孔武有力的中年武士，而是白头发、白胡子的老年魔法师，有点像《指环王》里的甘道夫。偏偏这个形象最深入人心，以至于如今人们想到姜子牙，脑海中自然浮现的便是一位慈祥睿智的老爷爷。除了姜子牙，吕尚还有姜太公、太公望、吕牙、吕望等称号。按照规则，他应当是姜姓吕氏，名尚或者字尚。周人男子称氏不称姓，所以他最标准的大名，还应该是吕尚。

齐国在未来的四五百年，与莱夷你来我往打得不亦乐乎，终于在春秋晚期吞并了整个山东半岛。直到此时，齐国召公开给吕尚的空头支票"东至于海、西至于河"，才被齐国人用自己的努力兑现。

更早些时候，康叔在太行山东侧的卫国就已经建立起来。河北平原当初和现在的风貌完全不同，是现实版的"沧海桑田"。由于缺少后世千百年人类的艰辛治理，河床被泥沙一天天抬高的黄河，每过几十年就决口一次，它像脱缰的野马一般，北至海河，南至淮河，都是它肆意改道的选项。河北就这样被洗刷成了一个大型湿地公园，人类倘若定居其中，不知道哪一天就被黄河冲走果了鱼腹。这就是为什么西周分封，却没有国家建立在今天的河北平原之上，在太行山东麓的缓坡上安家才是稳妥的方案。

但周人也不愿意在山中安家，因为进一步向西探索，就会发现巍巍太行中潜伏着或大或小的戎人部落。初生的卫国无意与他们发生冲突，他们就暂时相安无事，比邻而居。卫国周边有凡、胙，北边一百公里是另一个大国邢，他们互通声气，把怀疑的目光投向附近的商人。可商朝气数已尽，遗民们到底也没构成多大的威胁，反倒是西边的戎人让他们吃尽了苦头。

臣谏簋（约铸造于成、康时）内底铭文记载："惟戎大出于軝，井（邢）侯搏戎。"戎人"大出"，可知动静不小，但应当没有造成什么实质性的损失，不然邢国人怕是没什么心情在青铜器上记录这件事了。但到了春秋时，戎人强了起来，把邢国、卫国打得抬不起头，多亏齐桓公出手才保住国祚。邢国后来居然跟戎人联合起来打卫国，却在卫国强有力的反击下亡国了。然而，随着东边的齐国和西边的晋国版图的扩张，卫国的生存空间越来越小，它便由一个西周时的大国衰落成了春秋战国时的弱国。但弱小也不一定是坏事，由于太小太弱，它因祸得福，奇迹般地撑到秦二世时期才被秦国彻底灭亡——"君角九年，秦并天下，立为始皇帝。二十一年，二世废君角为庶人，卫绝祀。"

从卫国爬过太岳山脉，前后跋涉两百多公里，会惊喜地发现一片世外桃源。顺着太岳山西边平缓的山坡极目而视，映入眼帘的是汾河千万年冲积出的肥沃平原，四处都是田园牧歌的慵懒景象。

第一座依山而建的城市，正是叔虞统治的晋国首都翼城，不过此时这个国家还叫唐。西南方有一片更广袤的平原，两片平原上既有跟晋国血脉相连、由姬姓周人建立的国家，也有商朝时就存在的古国。只要头也不回地一直向西南方走，抵达黄河几字形右下角那最后一折，对面就是让所有周人魂牵梦萦的关中故国。

叔虞出发前，叔父周公一再告诫他，晋国是尧、舜、禹的故土，这里的人自以为是先王的遗民，历史自信程度很高。在他们的观念里，商也好，周也罢，都是不上档次的后起之秀。虽说这群人先世的辉煌早已不再，但要顺当地统治他们，还是要懂点入乡随俗的道理，所谓"启以夏政，疆以戎索"。立国于贫瘠山区的晋国人，忧患意识比他们的邻居强得多——这些国家的不幸命运也就注定了。

有商人、官僚、工匠、历史学者、艺术家们加入，原本只以打打杀杀见长的周人立刻提升了几个档次，越来越有开国气象了。周公的计划并不是让伯禽、叔虞享清福，他们肩负着"打天下"的历史使命。无论是齐鲁周围心怀不轨的东夷、太行山中狂野蛮横的戎狄，还是晋南平原上的原住民，统统是周人征服消化的对象。

最北方的诸侯是燕国，它本封在今河南漯河郾城区一带，"三监"之乱后才移封北土，定都于今北京附近，其目的可能是追杀北遁的商王武庚。燕国的墓葬格局与鲁国很相似，既有典型的周人形制，如昌平白浮村和房山琉璃河的西周墓葬，也有人殉和铭文中用干支为父母命名的青铜器的商人形制。可见燕国建国时便是周人和商人混杂，而且商人的地位并不低。

由于这里是商人的发源地，武庚因此才在失败后选择北逃，假如这里仍留存一些商人的方国或是忠于商人的部落，也是再正常不过的。周人要统治这片土地，就得考虑给予商人更高的社会地位以换取他们的合作。琉璃河出土的青铜器铭文记载："令克侯于匽，使羌、马……"铭文中的"匽"即是燕，"克"则是召公姬奭的嫡长子，"羌""马"等则是燕侯克带去的部族之名。其中羌不必说，是周人的老战友，甚至可以说就是周人的一部分，其余五族来历不甚明朗，但应当有商人在其中。因为地望悬远，燕国始终很难得到王室的直接支持，其文化也呈现出四分五裂的态势，但它能够挺到战国甚至成为七雄之一，也恰恰是因为远离中原纷争。祸兮福所倚，福兮祸所伏，信哉斯言。

齐鲁晋燕卫是几个经典的案例。从它们的共性可以看出，标准的西周封建，包含"授土"和"授民"两个方面。一个典型的西周诸侯国，就此有了两大阶层：上层是住在城市或者近郊，拥有政治权力的"国人"；下层是住在偏远郊外乃至荒山野岭的，被迫接受统治的"野人"。国人也分阶层，最顶层的自不待言，是国君的家族，往下一点便是其他周人贵族和"殷民六族""怀姓九宗"里的商人贵族，再往下是广大的国人，包括周人平民和商人平民。当然他们也不算是真正的平民，谁往上数个两三代都是显赫的贵族。可是有权利自然就有义务，碰到打仗的事情，也只有国人需要"执干戈以卫社稷"，谁叫国家是你们的呢？

"封建亲戚，以藩屏周"并不意味着所有事情都只能交给一般人搞定，虽说安史之乱要一千八百年后才爆发，但周人显然也懂得"外重内轻"是巨大的不稳定因素，所以周王室始终亲自握有最广阔的土地和最强悍的武力。在镐京，周人组建起忠心耿耿的"宗周六师"，又称"西六师"；在雒邑，以渐渐归心的商人为士兵和基层军官，以周人为统帅，"成周八师"横空出世，又称"东八师""殷八师"。每个师有三千人左右，十四个师合在一起就是超过四万人的大军，在当时是横扫一切的绝对力量。王师有时候单独行动，但更多会与诸侯组成联军，共同打击敌人，开疆拓土。

整个西周早期，王室与诸侯都处于急速扩张的进程中，这种扩张包含内、外两方面。内涵式的扩张表现为"体国经野"，即消化诸侯"境内"的原住民势力，壮大周人的实力。事实上早期诸侯国并没有清晰的国界，有的只是作为据点的"国"和松散控制的"野"。国是点，野是面，哪个点能从面上汲取更多的资源，就能脱颖而出，成为强国。外延式的扩张表现为疆土的扩张，武力打击不臣服的方国或蛮夷，在敌人的故土上翻新城池，然后以此为支点，进行"体国经野"的改造。

西周早期，外延式的扩张成果辉煌，王室不断把能征善战的诸侯从后方迁徙到前线，或者从诸侯的家族里分出一支在新的土地上建国，甚至干脆就地封建新的诸侯（虽说这种做法并不多见，西周大规模的分封仅见于开国初期）。所以我们经常在史书上看到相隔甚远的国家拥有同样的国名，比如与王室关系极为紧密的虢国，就至少在四个地方出现过。到西周中期，王室与大部分内地诸侯的外延式扩张已经基本停止，只有少数几个潜力无限的国家把这种扩张持续到了战国，长成了春秋五霸、战国七雄这样的"庞然大物"。内涵式的扩张，即对"境内"资源的消化，则一直到春秋晚期才宣告结束，此时诸侯国才有了点正规国家的样子，国境线也才有了真正的意义，国与国之间空前激烈的碰撞也就登上历史舞台了。

经过周人"体国经野"的改造，原先华夏大地上星罗棋布的方国、部落、蛮夷戎狄等，一个个被诸侯国消化吸收，变成了中华文明的一分子。随之而来的，是从春秋开始便不间断的兼并战争。秦、晋、齐、楚、燕等几个大国一方面消化境内的土地和人口资源，一方面对外兼并小国。与此同时，科技进步使生产方式悄然发生改变，国家治理结构也自然而然地调整，是为战国变法。当一切准备都做好以后，地图上只剩下七个中央集权体制的大国。秦的一统，再进一步合七国为一国，这是势不可当的历史进程。

成败萧何

通过"众建亲戚"，周公达到了"藩屏周氏"的目的。周王室统治的疆域，大体上可以分为两种：第一种，是周人一直以来直接统治的关中平原和洛阳盆地，称为"王畿"；第二种，是通过分封出去的诸侯国间接统治的东方国土。

这么分配的原因在于：早期周人经营的重心在东方，这里有已经被征服但未必真心臣服的商人，还有武力强大、广泛分布在山东半岛和淮泗流域的夷人。对于周人来说，东方是前线，而关中是腹地。关中的南边是巍峨的秦岭，只有北部和西北方有和他们不太对付的戎人。但周人自己可能就是戎人出身，再加上羌人盟友的帮衬，与戎人不管是战是和，他们都掌握着主动权。戎人并非心腹大患，王室就自己承担了西北方向的防御，可谓是西周版的"天子守国门"。万万没想到的是，在周人眼中算不得如何奢遮的戎人居然是他们王朝的掘墓人，这并不是因为戎人变得有多强，而是他们自己变弱了。

因为周王对王畿的管理不是铁板一块，为了褒奖功勋或者换取忠诚，他必须把土地分给手下。如果王室可以不断地获取增量土地，分封当然是一种很好的绩效奖励政策，可一旦地盘固化，麻烦就接踵而至。偏偏王畿增长的空间十分有限：关中是一个封闭的空间，北方的黄土高原和陇西高原都不是他们能够稳定占据的地盘。雒邑王城掌控的，除了狭窄逼仄、西边是崤山、东边是嵩山的洛阳盆地，只有太行以南黄河以北的"南阳"之地。东方被分封的诸侯占据，他们开拓的疆土只会用来强化自身，王室无法参与分成。在贯穿整个西周的裂土分茅中，王室的直属力量不断分散、削弱，渐渐被强有力的诸侯们赶超，直至连戎人也打不过。

外延扩张的停止便是上坡路和下坡路的分水岭。在此之前，王室拥有压倒性的实力，绝大多数诸侯国忠贞不贰，周商二族的化合反应持续不断地释放着政策红利，周人的大军所向披靡。所谓一增长遮百丑，王朝上下一心，欣欣向荣。在此之后，王室和内地诸侯不再有拓展空间，边境诸侯的地盘却越来越大，由于一次次的内部分封，王室走向了碎片化，王室直接控制的力量越来越弱。许多代人以后，王室和诸侯们血缘逐渐疏远，离心的力量与向心的力量此消彼长，西周国运的指针便渐渐滑向衰落的刻度了。

当然，诸侯国也面临着跟王室相似的窘境，他们同样要将土地分配给儿孙，无可奈何地运行着自我削弱的进程。分封制是一把双刃剑，既能激励子弟们的开拓愿望，又会导致国家权力不断分散。这意味着某些地缘潜力特别大的诸侯国总有一天会在实力上超过王室。如果哪家诸侯能在此期间发展出一套行之有效的集权体制，让自己内部碎片化的程度更低，谁就有了很大的制度优势——率先称霸的齐国和继齐国之后称霸、实力稳居春秋第一的晋国就是典型。在只有放权政策却无收权办法的西周，一旦天下有变，周天子是不可能再有重整旗鼓的机会的。某种意义上说，周王室"出道即巅峰"，在自我削弱中逐渐走向灭亡。

衰落是长期而缓慢的过程，并且因为王室重构秩序的努力而更加难以觉察。按照千百年来儒生们的说法，周公是"制礼作乐"的那个人，他制定的典章制度，详细规定了尊卑不同的人各自的行为准则。几乎包含政治原则、权力传承、职官制度、祭祀、法令、礼节、服饰、音乐、教育、丧服、言谈、器皿、饮食、起居等社会生活（主要是贵族社会生活）的全部方面。这是一个无比宏大的贵族社会框架，但撕开重重包裹，其内核只有一个——宗法制。

宗法制的核心是嫡长子继承与诸余子分封。周王富有四海，他的嫡长子则有着毋庸置疑的继承权。其余的儿子，会得到一块土地，或是在王室直接统治的关中王畿之内，或是被分封到边境，凭自己的能力开疆拓土。一位诸侯经常兼有上述两种身份，在王畿和外地同时拥有封地，本人则既在周王朝廷中担任某职务，也在自己的国家里称孤道寡。诸侯的嫡长子依然是诸侯，其他儿子或许会得到国内的一块土地，建立属于自己的"氏"，并以卿大夫的身份服务于他们继承君位的父兄（当然，我们有理由相信，大多数儿子是得不到像样的封地的）。以此类推，卿大夫的家族也存在这样的结构。除了位于系统顶点的周天子和最下层的庶人，所有人都有君臣两种身份。处于某个节点的人物一声令下，其节点下方系统便应声而动，为其所用。

在周的世界里，王室是"天下之大宗"，相当于所有国家的父亲、长兄，诸侯国们则是奉王室为尊的"小宗"。在某一个诸侯国，国君及一代代嫡长子的家族，是这个国家的"大宗"，其他儿子们的家族，则是拱卫国君家族的"小宗"。卿大夫的家族也是一个道理，兹不赘述。每个宗的首领，比如周王或者诸侯国国君被称为宗子。这样，家庭关系与国家关系便一致起来，宗族组织和国家组织合而为一，国家层面的法律和家庭层面的道德也有了可类比之处。所有的社会关系如君臣、父子、夫妻、兄弟、主仆、长幼、贵贱、华夷，都呈现出奇妙的二元结构，居于前者为君，居于后者为臣。基于此，一整套的礼乐制度建立起来，构成了西周王朝庄严肃穆的社会规范。

《国语·周语》第一篇记载的是周穆王和大臣祭公谋父的对话，被后世学者宣称为最早的历史实录。文章记录了周穆王征伐犬戎之前，祭公谋父反对出兵的言论。祭公指出，先王之道是以德服人，而不是以力服人。王室将诸侯由近及远分为五个档次，分别是"邦内甸服""邦外侯服""侯卫宾服""蛮夷要服""戎狄荒服"。五类诸侯像以镐京为圆心的同心圆，一圈圈环绕在周天子的外围，就好比如今大都市的一环、二环一直到五环路一般规整。越靠近圆心的诸侯，他们的义务就越多，违反规矩受到的惩罚也越重。王畿内和周围拱卫王室的是自己人，他们要是不尽义务，将动辄受到杀伐的惩处。可遥远的蛮夷戎狄，哪怕是不尊王室，也最多被警告或是通报批评。如果王室强行以更高的标准要求、甚至出兵攻打，只可能把原本十分恭顺的犬戎推向王室的对立面。

这样一个从地理规划到政治权力都划分得整整齐齐的体系，是西周的实际情况吗？当然不可能。西周的分封，本就是武装殖民的开拓行动，天下此时并不在王室手上，它是怎么做到把天下像豆腐块一样切割开来，均匀分封给各级别的诸侯的呢？将来诸侯有强有弱，兼并战争不可避免，周天子用什么保证诸侯国版图不发生变化呢？而且这么做也完全没有考虑到地形因素，向东部的平原地区分封诸侯尚有可操作性，王室南边的秦岭、北方的黄土高原哪里能用来建国。再说，对自己人极其苛刻，对外人异常宽松，也不符合统治的逻辑。如果想要让自己人死心塌地、让对手心存畏惧，显然应该"德以柔中国，刑以威四夷"，而不是反过来。否则，当知道最坏的后果不过是被口头批评，哪个蛮夷戎狄还会傻乎乎地忠于王室呢，也不可能像祭公所说的那样"近无不听，远无不服"。"邦内""邦外""侯卫"这些对王室贡献巨大的诸侯，如果沦为二等公民，待遇连蛮夷都不如，更不可能指望他们无怨无悔地替王室卖命。

其实，祭公谋父对周王室的描述与真实情况恰好相反。首先，穆王前的文王、武王、成王、康王、昭王个个武德充沛，动不动就对蛮夷戎狄发动战争。祭公不可能不了解自己国家的实际情况，却还说什么先王"耀德不观兵"。其次，犬戎与周人的关系相当恶劣，根本谈不上恭顺。

所以，《祭公谏征犬戎》中祭公谋父的言论和观点是儒家式的，是战国儒家学者对西周早期进行儒家式改造的产物。彼时的人们，把西周想象成一部精密的仪器，运行着极其标准化的国家治理体系。他们误以为西周被这样一套理想化的系统约束，从建国伊始便从未改变过。周穆王是一位连接西周早期和中期的大王，这个敏感的时间节点，让我们不由得更加怀疑"西周政体"出现的时间。

这套系统看起来无比精密，可能其中部分内容也曾经行之有效地运行了很久。但绝不会像后人声称的那样，是周公事先设计好，然后在众建诸侯的同时全面推广的。我们完全可以把周的统治体系拆解为"系统内核"和"皮肤界面"两个层次。作为系统内核，目的明确、规划科学的封建行为应当是始于周公，但礼乐、尊卑等意识形态或文化方面的东西，是以"皮肤界面"的形式矗立于分封体系上方的，它们必定不可能由某个人独立设计出来，并且立刻就变成所有人的共识。从事物发展的规律来讲，人们总是先遇到某种现实的问题，然后因地制宜地给出解决方案，此后对实际操作进行经验性的总结，最后才从经验升华为形而上的价值观，而不是反过来——先构造价值观的空中楼阁，再把这个空中楼阁变成实物。

西周宗法制存在结构性的弊端：只有王室的版图在扩张时，它才是行之有效的，一旦扩张陷入停滞，分封就无异于自我削弱。如果说西周早期社会的主要矛盾是"食物过多与消化力孱弱的矛盾"，那么进入发展停滞的西周中期，则是"儿子太多与地盘太少的矛盾"。在解决第一个矛盾时，分封手段是对症良药，但矛盾转移后，周人却无法从先前的成功中走出来。人是路径依赖的动物，所以宗法制不但没有被改革，反而进一步被坚持、固化，以礼法习俗、道德伦理和意识形态的形式被空前强调。最终，这套严密而刚性的礼仪典章，虽然在西周中期才真正出现，却被追溯、附会到周公身上，以凸显它"自古以来"的权威性，这恐怕是周公"制礼作乐"的真相。

西周晚期的衰败，决定了文学作品的风格，也为研究礼乐的历史打开了一扇侧门。《左传》记录了吴国公子季札出访鲁国并欣赏了全套王室礼乐的故事。

季札被描述成一个具有贵族素养、情操高尚的贤人，他能够从音乐中预判这个国家的未来。比如，当他听到卫国的曲调时，立刻就能说出这是卫康叔和卫武公的遗德，称赞他们"忧而不困"。卫康叔参与平定"三监"之乱，卫武公在厉王出奔后摄政多年，挽狂澜于既倒，这两位确实是身处惊涛骇浪之中仍如弄潮儿般的人物。但卫武公既然是西周晚期的人物，就恰好证明了鲁国所谓的王室礼乐，并非由周公创立于西周早期。当季札听完《小雅》时，他"思而不贰，怨而不言，其周德之衰乎？"的评价十分契合作品的风格。《小雅》的许多篇章都创作于西周晚期，字里行间充斥着周人思昔日繁盛、吊古伤今的愁绪。与卫武公的例子一样，季札对《小雅》的评价，有力地证明了礼乐的创作时间绝不可能是西周初年。

考古发现同样验证了这个结论。西周的早期墓葬里，随葬器皿中占比最高的是爵、斝、觚、尊、卣等酒器，地位甚至高过了鼎、鬲等炊器和簋、豆等食器。然而到了西周中期，酒器突然消失了，奇数鼎和数量比鼎少一个的簋的组合经常出现，根据墓主人身份，陪葬物有九鼎八簋、七鼎六簋、五鼎四簋、三鼎二簋等不同"套装"。这不禁让人疑惑：严格的禁酒令颁布于西周初年，但

∧ 梁带村芮国墓地 27 号墓出土的七鼎六簋，图示为其中的一鼎一簋。其中七件鼎的形制、纹样相同，大小相次；六件簋的形制、纹样、大小都相同。据《周礼》记载，西周的列鼎列簋制度为"天子九鼎八簋，诸侯七鼎六簋，大夫五鼎四簋，士三鼎二簋"。梁带村芮国遗址博物馆藏。

对当时的贵族似乎并没有太大的约束力，为什么到西周中期却突然被想起来并遵守了？依据身份区分的明器组合，越到后期才越有制度的痕迹。

这几乎可以说明，开拓进取的西周早期已经成为过去式，王朝的发展重心从夺取增量国土转为谋求稳固统治。甚至可以据此推断：所谓的礼乐宗法，是到西周中期才有的东西。一大套繁文缛节被发明出来，并冠以"祖宗成法"的帽子；官僚体系有了雏形，并迅速走向低效与腐败。从这时候开始，凸显王室威严的"册命金文"频频出现，除了爵位，天子还赏赐服装、车马、兵器、仪仗等全套"命服"，这不仅仅是对受册封者无微不至的关怀，也是对他所享礼仪规格的限定——既不能低于所受册命级别的要求，更不得超过该级别的标准。

复杂的礼仪典章的兴起，恰恰是一个王朝盛极而衰的标志。

"脱实向虚"一方面是大周王朝统治的主观需要，另一方面也是分封制结构性弊端的客观限制。王室在一轮轮的封赏中，将自己实际掌控的镐京、雒邑周边的土地赐予服务于中央政府的贵族官员，以换取他们忠诚的同时，也一次次地削弱了自身的实力。从出土的册命金文中可以发现一个规律：西周早期常见大片土地的分封，到中期，能拿出来的就只有零星散碎的田块了。

如果绘制一条王室"真实实力"曲线，由于王畿内越来越多的"畿内诸侯"渐渐瓜分了周王的土地，分散了周王的权力，该曲线必定是从左上到右下震荡下行的走势；而王室"表面荣光"的曲线则方向相反，随着礼仪典章的完备呈现加速上扬的态势。两条曲线的交汇点，便是西周"名不副实"的开始。由于"表面荣光"任何时候都比"真实实力"更直观，所以西周在中期强弱难辨，而晚期则表现出"突然崩溃"的末世景象。风起于青蘋之末，周的兴盛始于周公众建诸侯，它的衰亡也源于此——"君以此始，必以此终"。

对内，尚可以通过森严的制度、繁复的礼仪、架屋迭床的官僚机构维持一种表面繁荣，对外却不能要求周边的异族跟境内的民众一样看不清形势。

王室周边的异族中最不好对付的就是关中西部和北部的猃狁，或叫犬戎。早在周穆王时，周人就逐渐丧失了对猃狁战争的主动权。按照《国语》的记载，周穆王到底也没听祭公谋父的劝，对猃狁悍然发动了毫无理由的战争。这种"无道"的行为当然没有什么好结果，穆王夺得了几匹珍稀动物，却永远地失去了猃狁的臣服，得不偿失。虽说"君王不修德行导致四夷离心"的论调怎么看都不像是西周时的实际情况，但周人逐渐搞不定这些原来并不放在眼里的对手，无疑是事实。

形势在西周晚期的厉、宣、幽王时变得更加严峻。厉王试图挽救国运的收权行为来得太迟，手段又过于刚猛，结果是刺虎不成反被虎噬，导致自己黯然下台，十四年后静悄悄地死在流放地。宣王虽然号称中兴之主，却也在千亩之战中被猃狁打得大败。为了补充兵员，宣王"料民太原"，想要搞一次人口普查。但他手下的封君都不希望自己的真实力量完全掌握在朝廷手中，因此普遍抵制，这次普查只能不了了之，周宣王最后也没搞明白自己的国土上到底有多少老百姓。宣王还因此被好一通口诛笔伐，意思是王者压根儿就不应该那么关心自己的实力，只要肯"修德"，没有什么事情是搞不定的。这种论调，很显然出自封君贵族们的思路，似乎做大王的最高"德行"，就是对贵族日益坐大，分散王室威权和力量的现状不闻不问。

厉王、宣王收权无效，王室便难以复振，恶果最后落到了宣王之子幽王身上。无论责任在不在自己，亡国之君都不可能得到好评价，何况幽王还死在自己儿子手上：太子宜臼（也就是未来的周平王）引狼入室，与猃狁沆瀣一气杀掉父亲，洗劫了首都镐京。西周至此便在这一次次的外战失利中跌落尘埃，它像一条行将沉没的大船，船上的人不肯为挽救沉船出一点力，依然顽固而可笑地争权夺利，汹涌澎湃的海水却不管身份高低，一视同仁地把所有人都吞噬在滔天巨浪之中。

伴随着王权的衰落，宗法制也走到了尽头。历朝历代，权力传承都是特别敏感的问题，如果继承人的选择机制模糊，让君主的儿子们都觉得自己有机会，那朝堂就很容易变成多股政治势力角逐的战场。

"任贤"看起来美好，标准却相对主观，心机深沉者还可以通过种种伪装骗取他人的赞美和君主的信任，王莽、杨广莫不如此。再说一旦陷入党争，每个人都只可能党同伐异，根本不存在任何公正客观。何况胜利者总可以说自己"贤"，而把失败者打为"不肖"——夺嫡失败者道德败坏、一无是处的政治童话，古往今来不知道有多少。

嫡长子继承则不同，"嫡""长"都是客观的，其他非嫡非长的儿子们早早就歇了心思，更吸引不到野心家的投资，内部斗争的概率就大大降低了。而且，"嫡"通常还意味着强有力的外家支持，"长"则说明他有更多的机会熟悉政务，在人到中年时顺利接班。嫡长子继承制最严重的缺陷在于，谁也不能保证嫡长子最优秀，极端情况下他可能是一个傻子或者混蛋，其他的儿子再有头脑，却也只能在一旁干瞪眼，眼睁睁地看着宗子倒行逆施。在现代人的眼中，这种从出生那一刻就决定一个人的命运的制度，无疑是极其不公平的。但在当时，"努力一把""逆天改命"可不是什么褒义词——不要说付诸行动，哪怕心里想想都是极其危险的，因为这意味着"乱臣贼子"的评价离你已经近在咫尺。

牺牲公平换来的效率，归根结底不能让所有人心服口服，唯有在整个体系足够健壮，特别是位居顶端的周王室力量足够强大的时候，任何野心家都不敢乱动心思，制度才能得到不折不扣的执行。可等到犬戎攻破镐京，周幽王身死国亡，高悬在"乱臣贼子"头顶的达摩克利斯之剑已经朽坏，它所捍卫的宗法制度、礼乐文明，还会被将来的人们遵守到何时呢？

总会有第一个人试探性地去碰一碰那堵看起来坚不可摧的绝境长城。可只要他尝试了，就会发现，墙壁并不像想象中那么坚固，稍用点儿力也就推倒了。

于是，就有了第二个、第三个……第 N 个人。

礼崩乐坏的春秋，来了！

第二章

礼崩乐坏

兄弟阋墙

衰老的王朝就像一艘年久失修的海轮，纵然人人都能预测它葬身波涛的宿命，但最终结局的到来通常都伴随着某个偶然事件，西周也不例外。它的灭亡，直接原因是一场二子夺嫡的内斗。说明在西周末年，哪怕是王室自身也不能稳定地运行宗法制度，那么下面诸侯们的情况只怕也好不到哪里去。

周幽王的继承人原本是王后申姜所生的太子宜臼。传统说法是，后来幽王爱上了一个祸国殃民的女子褒姒，逐渐疏远了王后和太子，并打算立褒姒之子伯服为继承人。司马迁参考《国语·郑语》的说法，在《史记》中记载了这样一件事。

夏朝衰亡之时，王庭里两条神龙现身，自称是褒地的神君。夏王对如何处理这两位不速之客犹豫不决，占卜的结果显示：无论留下、放走还是杀掉它们，都不吉利，唯一吉利的做法是留下龙的涎沫收藏起来。于是这两条龙的口水从夏朝被保存到商朝，又在周灭商以后进了周王的宝库。周厉王末年，潘多拉的盒子被开启，龙的口水流了一地，化为黑色的乌龟，在后宫四处乱窜。一位年幼的宫女踩到了乌龟的爪印，就此怀孕。无夫而孕的宫女逃出宫，生下了一个女婴便是褒姒。年轻的母亲六神无主，慌乱中把新生的婴儿抛弃在荒郊野外。

此时周宣王刚即位，民间流传着"檿弧箕服，实亡周国"的可怕预言，意思是"卖桑弓、箕箭袋的人，将要灭亡周王朝"。于是宣王下令捉拿国内卖弓箭的人。有一对卖弓箭的夫妇被抓住，行将处死，他们瞅准机会逃了出来，在野外捡到了被遗弃的褒姒。因为这对夫妇的收养，褒姒得以长大成人。

长大后的褒姒出落得无比美丽。等到宣王驾崩，太子宫湦即位，是为周幽王，褒城的封君有罪，将褒姒进献给了好色的幽王以求赎罪。幽王大悦，对褒姒爱得不得了，专宠她一个。可她十分高冷从来不笑，幽王点燃烽火报假警戏耍诸侯，以逗褒姒发笑，因此彻底得罪了被戏耍的诸侯们。等到王室真的被犬戎攻打时，任你烽火连天、烟透九重，也没有诸侯的兵马来救了，结果镐京陷落，幽王被杀，西周就此灭亡。

这个故事委婉曲折，而且暗含着一重宿命论的意味：如果宣王没有听信童谣滥杀无辜，则婴儿褒姒将死于野外，也不存在后来的妖女祸国了。可见周朝的灭亡实在是冥冥之中自有天意，非人力所能抗衡。邪龙口水所化的褒姒，似乎专门就是为了灭亡周朝而生的。

然而司马迁忽略了一个简单的事实：他把褒姒的生年定在了周厉王晚期，她的年龄便成了个大问题。周宣王在位四十六年，到幽王十年（公元前772年）犬戎破灭宗周时，她已经是接近六十岁的高龄，怎么还能够得到幽王垂青，不爱江山爱美人呢？如果所谓的厉王晚期指的是国人暴动，那还要加上十四年共和行政，褒姒的年龄就更大了，这显然是说不过去的。这似乎说明，褒姒的故事另有隐情：虽说世上几乎所有亡国之祸都是男人搞出来的，可幽王付出的代价是身死国灭，褒姒便跟着挨骂，像她的前辈妹喜、妲己一样被妖魔化了。

实际的情况，应当是幽王时王室内部存在着严重的派系斗争，幽王褒姒这一派在斗争的前期击败了申姜太子一党，太子出逃至外祖父的申国寻求庇护。此后幽王出兵讨伐太子宜臼，被宜臼借犬戎兵击败，顺势反击导致亡国。这里面有一个细节值得玩味，按照《竹书纪年》的说法，幽王出兵之前，太子宜臼已经在外祖父申侯以及鲁侯、许侯的支持下自立为王。那么幽王伐申则是平叛举措，而申侯、宜臼勾结犬戎的行为，则不仅仅是叛乱，而是卖国了。而且，褒姒之子伯服的名字也耐人寻味，"伯"似乎意味着他有可能是嫡长子，那么太子宜臼到底是不是更为合法的继承人，实在是很难说。甚至不排除宜臼其实是野心勃勃的小儿子，伯服才是真正的太子，褒姒则是作为失败者被胜利者抹黑成如今的形象罢了。

镐京的陷落、幽工的死难，不过是一系列危机长期积累后的总爆发而已。如前文所言，此前周王室经历了多年缓慢而不可逆转的衰败。分封制让王室从西周中期便日益削弱，与戎人的战争渐渐落了下风。自身实力不济，诸侯当然不如过去听话，这让本已陷入窘境的王室更加孤立无援。就算没有烽火戏诸侯（本来也不过是个传说），诸侯们的援助也指望不上，于是"天子守国门"带来了"君王死社稷"的悲剧结尾。

残余的王室无法继续在关中立足，由周平王带领，在第二年，也就是公元前770年东迁至成周雒邑，这一年被公认是春秋的起点。但《春秋》这本史书和它最重要的参考资料《左传》，其起始年是鲁隐公元年（公元前722年）。《左传》详细记叙的第一个重要历史事件，是郑国第三代国君郑庄公与弟弟共叔段的恩怨。如果不是因为这两本书，郑国和郑庄公应该不会在后世有如此大的名气。

《左传》第一篇文章为什么是郑伯克段这个兄弟阋墙的故事，历来众说纷纭。有一种可能性在于郑庄公是矛盾焦点式的人物——作为一国之君，他长袖善舞、杀伐果断，把底蕴薄弱的郑国带到了春秋"小霸"的地位；作为周王的臣子，他两面三刀、时忠时反，以自己利益最大化为行动纲领；作为儿子和兄长，他又极不称职，在处理与母亲姜氏、胞弟段的关系上冷酷无情。庄公充满戏剧性的人生，恰恰是礼崩乐坏的春秋时代的缩影，以至于千百年来，人们都津津乐道于他的段子。

> 初，郑武公娶于申，曰武姜。生庄公及共叔段。庄公寤生，惊姜氏，故名曰"寤生"，遂恶之。爱共叔段，欲立之，亟请于武公，公弗许。

这是一部"偏心妈妈＋心机大儿子＋被宠坏的小儿子"之间的狗血家庭伦理剧，只不过这个家庭是特殊的诸侯国君家庭，那么母子兄弟的关系便不仅是亲情，更是政治。正因为关乎国政，这件事情才会被史官郑重其事地记录下来。

武姜并非她的姓名，而是国君夫人的标准称呼方式。周人的习惯是男子称氏女子称姓，申国是姜姓国家，"姜"字表示她的来历。在同姓不婚的原则下，姬姓郑国与姜姓申国的结合顺理成章。"武"字，是她丈夫郑武公的谥号。得以分享老公的谥号，这是正妻才有的殊荣。这样的例子很多：晋文公夫人文嬴是秦穆公的女儿，来自嬴姓秦国；卫宣公夫人宣姜是齐僖公之女，来自姜姓齐国，秉承的都是这个命名规则。而侧室姬妾，一般第一个字是她的国家，后一个字是她的姓。比如齐桓公的侧室蔡姬、卫姬，就分别来自姬姓蔡国和姬姓卫国。卫国前后嫁了两个女儿过来，她们便以"长卫姬""少卫姬"进行区分。

南申国与郑国毗邻而居，郑人秉承周人一贯"合二姓之好"的策略，缔造了这桩政治婚姻。事实上，在那个时代，所有的贵族婚姻都是某种程度的政治联姻，也就不难理解为什么周人的礼乐《诗经》的第一首是象征爱情的《关雎》了。只需读到"琴瑟友之""钟鼓乐之"，就应当知道这首诗不可能是老百姓的爱情诗，普通老百姓的婚礼上怎么会有琴、瑟、钟、鼓这些高级乐器呢？就算是物质丰富的现代社会，普通人的婚礼上也不太可能请来交响乐团助兴。

由于出生时难产，母亲武姜非常不喜欢庄公，这点从他的名字"寤生"就能看出。"寤"通"牾"，忤逆、反着来的意思，说明他出生的时候不是头先出来，而是脚先出，给母亲带来了极大的痛苦。钱锺书在《管锥编》中用了一个医学术语"breech presentation"描述这种后肢先产的情形。春秋时人们结婚很早，武姜生头胎时应当还只是个少女。少女武姜无法理性对待给她的身心带来巨大创伤的长子，她把全部的爱都倾注给了小儿子段。

根据《诗经·郑风·大叔于田》里的描述，共叔段高大英俊，弓马娴熟，是当时郑国少女的梦中情人。庄公长得怎么样不得而知，但英俊阳光的小儿子，看起来肯定比大儿子顺眼许多，何况父母更宠小儿子一点，本就是人之常情。

但偏心到武姜这个份上还真不多见：她几次三番求丈夫废掉庄公，改立段为世子。还好郑武公头脑清醒，没有轻易被妻子说动。在他看来，长子又没犯过什么错，将来继位天经地义，凭什么要废掉长子呢？

庄公一即位，母亲就吵着为小儿子要封地。她最初的思路是让大儿子把"制"这个地方分封给弟弟，但被庄公巧妙地拒绝了。理由冠冕堂皇——制是险地，当年虢国的国君就死在这里，既不安全也不吉利，我不忍让亲爱的弟弟以身犯险。

但庄公的借口根本经不起推敲，虢国国君恰恰是被庄公的祖父桓公杀死的。强盗入室抢劫杀人，事后说死者的家是凶宅不吉利，住不得人，实在是让人无语。庄公拒绝的真实原因，恐怕还是因为制这个地方易守难攻，段住到这里，将来收拾他比较困难。可见从一开始，庄公就在筹划怎么把弟弟干掉，考虑得不可谓不长远。

如果你对制这个古老的地名缺乏概念，那么"三英战吕布"的竞技场则足以让制以"虎牢关"的称号名扬天下。刘邦跟项羽在这里"死磕"，虽然都已经筋疲力尽，但都不肯先退兵，谁扛不住后退谁就输了——"是时刘、项莫肯先退，以为先退则势屈也。"李世民扼守虎牢关，让窦建德十三万大军无用武之地，把对手耗得师老兵疲。等窦军气势已衰，他抓住对手组织后撤阵形松动的战机，亲率玄甲骑兵冲阵，一战擒斩窦建德、逼降王世充，奠定了大唐三百年基业。千百年来，制（或者说虎牢关）都是分割古代中国东西部的要地，是最典型的"兵家必争之地"。何况对郑国这个中等国家，其意义不言而喻。

但姜氏夫人或许本就是漫天要价，就地还钱，也没有深究庄公话里的矛盾之处。既然庄公不同意把制给弟弟，就不得不做出妥协，将郑国第二大城市京交给弟弟。段摇身一变，成了"京城太叔"。

今天的人们无法理解庄公为什么要接受母亲的"无理要求"，为什么不干脆连京都不给弟弟。应当知道的是，裂土分茅、封建亲戚，在周代实属正常，算是一件政治正确的事情。一个西周国家首都所能真正管理的区域，不过是城市内部和周边一小圈农田。再远的地方，由于交通落后，通信手段匮乏，直接统治就变得不现实。国家的扩张，只能建立在将新取得的土地分封给子弟的基础之上。久而久之，分封就不仅是技术上的需要，也成了道德上的标准。庄公作为哥哥富有一国而让同胞母弟段一无所有，这种行为会被所有人鄙视，背上贪图财富、不友爱兄弟的骂名。共叔段作为先君嫡子，拥有一块自己的封地合情合理，庄公没有正当理由，就无法拒绝这样的要求。

得到京城后，共叔段没有闲着，他用百倍的热情耕耘起取哥哥而代之的大业。共叔段不断扩张势力的行为，让大臣祭足和公子吕感到深深的忧虑。祭足忧心忡忡地建言："蔓，难图也。"必须当机立断，趁早解决段的问题。公子吕则更为直接，表示：如果你继续姑息养奸，我就干脆去投奔共叔段了。而庄公的态度却显得模棱两可，他喋喋不休地说着自己的无奈，"姜氏欲之"，这是我母亲的意思，我又能怎么办呢？或者就是不接地气的大道理——"多行不义必自毙""毋庸，将自及"等。

但这种对话绝不是毫无意义的。国君无论有多么膨胀的私欲，摆在台面上的话永远必须是光明正大的。然而庄公可以装作不在乎，他的臣子却不能表现出和国君一样无所谓。臣子用对潜在叛乱者急不可耐的诛除态度，向君王剖白着自己的忠诚；君王则用绝对"正义"且"正确"的回答，向臣子宣示着自己的高深莫测与成竹在胸。几方达成了某种共识：文臣首领祭足、军队长官公子吕以及他们的家族，在庄公和共叔段之间做出了明确而坚定的站队选择，这对庄公来说已经足够。

对庄公来说，接下来便只剩下收网等待期，等着注定自取灭亡的对手把叛乱行为落到实处，从而给自己一个出手的理由。庄公不管不问的态度成功迷惑了对手，共叔段和姜氏大人陷入盲目乐观，却对身边密布的眼线毫无察觉。当共叔段自以为得计，厉兵秣马准备举旗造反时，他第一时间通知了母亲，母亲回信将里应外合，为他打开首都新郑的大门。而他们约定的日期，也同样第一时间被送到了庄公的案头。此时，隐忍已久的庄公露出了獠牙："可矣""命子封帅车二百乘以伐京"。

战争的结果是一边倒的，可怜的共叔段的造反大业一开始就遭遇了大本营的背叛——"京叛大叔段"，这很难不让人怀疑，蓄谋已久的庄公在京城也安插了自己的亲信，只等共叔段率军离开就立刻献出城池。这本是一场实力不对等的争斗，心怀不仁的庄公从来没打算给弟弟留任何后路。听说后方失陷，共叔段军心大乱，手下一哄而散，跑了个精光。他带着儿子被哥哥的军队满世界追杀，几乎是上天无路下地无门。经过一番艰苦卓绝的逃亡，共叔段父子越过边境，躲到北边的卫国避难去了——"大叔出奔共"[①]，庄公方才心满意足地收兵。

事已至此，谁应该为此负责呢？姜氏夫人恐怕是难辞其咎了。毕竟，惯坏小儿子的是她，得罪大儿子的也是她。于是她罪有应得地被安置在"颍"城，开始了孤苦伶仃的流放生活。押送她的马车从首都新郑出发前，庄公前来相送。本指望事情还有转机，不承想长子绝情地丢下一句"不及黄泉，无相见也"，便跌跌撞撞而去，她的眼神瞬间黯淡下来，失去了全部的神采。她已经失去了一个儿子，另一个儿子也发下毒誓，今生今世不与自己相见，活着还有什么意义？此时的武姜，既凄苦又羞愧，她为自己无原则的偏爱付出了代价，让本应该相亲相爱（至少应该相安无事）的同胞兄弟刀兵相见，总算是切身体会到什么叫"早知如此，何必当初"了。

姜氏归根到底只是一个可怜虫，她既没有太高的智慧，对政治斗争的残酷

---

① 共是卫国的一座城市，也被用来指代卫国。周的诸侯国，有的会有两个名字，比如楚又称荆、随又称曾，卫武公又称共伯和，曾经在周幽王下野后和周宣王即位前执掌王室权柄十四年，史称"共和执政"。

性也缺乏认知，只知道一味由着性子胡来，却无法承担失败的后果。虽然已经是两个孩子的母亲，躯壳里却住着一个天真无知、任性妄为的少女灵魂。然而我们不能苛责于胜利者的无情，而选择性地无视失败者的不义。如果共叔段是胜利者，庄公的下场又会是什么呢？他会给哥哥一个体面的结局吗？

不同于《左传》，《公羊传》《穀梁传》异口同声地说庄公把弟弟给杀了。"克之者何？杀之也。杀之则曷为谓之克？大郑伯之恶也。"（公）"夏，五月，郑伯克段于鄢。克者何？能也。何能也？能杀也。"（穀）公羊高性格暴烈、观点激进，穀梁赤温和一点，但他们都是道学老先生，对郑庄公处心积虑除掉弟弟的手段非常不齿，所以宁愿"散播不实消息"，也要狠狠地"黑"庄公一把。从段被称为"共叔段"就可以知道，他的余生应该是在共这个地方度过的。否则，共是卫国的城池，段一个郑国公子怎么会被称为"共叔"呢？穀梁赤老先生给庄公出了一个主意，说弟弟再坏也是至亲，既然他已经失败，那象征性地追杀一通，放他一条生路也就行了："缓追，逸贼，亲亲之道也。"或许这正是事实，否则以庄公的老谋深算，如果真想置段于死地，又怎会给他逃命的机会呢？

把作孽的老妈放逐虽然很解气，但时间会冲淡一切仇恨，而母亲终究是母亲。等事情过去，庄公就难免受到良心的折磨，所以他很快就后悔了（这种后悔后世的秦始皇也有过一次），悔不该一时冲动撂下"不及黄泉，无相见也"的狠话，此时要把母亲接回来重归于好便多了一层"自食其言"的障碍。可国君是不可以错的，"玉语纶音"是不可以收回的，上位者只会用聪明人才能看懂的"信号"传递自己改弦更张的愿望，而臣下则负责将新的政策包装打造，让一切看起来没变：一切变化都在不变中潜行，一切不变都酝酿着新的变化，这也是一种政治传统。

解决问题的人是姜氏流放地颍地的封君颍考叔，这是个很懂说话艺术的人。他以贡献方物的借口觐见庄公，绝口不提姜氏之事，只是在饭局上，巧妙地以

"把国君所赐肉食带回去侍奉母亲"的由头,把话题引到了庄公的烦心事之上。庄公触景生情,长叹"你有母亲可以侍奉,独我没有"时,颍考叔当场装起了糊涂:"敢问何谓也?"

颍考叔明明是听说庄公黄泉誓母的事情,特意来做和事佬的,所以这个问题自然是明知故问,却又十分必要。因为他要解决的毕竟是国君的家事,而且不怎么光彩。表现出对国君私事的过度关心和过分了如指掌,就等同于让自己置身于危险之中,上位者难免产生"你对我的事情很了解嘛""你想干什么"之类的猜忌。别人的隐私,只能由本人主动说出来,而不能由旁人揭开盖子,尤其这个人职位还在其之上。所幸庄公此时决心解决问题,所以他说出了缘由(尽管庄公与母亲弟弟的事在郑国恐怕是公开的秘密),并且表达了悔意。

颍考叔恰恰是带着方案来的。他的方案简单粗暴:挖个地道,深度以挖出地下水(黄泉,周人发源地是黄土高原,那里掘地冒出的是黄色的泥浆,所以叫黄泉)为止,在地道里与母亲相见,谁敢说国君食言了呢?

借着颍考叔找来的台阶,庄公与母亲握手言和,《左传》说他们"遂为母子如初"。但庄公和母亲有"初"吗?这难道不是无比辛辣的讽刺吗?只不过庄公需要与母亲和好,以塑造自己"孝子"的形象。这母子二人,今后恐怕也就是维持一种表面的关系罢了。

后世的君子们对庄公大多持愤怒的声讨态度。他们认为,在弟弟还可以挽救的时候,庄公本有机会及时制止其叛乱行为,他却采取了最无情的策略:养段之恶、除之后快。的确,从共叔段谋反的过程来看,局面始终是在庄公的掌控之下的,共叔段从来就不曾是庄公合格的对手。他的嚣张跋扈、他的表面强大,只因为庄公认为出手的时机尚未成熟而已。

共叔段也不过个顽劣子弟而已,他的人生轨迹与天下所有被母亲宠坏的熊孩子并无二致:犯一次错,哥哥不说;再错一次,母亲不管。直到犯下弥天大罪的那一天,才知道自己过去的所作所为是何等可笑。和以往历次闯祸的区别是，这一次他最大的靠山自身都难保，再也无力为他兜底了。

共叔段走到这一步，只是武姜一个人的责任吗？庄公不需要为此负责吗？答案当然是否定的。那庄公为什么要这么做呢？

我们似乎无法指责郑庄公生性凉薄，因为他就是在没有母爱的环境中长大的。母亲在他的记忆里是怎样的存在，是儿时对他的嫌弃，是成年后扶持弟弟打压自己，抑或是在自己即位后还不断搞事情？一个人被至亲如此对待，还要求他发自内心地孝顺母亲、友爱弟弟，这难道就公平吗？

诚然，道德叙事可以让人们省去思考的烦恼，也让庄公的反常行为轻轻松松就得到合理的解释。但本着对历史"了解的同情"之志趣和"排除合理怀疑"之情结，似乎应当探究这篇文字以外的因素，尝试以一种更开阔的视野去理解郑庄公寤生。

四面皆敌

让我们把时光回溯到庄公打败弟弟的半个世纪前。此时，周天子依然坐镇镐京，但关中之地已经沦为犬戎的乐土。这些半耕半牧的粗野人群，与周人争夺渭河两岸的丰饶土地，丝毫没有退却的迹象。

原本强悍无比的周人在与戎人的百年战争中逐渐落了下风，曾经威武赫赫的周王朝，像西边的残阳般极力挥洒着最后的光和热，却没能避免沉入暮山的结局。理论上，周人与戎人完全有可能是一家，至少也是黄土高原上的老邻居。周人运气极佳，占领了渭河平原，告别了在贫瘠高原上吃土的穷日子，他们与戎人的经济、军事实力逐渐拉开了差距。所以周人分封诸侯时，只是以关中—洛阳一线为中心，向东方扇形散布了一系列国家，作为抵御东夷和南蛮的排头兵，却没有在西方、北方众建诸侯，说明他们没把戎人放在眼里。但周人没想到对手的韧性如此强，而自身从早期的盛极一时快速滑落，居然渐渐不是戎人的对手了。

频繁的军事行动，逼迫军人和民夫奔走在前线和家园之间；戍守边疆的时间越来越长，严重耽误了农业生产，而戎人像烧不尽的野草一般，一次又一次蚕食着周人的心脏地带关中平原。《诗经·小雅·采薇》中，留下了他们的惶恐与哀叹：

> 采薇采薇，薇亦作止。曰归曰归，岁亦莫止。
> 靡室靡家，猃狁之故。不遑启居，猃狁之故。
> ……
> 昔我往矣，杨柳依依。今我来思，雨雪霏霏。
> 行道迟迟，载渴载饥。我心伤悲，莫知我哀！

这是一首戍边将士写下的诗篇，语气十分传神："说回家说回家，到了年底还回不了家。"将士们采摘用以果腹的野豌豆"薇"，从刚发芽（薇亦作止），到长出柔嫩的枝苗（薇亦柔止），再到变得又老又硬（薇亦刚止），战争仍然看不到尽头。人们的生活节奏被打乱：没有老婆没有孩子，或者是即使有老婆孩子也见不着面（靡室靡家）；没有时间安居（不遑启居），这都是"猃狁"，也就是犬戎造成的啊。

在"杨柳依依"的早春，诗人扛起武器，踏上征途；到"雨雪霏霏"的严冬，诗人终于结束了征程，回到家乡。但伴随他的并不是归家的愉悦，而是满心的伤悲——"我心伤悲，莫知我哀"。亲身体验过战争残酷的人，都不会像明明生活在太平盛世却口口声声"虽远必诛"的人一样歌颂战争。何况与猃狁的较量是一场徒劳的挣扎，周人从中根本看不到胜利的希望。

无休止的战争让周人疲于奔命，对前途忧心忡忡。王朝已到了末途，这是许多人都能看到的。可大多数人注定一辈子平庸，只能跟随这世道载沉载浮，在醉生梦死中被动等待厄运的降临。唯有少数强者，要跟命运掰一掰手腕，暗中做着其他打算。郑庄公的祖父，郑国第一代国君郑桓公便是其中一位。

桓公时的郑国，是王室分封的诸侯中非常年轻的一个。身为宣王的弟弟、幽王的叔叔，他顺理成章地获得了王畿内的一片封地，位于当今陕西省渭南市华州区。这是块风水宝地，北临渭水，东依华山。尤为关键的是，它地处关中平原东部，远离西北方戎人的骚扰，与相对和平的东方诸国距离更近，于是他就有了更多的选择。

幽王即位的第二年，岐山发生了大地震，造成了"三川竭，岐山崩"的严重后果。地震堵塞了水源，让泾、洛、渭三条河流干涸枯竭，还导致千山支脉和岐山主峰箭括岭附近发生大面积山体崩塌。周太王时"凤鸣岐山"，周人此后剪商大兴。如今这块龙兴之地遭遇了灭顶之灾，难道预示着有大变要发生吗？更为现实的是，三川是关中平原的生命之源，三川枯竭让以农业为生的周人面临着无水可取的困境。郑桓公专门就此事咨询王朝博学睿智的老太史伯阳父，太史的看法极其悲观："夫国必依山川，山崩川竭，亡之徵也。……若国亡不过十年，数之纪也。夫天之所弃，不过其纪。"简单来说就是，岐山地震是上天发出的严厉警告，是亡国之征，不出十年天下必有大变。

作为有识之士，桓公也能看出来大周气数将尽。既然伯阳父跟自己看法一致，他就抓紧时间请教郑国的前途何在。太史指出西、南、北三个方向的严峻形势，说唯有东方才是出路。伯阳父的看法无疑深合当时的形势：北方和西方正是犬戎的方向，郑国无论如何也不应该冲上前去自寻死路；南方则是无边无际的秦岭，在大山之中立国也不是什么英明的选择；唯有东方，是王室的陪都雒邑所在，那里还有许多建国数百年的诸侯，远离蛮族的侵扰，是一片勉强还算太平的乐土。这次对话坚定了桓公的信心，也决定了郑国将来的道路。

桓公说干就干，凭借着王朝卿士（相当于周王室的宰相，执政大臣）的显赫身份，他与第二都城雒邑东边的诸侯国虢国和郐国取得了联系，并成功借到了一块土地。然后他秘密搬迁，把人民与财富一批一批地转移到新地盘上。虢国与邻国的国君，或许还在为攀上了权贵而沾沾自喜，浑然不觉自己早已成为桓公远大计划的一部分。

不出伯阳父所料，没过几年，幽王覆灭，犬戎攻破镐京，对周人来说是灾难性的变乱。在一通眼花缭乱的博弈之后，王室残余在继任者周平王的带领下，放弃了立国数百年的关中故地，举国迁往第二都城雒邑。许多贵族仍然认为，这只不过是一次暂时的避难，他们把珍贵而沉重的青铜器埋在地下，期待着还于旧都的那一天。这些青铜器在两千多年后重见天日，而它们的主人，再也没能回来。

准备在前的郑国，充当了此次王室东迁的急先锋。此前，为了谋求安定的外部环境，他给太子掘突（也就是后来的郑武公）娶了申国公主武姜（也就是庄公那位宠溺幼子的母亲）。这桩婚姻引发了后人无数阴谋论的猜想，让我们看一下逻辑链条：

一、幽王废了平王太子之位。

二、平王的母亲是申国公主。

三、平王逃亡到申国，与外祖父申侯勾结犬戎反杀了父亲。

四、郑桓公给儿子从申国娶了一位公主。

四件事连起来看，幽王岂不是死在了妻子、儿子、弟弟、岳父以及外敌联手布置的局之中？难怪平王东迁，郑国出了死力，原来郑桓公早就加入了平王的小集团，参与筹划了犬戎入侵、杀幽王扶平王上位的阴谋啊，那郑桓公可以算是西周晚期一个大大的阴谋家。

郑桓公作为王朝卿士、尊贵的王叔，恐怕还不至于引狼入室。其实申姜和武姜这两个女子压根儿不是来自一个地方。幽王王后申姜的国家是西申国，地望在今天甘肃省平凉市一带，位于宗周的西北方。而郑武公妻子武姜的国家是南申国，位于南阳盆地，在郑国的南方、宗周的东南。一直以来很少有人关注到西申国的存在，都认为南阳盆地的南申是周平王的外家。如果申国远在关中东南，又如何能够与关中西北方的犬戎实现联盟呢？郑国与遥远的西申国结亲，也不能换来任何实质性的好处。

郑桓公去世后，年轻的郑武公带领人民翻开了郑国新的篇章。桓公的未雨绸缪惠及了子孙和民众，由于提前搬家，郑国人躲过了犬戎之乱。从此，郑国与周王室便在嵩山的东、西两侧分别立足，此后的很多年，二者将一明一暗，搅动着东方世界的格局。

新郑国立国于嵩山之南，黄河之北。向西越过嵩山和黄河包夹的狭窄通道制，便进入了周天子的地盘——面积逼仄的洛阳盆地。失去了关中的周王室并没有多余的土地奖励给忠心追随的郑国，郑国就只能自己去抢，打周边小国的主意。

在郑国攻灭这些国家的战争中，周平王经常慷慨派遣屯驻在洛阳的王师助战，甚至直接把指挥权交给郑国。有王师加持，郑国更加所向披靡，这或许是最早的"奉天子以令不臣"。天子之所以赤膊上阵，是为了酬劳郑国的站队：犬戎之乱后，幽王的支持者们拥立他的弟弟周携王余臣，王室一度出现了十几年的"二王并立"。郑、晋等国家，是坚决地站在平王这一边的。

王室的东迁、郑国的扩张，如同在平静的湖面上丢了一块巨石，打破了东方诸侯相对平淡的生活。在郑国到来之前，他们既不用担心犬戎的侵扰，互相之间的兼并战争也很少，毕竟旁边就有王城雒邑，不怕没人主持公道，简直是活在温室里的花朵。王室东迁之后，来了郑国这个外来户，继郐、东虢之后，鄢、蔽、补、丹、依、弢、历、莘等小国纷纷被灭，土地、人民被郑国并吞。他们虽然不曾直面犬戎，但在事实上分担了犬戎造成的伤害。郑国也把自己"折腾"成了东方诸侯的众矢之的。除了剪灭小国，它跟周边的宋国、卫国、许国、蔡国、陈国、鲁国等大国都发生过冲突，甚至同时面对几国的联军。但这条过江猛龙，挟王室余威，加上一身合纵连横的本事，居然屡屡击败周边诸侯，成为春秋"小霸"。

和古往今来每次乱世的起点类似，最先崛起的一般都不是最后的胜利者。郑国早期的强势，是因为未来的几大强者或是陷入暂时的内乱，或是还没有扩张到与郑国接壤，而临近的几个国家又不够强大。加上桓公、武公、庄公才能出众、心狠手辣，郑国攀爬到了一个超出它实力的高度。一旦真正的强者苏醒，四面树敌、无险可守的它将步入理所当然的衰落之中。

实力有限的郑国，在武公、庄公的集权统治下爆发出超水平的战斗力，营造出一种"春秋早期的郑国非常强"的假象。事实上，春秋争霸的正赛还没开始，郑国的折腾，只不过是暖场节目罢了。它的硬伤有两点：

一、置身于中原这一四战之地。

二、周围的国家都十分成熟。

中原是当时开发度最高的区域，这意味着此地国家的经济、军事、文化等软硬实力纵然不强，但也不会太弱。同属华夏文明圈的诸国，彼此对对方的生产、战斗、外交方式都足够了解，想要消灭这样的对手——关键他们还是同气连枝的一群——显然不是一件易事。

两相对比，西北方与郑国隔黄河相望、未来将成长为春秋第一超级大国的晋，其地理环境就优越太多了：西方有黄河天险，南方有中条山、王屋山与黄河做屏障，东方更矗立着绵延千里的太行山。晋国可以在山西高原关门打狗，殴打落后的戎人和一众同姓小国，却无须和任何旗鼓相当的周人国家打生打死。

最早称霸的齐、雄踞南国的楚和一统天下的秦，基本都有类似的地理优势：远离四战之地，敌人相对弱小。秦国这种特质尤为突出：渭河平原山川环抱，气势团聚，是第一等易守难攻之处，被称为四塞之地、百二秦关，周人赖之以崛起。秦国形势占优时，东出崤函以争天下；形势不利时，就缩回老家，闭门搞发展。被它兼并的西戎、巴蜀、义渠等异族国家都在秦国的后方，诸侯无力干涉。一个国家笑到最后或许存在着历史的偶然，但一个国家早早衰落却饱含着历史的必然。

　　国家先天禀赋的不足，武公、庄公应当心中有数。国君集权，对别的国家来说暂时还不是很迫切，但对郑国就不一样了。在东迁中充当王室打手，得罪了一批人；开疆拓土，又得罪了一批人。四面皆敌，一旦陷入内乱，后果不堪设想。更为致命的是，郑国的膨胀引起了王室的不满。等东迁的蜜月期过去以后，王室与郑国渐生嫌隙，这让它陷入了十分被动的局面。

　　平王东迁时，郑国为王室出了很大力气，这得益于郑桓公此前在东方的布置。自然而然，郑武公也就继承了父亲桓公王朝卿士的职位，成了平王朝堂上举足轻重的大人物，一度掌握着王室的行政大权。有道是"人无千日好，花无百日红"，郑武公对外屡屡攻灭小国，在王朝内又一言九鼎，时间久了便招致周平王的猜忌，但武公尚能妥善处理与周王的关系，双方维持着互惠互利的表面友好。等到郑庄公时代，积累已久的矛盾便爆发了。

　　周平王暗中计划扶持虢公，取代郑庄公王朝卿士的位置。消息泄露，郑庄公质问平王，平王躲躲闪闪地否认了。从这里也能看出郑国的跋扈，周王想制裁它，却又不敢承认，只能偷偷摸摸地搞小动作。结果平王两头都没落着，既没扶起虢公，又让郑国对自己有了防备。为了安抚郑庄公，平王还和郑国互换人质，让各自的太子去对方那边做抵押。《左传》对这件事记录："信不由中，质无益也。"这的确是很恰当的评价。如果双方已经失去了信任，靠人质管什么用呢？交换人质的行为，相当于把平王降到了和郑庄公对等的地位，对威权本已大大沦丧的王室来说更是一点好处都没有。

　　果然，该来的迟早都要来。周、郑之间貌合神离的关系，随着周平王的驾崩终于撕破了脸。大臣们拥立早些年病逝的太子泄父的儿子即位，是为周桓王。周桓王一即位便旧事重提，试图剥夺郑庄公王朝卿士的职位，改任虢公。郑国立刻还以颜色，也不再提什么互换人质了。庄公派兵把王室温邑的麦子、洛阳周围的谷子收割得一干二净，两国关系急剧恶化。

　　桓王三年（公元前717年），庄公为了缓和关系，去洛阳朝觐，却遭遇了桓王的一通羞辱，两边关系弄得更僵。十年后，周桓王自觉时机成熟，正式宣布解除郑庄公王朝卿士的职务，并纠集陈、蔡、卫三个国家举兵伐郑。郑庄公出兵抵御，双方在繻葛（今河南长葛附近）交战。周桓王要是知道陈、蔡、卫专拖自己人后腿，他绝不会请这几位来帮忙。这三国在春秋的历史上，大部分时候扮演的都是强国的"背景板"的角色，这次也不例外。在郑国的新式阵形"鱼丽"的压迫下，三国军队当场溃散，还冲击了王师的阵形，王师因此大败，郑国的祝聃甚至一箭射中了桓王的肩膀。好在郑国没有乘胜追击，桓王才得以逃走。

繻葛之战是双输的结局：王室颜面扫地自不待言，胜利者郑国其实也没捞到好处。周桓王本可以发挥天子的优势地位，对郑国实行外交和政治层面的制裁。如果郑国服软，目的已经达到；如果郑国先动手，再布告四方，征调诸侯军队以顺讨逆，成功率也更高。贸然诉诸武力，找来的帮手还成事不足败事有余，实在是很失策的举动。郑庄公悍然举兵反抗，赢是赢得漂亮，却也输了道义，只会让郑国更加孤立。即使他坚守不战，以对手的实力，想必也不可能把郑国怎么样。等把对面耗得师老兵疲，再游说与王室交好的国家，让他们从中斡旋，最后达成某种程度的和解，也比刀兵相见要好得多。

多灾多难是郑国与生俱来的劣质基因，这一点从前三位君主的谥号桓、武、庄就能看出名堂。"辟土兼国曰桓"，郑桓公开辟东方的土地，后来鸠占鹊巢吞并了虢、郐的土地，杀死了他们的国君，当得一个"桓"字。"克定祸乱曰武"，郑武公即位于犬戎大出、父亲死难之际，他力挽狂澜稳住郑国的基本盘，后来又带领王师东征西讨，"武"的谥号实至名归。"兵甲亟作曰庄"，郑庄公一生，无岁不征、无日不讨，与周围几乎所有国家都开过战，好在胜多败少，堪堪给郑国打出了一片天地。但庄还有"武而不遂"的含义，郑国打了那么多年仗，在庄公去世后还是不可避免地走向衰落。连续三代"桓""武""庄"，郑国的环境何等凶险，可想而知。

好在郑国立国晚，到庄公才第三代，宗室亲戚们加一起也没几个人，不像有的国家已经传了一二十代，各种关系盘根错节，随便搞点什么改革就要动一大群人的利益。郑国三代国君一个比一个英明神武，将宗室治得服服帖帖。等到庄公去世诸子争位，困扰鲁、宋、齐、楚等一大堆国家的群公子问题，便也缠上了年轻的郑国。

传统语境下，郑庄公一世奸雄、心狠手辣，对弟弟绝情绝义。但考虑到郑国艰难的外部环境，以雷霆手段终结内部分裂倾向，又是不得不做的事。看起来共叔段是输给了哥哥，但武公不受妻子影响，坚决传位于长子，这也是庄公胜利的关键因素。

武公在世时共叔段无权无位，没有培植私人势力的机会，所以他的反叛威胁很低，被庄公轻松剿灭。所以，共叔段的失败，是武、庄二公高度集权的必然结果。庄公对弟弟的无情打击，既有打击异己报私仇的成分，也有维护集权政治、打击分离倾向的成分。

在乱世做好人，注定是要付出代价的。庄公只要不是个瞎子，就应当看得到北边的晋国正在发生什么——此时的晋国，正在用一幕幕人头滚滚的惨剧给郑庄公上课，教会他善待一个野心勃勃的弟弟，会让自己的家族落到何等下场。

曲沃代翼

与同室操戈的郑国不同，晋国起源一个兄友弟恭的美丽传说。周成王还是个孩子时，他有一天在王宫庭院里拾起了一片飘落的桐叶。懵懂的少年模仿大人的行为，将这片树叶剪裁成圭（一种由玉制作的顶部尖锐的长条形礼器，这种礼器只会在重大场合出现，且只有诸侯才有资格手持）的形状，把它赐给了弟弟叔虞，并郑重其事地宣布："以此封你为诸侯。"这本是儿童之间的玩耍，摄政的周公却以"君无戏言"为由，坚决要求成王兑现自己的话，于是叔虞被封在唐地，称唐叔虞。叔虞死后，儿子燮即位，改国名为晋。

这个故事显然有后世儒家学者创作的影子，他们借圣人周公的口，诉说着君王权力的无限和随意。这完全不符合西周的国情，周王的权威远不能与大一统王朝的皇帝相提并论，以至于天子开个玩笑下面也必须不折不扣地执行。连唐朝的柳宗元都不以为然——如果成王用桐叶封妇人、宦官，难道也应该兑现吗？

桐叶封弟的传说既然只不过是政治童话，那王室封建晋国必然另有原因。唐叔虞建国的地方，原有一个祁姓唐国，从商朝时就存在了，被周成王抓住一次内乱的机会攻灭。西周早期王室仍然处于扩张期，灭掉异姓国，分封同姓是周人的老传统。山西与王畿所在的关中平原隔黄河相望，周人想要在山西打开局面，树立一批可靠的支点是十分必要的。唐叔虞足够可靠，是自己人中的自己人，所以他得到了唐国原先的地盘。

考察山西的地形，与关中最近的是黄河拐弯处的东北方，后来被称为"河东"的运城盆地和临汾盆地，两块肥沃的盆地拼接成一个芒果形，是山西的精华所在。晋国最初定都的翼城，堪堪在这片土地最东边的丘陵地带，再向东则进入了茫茫的太行山区。它所控御的国土，也不过是翼城周边很小的范围。

为什么唐叔虞没有被分封在肥沃的平原，而要去贫瘠的山地边缘建国呢？这与西周王朝的建立方式有关。武王伐纣是一次长途奔袭对商朝廷中央的斩首行动，而不是逐步蚕食直到压倒性的吞噬。山西虽介于商、周之间，但孤悬在外的地缘环境，让它可以在两大势力碰撞时置身事外，所以境内的大小方国还没来得及与周人建立稳固的君臣关系。

商灭周兴后，他们迫于形势的臣服并不能让王室放心，那么多在这块地盘上安插自己人，就成了必然的选择。与晋一起打入山西的还有不少姬姓诸侯，如魏、霍、虞等。晋国后来交出的成绩单，超过了卷面分的上限：它不但站稳了脚跟，还不分同姓异姓，一视同仁地扫灭了河东的所有诸侯国，未来将全据山西，甚至蔓延到河北平原、中原地区和黄河西岸，成为春秋时期最强的国家。

唐叔虞的后人，多次击败南蛮和戎狄，守护了华夏文明的薪火，还平定过王室的内乱，维系着大周王朝的存在，完美地尽到了自己的义务。

桐叶封弟的美丽传说，好像并没有对后来晋国公族的品性产生什么良性熏陶。极具讽刺意义的是，晋后来以一场持续六十七年的自相残杀，为"弑君三十六，亡国五十二"的春秋乱世开了一个头。

曲沃桓叔生于晋始封后两百多年，长郑庄公四十五岁，年龄估计与郑桓公相仿，身份也和郑桓公差不多，是没有继承权的小儿子。在成为曲沃桓叔之前，他一生中大部分时间被称为公子成师。得到属于自己的封地时，晋国的大位已经

∧ 西周龙凤纹玉圭
形饰,山西博物院藏。

由哥哥晋文侯（名仇）传到了侄子晋昭侯，此时成师年已五十八。

据说，相比哥哥文侯，公子成师从小就特别受父亲钟爱。这点从他们的名字里就可以看出来。"仇"寓意不佳，是晋穆侯打仗输给戎人后，为了提醒自己不忘仇恨而给儿子取的名字。而"成师"表示"成就师旅"的赫赫武功，与哥哥的名字恰恰相反，它纪念了一场对戎人战争的大捷。

这种说法看起来似乎有点道理，但应该不是事实，它要么来自成师后人的自吹自擂，要么就是好事之徒的编造。因为金文中"仇"的形状是两只外表一模一样，左右相对鸣叫的鸟，表示匹敌、匹配之意，没有仇恨的含义。这个名字寄托着晋穆侯对长子的期待——希望这个孩子将来和自己一样！

不过晋文侯的人生并非一帆风顺，父亲一去世，君位就被叔叔晋殇叔夺走。所幸，文侯也不是易与之辈，四年后他率军杀回首都，干掉叔叔，夺回了本属于自己的位置。文侯主政的晋国是周平王最坚定的支持者，与平王争位的携王，最后也是死在了晋文侯手里。

有这么一个坚韧强悍的哥哥，成师的前半生可谓不幸。但成师毕竟不是凡

角，在人均寿命三十来岁的春秋时期，暮年才得到曲沃这块封地的他始终没有失去进取的雄心。在此之前，成师已经积累了相当雄厚的政治资本和声望。现在，那个让他望而生畏的哥哥既然已经长眠地下，筹谋多年的计划终于有机会变成现实了。他也清楚，如果不是因为担心自己在首都发动政变，侄子晋昭侯也不可能将晋国第一大城曲沃拱手相让。过去的公子成师、如今的曲沃桓叔（当然，"桓"是他去世以后的谥号），决心以曲沃为基地，夺取政权。

曲沃地处翼城西边，都是如今临汾市的下辖县。曲沃再往西，就进入了汾河冲击形成的平原，而翼城只能选择向东的太行山里发展，不难看出，曲沃的发展潜力高于翼城。桓叔家族盘踞的曲沃，也在经济和军事上渐渐超越了翼城。有实力作底气，晋国小宗曲沃家族将用近七十年的时间，逐步压倒翼城的大宗，最终攫取晋国政权。

曲沃代翼之所以花了这么长的时间，大约是因为此前没有先例，它严重违背了当时的道德观念。小宗取代大宗，在周人的价值观里是绝对的大逆不道，所以曲沃的事业发展格外艰难。有好几次明明已经接近成功了，却因为首都人民激烈的反抗而不得不暂时退让，重新寻觅机会。

最初桓叔打算用政变解决问题，在他的指使下，潜伏在首都翼城的大夫潘父成功策划了一起针对晋昭侯的谋杀。昭侯的死讯一到，早已整装待发的桓叔便带兵向翼城进发，打算跟潘父里应外合，以"先君之子"的身份强行即位。没想到昭侯的臣子们十分能干，他们立刻拥立昭侯之子孝侯为国君，诛杀叛徒潘父，并火速集结军队击败桓叔，逼着他退回曲沃。八年以后，壮志未酬的桓叔在曲沃病逝，享年七十三岁。

从桓叔的失败可以看出，晋国大宗占据着大义名分，是人心所向。而史书上记载的（曲沃桓叔）"好德""晋国之众皆附焉"，应当是胜利者对祖先的粉饰之辞。纵然这些评价是真的，也只能说明晋国人民拥护的是以"忠臣孝子"面目示人的公子成师，等他变质蜕化成了人人喊打的"乱臣贼子"曲沃桓叔，大家就都站到他的对立面去了。

接替桓叔事业的是他的儿子庄伯（名鳝），他在七年后复制了父亲的手段——谋杀孝侯，入都夺位，然后遭遇了和父亲一模一样的失败——被翼城人反击，逐回曲沃。晋人根本不买庄伯的账，继续拥立孝侯的弟弟晋鄂侯，坚决不向曲沃家族屈服。

在庄伯的时代，曲沃的表面实力已经超越了翼城，却迟迟拿不下最终的胜利，究其原因，还是人心向背的问题。庄伯总结了父亲和自己的失败教训，想出了化解翼城方面占据道德制高点的方法。之后，他在出兵伐翼前，贿赂周桓王的大臣尹氏、武氏，换取了王师的参与。王师亲自下场，为小宗的反叛行径披上了一层"王命"的合法外皮，用更高层面的道义对大宗进行降维打击。这一招起了奇效，晋鄂侯不敌联军，逃亡到了随地，曲沃庄伯胜利。

王室的这次出兵实在是非常降智，大宗的合法性是周王室自己定的规矩，周天子也不过是"天下之大宗"。现在自己带头破坏自己的规矩，助小宗伐大宗，假如有一天诸侯与天王兵戎相见，还指望谁出来维护正义？

果然，没过几年，周桓王就跟郑庄公翻脸，亲自率军出战的桓王这次碰到了硬骨头，郑国人压根儿不买账，不但没有"小杖受大杖走"，还没大没小地出兵与王师对垒。桓王也非常没面子地被郑国人一箭射中了肩膀，灰头土脸地打了一场败仗，便是前文提到的繻葛之战。郑庄公事后赶紧派人去军营慰问身心都受到巨大创伤的周桓王，表示那一箭是误射的，自己绝没有对抗天王的意思和胆子。战场上打不赢，谈判桌上自然也就少了底气，所以桓王半推半就地接受了郑国人的"求和"。

郑国打赢了却不敢逼得太狠，可见那个时代的天子并不仅仅是"兵强马壮者为之"，更重要的是合法性，是人们发自内心服从。何况东迁以后，王室就是一只纸老虎，压根儿谈不上"兵强马壮"，能倚仗的只剩下精神层面的威势，更不能助长这种破坏规矩的行为。

或许是终于想通了这一点，同年，王室又出兵讨伐了庄伯。这下，轮到庄伯品尝被"奉王命讨不庭"的滋味了。曲沃庄伯和他的军队对王权加持的讨伐完全没有抵抗力，当场被王师打败，代翼大业功败垂成，庄伯在第二年就忧愤交加地去世了。如果把干掉曲沃庄伯算成周桓王的业绩，那他这个"桓"，倒也马马虎虎可以当得一个"辟土服远"。

王室扶立的鄂侯之子晋哀侯乘胜追击，打得庄伯的继承人曲沃武公十分被动，武公甚至主动向翼城方面求和，但和曲沃仇深似海的大宗不为所动。谁都能看出来，事情到了这个地步，双方早就是不死不休之局，任何所谓的和平请求，都只不过是为下一次开战积蓄力量而已。

和平既然已经成为奢望，武公便一面和翼城周旋，一面积极向西方开疆拓土，扩充实力，准备在将来的决战中彻底粉碎翼城。这无疑是一个英明的选择，曲沃的实力本就在翼城之上，加上武公的励精图治，两边的实力被进一步拉开。即位七年后武公率军伐翼，一战就俘虏了晋哀侯和大臣栾共叔。

虽然周桓王在曲沃和翼之间左右横跳，武公仍然寄希望于通过获得王室的承认来实现对翼的真正降服。所以他俯首去觐见桓王，请求册封被俘虏的栾共叔为晋国的执政卿，用这种旁敲侧击的战术，迂回地为自己捞一顶"晋侯"的帽子。可惜他打错了算盘，这个方案遭到了桓王和栾共叔两方面的一致拒绝，翼城也立了哀侯的儿子小子侯，继续和曲沃顽抗到底。气急败坏的武公见文的不成，又来武的，后来他设计诱杀了小子侯。而桓王再次从中作梗，派兵讨伐曲沃，打得武公灰头土脸，王室扶立哀侯的弟弟缗为晋君。

事到如今，曲沃已经把翼彻底打残，双方实力悬殊。要是没有王室撑腰，晋国大宗早已覆灭。武公对周桓王不抱指望，决定相信自己，大力出奇迹，把"武"进行到底。晋侯缗二十八年（公元前678年），武公灭翼，完全吞并晋国的土地。此时的周王已是周釐王，面对武公送来的大批珍宝（都是从翼抢来的），釐王选择接受既成事实，正式册封曲沃武公为晋侯。

晋小宗克了大宗，最终居然还得到了王室的承认，这在当时可是一件里程碑式的大事。意味着王室的意志无论如何坚决，面对既成事实也只能予以承认，它已经没有力量再按照自己的想法强行约束诸侯的行为了。实力强、拳头大，才是这个时代的硬道理。西周构建的宗法制度、礼乐文明，在周幽王废长立幼时开始崩裂，到曲沃武公加冕的那一刻彻底化为碎片，飘散在历史的秋风之中。

这，就是礼崩乐坏的春秋。

时势造英雄，哪个时代都不缺少曲沃桓叔和共叔段们，区别是时代是否给他们出头的机会。西周早中期，王室实力雄厚，宗法制像紧箍咒一样，死死地束缚着野心家的手脚，即便他们再有能力，也只能向平庸的长兄臣服，无奈接受命运给自己安排的角色。周王室打造的高效率和强秩序，建立在用强权压制竞争的基础之上，其政治秩序的稳定性，是以牺牲公平性换取的。看似兄友弟恭、雍雍穆穆的系统，内部张力实际上很大。所以来自最上方的压制力量必须足够强，或者有办法把矛盾对外输出，以此释放内部的竞争压力，用发展换取"共叔段"们的让步——"当不了天子，做个诸侯也不错"。一旦发展停止，大家开始玩零和博弈，这个体系就只剩下强权和习惯。等到西周衰亡，顶端的压制力不复存在，有实力有野心的后辈小子，凭什么还不为自己搏一把呢？

天子失去权威，春秋五霸们便崛起了；诸侯失去权威，三桓七穆赵魏韩们便崛起了；卿大夫失去权威，阳虎们便崛起了。旧秩序被打破的同时，也让社会各阶层进行了一次彻底的重构。所以，礼崩乐坏的本质，是不公秩序的衰败和竞争意识的抬头，喷薄而出的竞争点燃了这个民族的创造力，造就了百花齐放的春秋战国。

孔子作为一位旧贵族，心心念念的是恢复西周的体系，所以他说："天下有道，则礼乐征伐自天子出；天下无道，则礼乐征伐自诸侯出。自诸侯出，盖十世希不失矣；自大夫出，五世希不失矣；陪臣执国命，三世希不失矣。天下有道，则政不在大夫。天下有道，则庶人不议。"但旧秩序，恰恰是因为不再适应新形势才被所有人抛弃的，注定不可能还魂归来。与其临渊羡鱼，不如退而结网，新时代的弄潮儿，恰恰是原先不受重视的群体，他们构建的新秩序，也决然不能称之为"天下无道"。春秋战国的乱世，孕育着大一统王朝的种子，将在时机成熟时，以秦汉大帝国的形态降临世间。

某种意义上说，共叔段是失败了的曲沃桓叔，曲沃桓叔是成功了的共叔段。而历史对他们的记载，一个是"甚得民心"的贤人，另一个则是"不弟"的不肖子。除去他们自身品性、能力的差异之外，成功与否，难道不是历史评价最重要的标准之一吗？能够"不以成败论英雄"的史书，实在是太少了。仅比曲沃武公年轻三岁的郑庄公，目睹邻国的兄弟操戈，再看看身后磨刀霍霍的共叔段，他会不会觉得脊背发凉？或许，他有压住共叔段的实力与自信，但他的儿子、孙子呢？如果有一天自己不在了，他们会是这个桀骜不驯、内有强援的叔叔的对手吗？如果自己的家族像晋国大宗一样覆灭，那么历史给共叔段的评价，还会是"乱臣贼子"吗？

跟《公羊传》《穀梁传》持类似观点的人，古往今来有很多。他们认为郑庄公做得太过分，从头到尾都在扮猪吃虎，故意设套让共叔段钻，坐实他的反叛之罪后将之一举拿下，对待亲弟弟比对待敌人还要狠毒。作为哥哥，不教育弟弟却把他当仇人一样算计，实在是人性的泯灭、道德的沦丧啊。

他们的观点不是完全没有道理，但只能说是书生之见，严重低估了赢家通吃的政治斗争的残酷性。争夺君位不是玩游戏，随时可以退出或者读档重来，任何人一旦参与，就只能玩到底，要么全赢要么输光，从来没有中间选项。曲沃代翼就是最典型的案例，双方血战六十七年，不死不休。因为这种竞争是完全的零和博弈，你得到的就是我失去的，彼此之间的信任为零，都在囚徒困境中苦苦挣扎。每个人都只敢把对手往最坏的地方想，高估对手的道德就是对自己小命的不负责任。

共叔段既然早就表现出对君位的企图，又已经通过母亲付诸实施，"爱共叔段，欲立之。亟请于武公……"，那么无论是庄公还是弟弟都没有退路，任何一方在被彻底清除之前，其宣布的"退出""收手"在对手看来都不具备任何可信度，完全有可能是麻痹自己的烟幕弹。至于旁敲侧击劝退对方更不是可选项，如果共叔段宣布放弃夺位，那庄公是信还是不信呢？只有死掉的敌人才是敌人，这一点应当是两边的共识。

可以想象，在母亲的极度宠爱之下，共叔段从来就不曾把哥哥放在眼里。若不是庄公手段高明，他也确实很有机会，因此共叔段恐怕连中途退出的想法都不会有。他在京城的所作所为，很明显是要一条道走到黑，哪里有半途收手的样子。这时候庄公如果敲打他几下，或许他会暂时收敛一点，但必定怀恨在心，把扩张势力的动作搞得更隐蔽罢了。所以庄公干脆放任不管，外松内紧，等时机合适就动手铲除。

换到庄公的角度思考：母亲宠爱弟弟，我无法左右；不给弟弟分封，情理上说不过去；弟弟在京城蛰伏，我没有借口动他；但这个弟弟一天不除掉，我寝食难安，毕竟他比我年轻。我更不敢把隐患留给儿孙，赌他们斗得过叔叔。隔壁晋国的教训，历历在目啊。天地如炼，唯争一线生机。后人骂我无耻也好、阴险也罢，至少我活下来了，我赢了。在这个乱世，又有什么比活、比赢更重要呢？

这只是我们对庄公内心想法的无责任猜测，而他则用实际行动给了世人答案：

夏五月，郑伯克段于鄢。

第三章

筚路蓝缕

武王侵随

以雷霆手段解决掉了弟弟共叔段，郑庄公似乎可以放心了。但内能安得住，并不意味着外就攘得好。何况这个内，他最终也没安好。庄公防弟弟有如防贼，对儿子们却舐犊情深，搞得诸多儿子对君位有想法。加上庄公身后事安排得又不够断然，所以他去世后，儿子们自相残杀，郑国的好日子就到了头。

话说群公子争位这种剧情，在春秋实属稀松平常，哪个国家都有。但乱归乱，未必会让国家伤筋动骨，通常是乱一阵子，等决出胜利者，便能重新建立起统治秩序。倘若新上台者有点手段，活得再久一些，政局便会回归平稳。问题是郑国形势凶险，只要出点乱子就缓不过劲儿来。论表面实力，明显强于郑国的也只有齐、秦、晋、楚这几个地缘环境绝佳的国家。但郑国的日子比鲁、宋这些二等国家都要艰苦，因为它刚好位于晋、楚两超的中间地带，是双方都千方百计要控制住的区域。

北方的晋国气候将成，不久的未来，它会南下东出以争天下，郑国恰好在晋国东进的必经之路上。

原先，晋国在山西高原上兼弱攻昧壮大自身，它并吞掉周边一个个小国，把自己喂成了庞然大物。等到了中原，它发现情况跟在山西不太一样了：四处是立国数百年、根基深厚的诸侯国，灭掉他们难度大不说，影响也很坏。于是晋国因势利导地转变战略，向齐国学习，打着尊王的旗号，把枪口对准了实力相当的楚国。楚是外人，甚至他们自己都亲口承认"我蛮夷也"，打击它还可以收拢被楚国欺压、投诉无门一众小国的人心，几乎能算是替天行道了。所以面对这样的晋国时，郑国还能通过外交手段，卑辞重币以勉强保全自己。

对郑国更大的威胁来自南边的楚，这个始封时"土不过同"的蕞尔小邦，已经壮大成庞然大物。日月如梭，遮蔽在郑、楚之间的陈、蔡、申、息等国家，在未来数十年间不是被灭就是投降，郑国即将变成"抗楚前线"（当然，在它倒向楚的时候，又会变成"抗晋前线"）。郑国经常碰到的情况是，晋国打过来，它和晋国结盟（所谓结盟，其实就是臣服的委婉说法）。没安稳两天，知道消息的楚国紧跟着就来了，郑国又跟楚国结盟。紧接着晋国又来……到后来郑国人实在受不了了，就在南北的国境上常年备着犒师的物资和进贡的礼品，等着晋、楚的"轮番轰炸"。

到了春秋后期，郑国彻底抛弃底线，谁的拳头硬就认谁做老大。晋悼公是最后一代能够控制住国内各大卿族的明君，他在位期间晋国十分强势，楚国意识到全盛的晋国是难以战胜的对手，便暂时放弃了郑国，于是郑国与晋国结盟。

结盟的文书叫"载书"，有一模一样的好几本，一本沉入河中或者埋在结盟地点，让天地山川见证，剩余的参与结盟者一方拿一本回去收藏在自家盟府（可以理解为文书档案管理机构）或者宗庙。晋国大臣士庄子率先在盟约上写下晋国的誓言："自今日既盟之后，郑国而不唯晋命是听，而或有异志者，有如此盟。"晋国的誓词里居然没有一句晋国的承诺或是对晋国的约束，反倒全部是郑国的义务——郑国必须无条件服从晋国的命令，如有异心则不得好死——真是奇哉怪也。这证明，春秋中后期，霸主与小国之间已经越来越不平等，全无当年齐桓公扶危济困的风度了。

郑国人的心情可想而知，但人在矮檐下也只能低头。大臣公子非接着写下了郑国的誓言，一开口就是诉苦，老天不保佑郑国，让我们倒霉生在晋楚两强之间。大国粗暴对待我们，整得我们不得安生，今天结盟以后，他暗地里把晋国的誓词改了一点，"郑国而不唯有礼与强可以庇民者是从，而敢有异志者，亦如之！"如果不听从"有礼""强可以庇民"的大国，一定不得好死。我郑国不是唯晋国之命是从，而是唯强者之命是从。你晋国如果打得赢楚国，我就听你的；要是打不赢，也别怪我不讲义气了。

郑国可能是真的被逼急了，泥人也有三分土气不是？早些年，霸主统战小国好歹还打着尊王攘夷的旗号。现在世道变了，所谓霸主，不过是动辄武力威胁小国签不平等条约的强盗头子罢了。既然你晋国好意思，那我郑国又有什么不好意思的呢？晋国不以做强盗头子为耻，那我郑国也就当一回市井无赖。

晋国上军元帅荀偃鼻子都气歪了，怒斥公子非："给我改回来！"郑国大臣子展坚持不让改："话都已经说给神灵了，还能改吗？那盟誓还有什么严肃性？如果连对神灵都能出尔反尔，郑国不也一样可以对晋国阳奉阴违吗？"晋国可能觉得自己确实有点过分，就勉强认了郑国的盟约。这种"惟力是视"的结盟，对郑国又能有几分约束力呢？

一部春秋史，主要就是晋楚争霸史。早在郑伯克段十六年后，楚国的兵锋就已经压迫到了周人的同姓，这次是郑国正南方三百五十公里的随国：

> 楚武王侵随，使薳章求成焉。军于瑕以待之。随人使少师董成。
>
> ——《左传·桓公六年》

春秋时的战争跟后世很不一样，楚武王熊通作为侵略者，却主动求和，"使薳章求成焉"。随人也不以为怪，派出少师（军队职务，二号首长，一号首长叫太师）来主持和谈事宜。

西周和春秋早期，华夏大地上生长着无数小国家，它们往往只有一个都城，外加周边一圈农田。这种国家，都城被打破就意味着灭亡，遗民们没有力量重建国家。如果随国是这种国家，楚国可能会考虑一战灭国，根本不会跟它和谈。但随是个大国，楚国虽说实力强横，暂时还无法把它一口吃掉，只能慢慢削弱，等它弱到一定程度再吞并。因而本次战争的目标便

∧ 侯马盟书，山西博物院藏。

是"降服"而非"征服"。楚国的"求成"，也就是用军事威胁换取外交利益，威胁随国签订不平等条约，承认楚国的老大地位。

春秋时的大部分战争都是这种"降服"战而非灭国之战，这不是说诸侯们多么有素质，而是客观上做不到。彼时社会生产还非常落后，人类面对自然还很弱小，几年都积攒不下多余的粮草，而一场天灾就会把存粮消耗一空。所以诸侯们都养不起大规模的军队，也无法支撑旷日持久的战争。封君贵族层层把控着权力，下面的官僚机构也没有建立起来，国家对基层的控制力十分孱弱，甚至诸侯自己都搞不清楚自己的国家有多少人口、多少土地，更别说发动全民参与的大规模战争了。

客观现实决定了西周到春秋的战争形态注定是贵族式的战争，那时候的常规打法是双方约定一个战场，摆开阵势战车互冲一番，一般一个上午战斗也就结束了。杀人盈野、围城经年的惨烈战斗，在春秋时还见不到。铁器和牛耕普及之后，小农家庭才能取代氏族集团，集权国家也才得以诞生，然后战争的烈度才变得空前的大，不过那已经是战国时的事了。

最可恨的是，这次随国全无正面硬抗的骨气，甚至连"春秋式"的战争都不准备打，不战，不和，不降，就这么耗着，让楚国很是光火。战场情况大约是这样：听说楚国来伐，汉阳诸姬急忙带着军队前来增援。但楚国凶蛮名声在外，野战实在缺乏胜算，于是大家一头钻进随国首都，把城门一关，躲在城墙后面跟楚国人玩静坐战，拿彼此都没什么办法。楚国也不愿意贸然攻城，因为冷兵器时代的攻城战，对进攻方来说就是绞肉机，纵然有十倍的兵力也很难一鼓而下。更常见的战法是长期围困，耗到城内粮草、水源断绝，再拿下弹尽援绝的守军。如果在对方齐装满员的情况下就"头铁"攻城，胜算几乎为零。

这些小国之所以叫汉阳诸姬，是因为他们都是周人的同姓，并且分布在汉水的东北方。汉水发源于陕西汉中，从西北流向东南，在今天的武汉汇入长江，是长江最大的支流，汉朝因它得名，汉也成了中华民族永远的称号。山南水北在古代称为阳，山北水南则称为阴，所以中国有无数某阳、某阴的地名。

山南阳北阴好理解，绝大部分山的南坡，由于阳光照射更充足，草木要比北坡茂盛许多，所以是"阳面"。水南阴北阳则是一个地理学问题。中国的地形大体上分为三级阶梯，从青藏高原到黄土高原再到东部平原地带呈现出西高东低的分布，因为水往低处流，所以主要河流都是从西向东，最终汇入江、河、淮、济几条大河，再东入大海。地球的自转给地表上运动的物体施加了一种叫"地转偏向力"的力，在北半球的效果是推动行进的物体向右偏转。自西向东的水流被向右推动，就会浸润南边的河岸，产生南湿北干的现象。古人观察到这种现象，却不知道背后的科学道理，只能想当然地用玄而又玄的"阴阳"来解释，认为河流的属性是南阴北阳。

书归正传，楚武王的叔叔斗伯比指出——楚国的战略失误是使用了过度的武力威胁，把小国们吓破了胆，使得它们都成了惊弓之鸟，稍有风吹草动就聚到一起抱团龟缩，让楚国无法下手。要想打赢，首先得把他们从城墙后面骗出来。斗伯比的计谋是装弱小，前来和谈的少师多少也带有一点察探楚国虚实的使命，那就用假象迷惑他。带少师参观的路线上，站岗的全挑老弱病残，武器装备全换成破铜烂铁，把精锐的士卒和精良的兵器都藏起来。斗伯比表示，少师这个人自己很了解，智商虽然低想法却很多，性格还很骄狂。所以当他看到这些老弱病残、破铜烂铁，一定会认为楚国也不过如此。他回国把我军的"真实实力"一说，随国上下肯定会膨胀，搞不好就会丢下盟友杀出城来，好独吞战利品，我们也就有机会痛击随军。

有人反驳：少师虽是个蠢材，但随国人莫非全是智障？比如季梁就不好骗。斗伯比考虑得则更远：在随侯这种昏庸无能之辈的朝廷里，劣币驱逐良币是迟早的事。奸臣少师必然越来越得势，忠臣季梁一定越来越边缘化。纵然这一次计策被识破了也不要紧，等到少师掌权，我们的机会就来了，何况随国还未必能识破呢。计策先用着，成功了最好，不成功也没什么损失。楚国的情报已经精细到了随国关键人物的性格信息，随国却对楚国的大致实力一无所知，谁胜谁败还用得着说吗？

楚武王采纳了斗伯比的计策，"毁军以纳少师"。少师果然没有"辜负"楚国的期望，当场中计，草草和楚国签了城下之盟，回去就撺掇随侯撕毁合约，出兵追击班师回国的楚军。当然，楚国人也没打算守约，他们的精锐部队肯定埋伏在追兵的必经之路上，等着随国人自投罗网。但这一次楚人注定要失望，季梁及时制止了随侯的冒险。他一眼看穿了楚国人的奸计——楚国正处于上升期，弱小是装出来的。

季梁的发言表明他是个有智慧的人。他假设在一种最理想的情况下，小国击败大国的可能性是存在的。这个理想状态是小国治理有方而大国荒淫无道，即所谓"小道大淫"。敢问什么叫治理有方呢？他给出了定义：国君对民众讲忠诚，对神讲信用，即"忠于民而信于神"。春秋时的"忠"和后世的"忠"，动作方向正好相反，前者是上对下的义务，而后者是下对上的义务。治理有方有了定义，荒淫无道就简单了，跟治理有方反过来——不忠于民，不信于神。

先分析楚国：楚国国力蒸蒸日上，这些年东征西讨灭国无数，压根儿看不到衰落的迹象，反倒是一副"天方授楚"的势头，是不是"大淫"不问可知。哪怕咱们横下心来，硬说楚国是"大淫"吧，那随国这边的情况呢，是"小道"吗？季梁指出，我国的实际情况是民众饿着肚子而国君饫甘餍肥，负责祭祀的官员对神灵胡说八道，忠、信两条都不沾边，压根儿谈不上治理有方。把楚与随一对比，非但不是"小道大淫"，简直可以说是"小淫大道"。作为一国之君，上得罪了祖宗神明，下得罪了黎民百姓，既没有上天保佑，也没有人民支持，怎么就敢挑战楚国呢？

这番话掷地有声，无法反驳。随侯为了找回面子，抗议道："我每次祭祀祖先神灵，都用最好的猪、牛、羊，哪里不讲信用了？"从他不敢在忠方面予以反击就知道，季梁说的"民馁而君逞欲"多半是事实，随侯实在没脸睁着眼晴说什么执政为民之类的瞎话，于是就拿"跟神明讲信用"来说事。他对"信"的定义就是给神灵最丰厚的祭品。这番天真而又愚蠢的谬论惹得季梁怒火中烧，说出反驳之言，打了随侯的脸。

季梁说："国君知道为什么天子和诸侯都要拿白白胖胖的猪、牛、羊，颗粒饱满的麦粟，香喷喷的粮食酒奉献给山川神明、祖先英灵吗？可不是去贿赂他们啊。在人间，自然是天子最大；但整个世界呢，难道没有高过世俗政权的存在了吗？当然有，那就是天意和天命啊。哪怕贵为大周天子，也要定期向天帝、向四方神灵、向列祖列宗汇报工作，向他们汇报国家治理的好坏，人民生活是否幸福，年景是否风调雨顺。"

他接着说："那用什么方式让他们知道这些情况呢？就是通过祭品：养得胖嘟嘟的猪、羊，是粮食多得吃不完的证明（要是人都吃不饱，哪里会有余粮喂猪）；饱满的谷物，是风调雨顺的证明；飘香的美酒，是人民和睦的证明。国家搞得好，就用好东西祭祀；国家没搞好，就用差的东西祭祀。这种实事求是、不隐瞒不虚报的作风，才配叫作'信'。国君现在明明把国家搞得一塌糊涂，却还敢用肥牛去祭祀，不就是在欺骗神灵吗？明目张胆地虚报政绩，还敢说自己'信'？神明有知，这种欺上瞒下的搞法，会带来什么后果国君想过吗？"

季梁描绘的未来非常恐怖，但确实是实际情况而非危言耸听，这一点随侯是清楚的。所以虽然脸被打肿，他也晓得"惧而修政"，继续组织小国们跟楚国进行静坐战。楚国没找到机会，只好悻悻然收兵回国。

等危机过去，随侯越想越气——季梁的话实在太难听，一点面子都不留给自己，实在是大大的不忠。再说，楚国哪里像季梁说的那么可怕，它要是真的强大，为什么不敢攻城，而是灰溜溜地逃走了呢？少师作为随侯的心腹和主战派，自然也是一通发挥，喊着诸如"季梁长他人志气灭自己威风""上回就该出战给楚国一个教训"的口号，季梁建言也就越来越不好使。愚人的可悲和可恨之处有两点：一是好了伤疤忘了痛，二是不到黄河心不死。等楚国下一次再来的时候，随国就要遭遇极其惨痛的失败了。

我有敝甲

从熊绎算作第一任楚君，到楚武王已经是第十七任了。但这并不是说楚国在此之前就没有历史。事实上，他们作为一个独立的部族，早已经存在了千百年。

楚的先世十分不可考，按照司马迁的说法，楚出自颛顼帝高阳氏，颛顼又是黄帝的孙子，楚国和周人的先祖就被统一起来。这应当是汉代人有意的安排，因为在秦汉之前，天下没有统一，楚人是楚人，秦人是秦人，齐人是齐人。有自己的民族认同感，彼此之间分得很清楚。

跟楚国情况类似的还有古蜀国，它变成了颛顼的后代，《华阳国志·蜀志》说："蜀之为国，肇于人皇，与巴同囿。至黄帝，为其子昌意娶蜀山氏之女，生子高阳，是为帝颛顼；封其支庶于蜀，世为侯伯。"

包括商，也逃不过被安排祖先的命运，《商本纪》记载："殷契，母曰简狄，有娀氏之女，为帝喾次妃。"

帝喾不消说也是黄帝的后人，于是夏、商、周，以及后面所有的朝代，都有了同一个祖先——黄帝。连跟汉朝势不两立的匈奴，都应包含在内，《史记·匈奴列传》记载："匈奴，其先祖夏后氏之苗裔也，曰淳维。"

从《史记》里提炼关键词，能勉强绘制出早先楚国的形象：楚人是祝融氏后裔，他们崇拜太阳、火焰、凤凰（可能是红腹锦鸡之类颜色鲜艳的鸟），说明楚人的生活环境比较潮湿多雨，取火不易，这符合他们筚路蓝缕以启山林的早先岁月。在商人兴盛时，楚人"或在中国，或在夷狄，弗能记其世"，可见此时的楚人文化落后，没有文字能够记载自己的历史，是华夏边缘诸多蛮荒部族的一员，在商人眼中毫无地位，跟经常被他们蹂躏的其他小国没什么区别。楚人几百年间浮浮沉沉，主要活动区域在江汉之间的荆山脚下。

到了商朝末年，酋长鬻熊终于抱上了周人的"大腿"，楚国人称他"为文王师"。但周的"师"字有许多种含义，最常见的是军队长官，统称"师氏"，从三军元帅到排长、班长都叫这个，只是级别有高低之别。还有一种是乐师，最著名的要数春秋末年晋国的师旷，传说中他最有名的作品是《高山》《流水》。这两种"师"和鬻熊关系都不大，考虑到楚国祝融氏的出身，鬻熊这个"师"最大的可能性是"火师"。

人类从原始社会中走出来，有个关键因素是学会了用火，熟食大大减少了牙齿的磨损和胃肠病的发生，以及寄生虫对健康的侵害，寿命得以延长，文明于是诞生。但火种的保存是个难题，一场大雨把火种浇灭就麻烦了，所以需要专门的人员看守和生火，估计这就是火师的来历。到了周代，虽说取火已经易如反掌，但火师的传统保留了下来。所以鬻熊担任的火师，应该只是一个虚职，没有实质性的政治地位。

直到成王时，鬻熊的曾孙熊绎才获得了象征性的封建，算是周王室的小半个自己人。但在诸侯开大会时，连一个列席的资格都没有，被派到会场外面看守火堆，这再次证明了鬻熊的"师"大约真的只是火师，而且压根儿不受重视。

按照王室的说法，册封熊绎是为了追奖鬻熊的功勋。但事隔几代，突然想到有个被遗忘的功臣之后，这种说辞实在难以让人信服。真实情况恐怕是楚国经过几代人的励精图治，实力已经强大到让周人高看一眼的地步了。这点从他们对楚的防备也能得到证实：汉水北岸姬姓诸侯国早在西周初年便纷纷建立，以他们作为王室的屏障，限制楚的发展，可见南蛮早就被周人视为敌手。当楚国势力抬头不太好遏制的时候，对其地位予以适当的承认不失为一种比较缓和的外交策略。后世的王朝也经常给边疆桀骜不驯的酋长、土司们封朝廷的爵位或者官职，有时候这些头衔看起来大得吓死人，简直是一人之下万人之上，但其实质不过是羁縻的手段罢了。

汉阳诸姬中，起主心骨作用的就是随国，它是周文王得力干将南宫适受封的国家。《封神演义》里也有这个人物，最初是周人的武力担当。然而封神世界的设定是高魔低武，战场主力是神仙法宝，关键战役还有三清圣人亲自下场肉搏，所以哪吒、杨戬、雷震子等人投奔西岐之后，普通武将南宫适的作用基本就是个"路人甲"了。

在鬻熊的运作下，楚得以进入周的阵营，共同面对商王朝这个大敌。到了曾孙熊绎的时候，也算是正正规规的诸侯了，但楚国跟"藩屏王室"的姬姓诸侯有着本质区别。它不是周的自己人，甚至文化上都有着巨大的差异。身处江汉之间的它，与黄河中下游的诸国同步发展。楚国一直在壮大，周王室却在衰落，双方的力量天平终有一天会彻底反转。

楚国的壮大也并非一帆风顺。一开始，他们很走运地在今天的湖北省黄石市占领了一个巨大的铜矿山，也就是今天的铜绿山铜矿遗址。铜是那个时代的战略物资，地位堪比今天的石油。占领铜矿的消息被王室知道以后，楚国人陷入了危机之中——"匹夫无罪，怀璧其罪"的道理古往今来都是一样的。西周第四代天王昭王亲率大军来抢矿，逼着楚人交铜，楚国人自然是不服的。可周人一向武德充沛，楚人不肯乖乖就范，那就手底下见真章，第一次战争王室占了便宜——"孚金，有得"。楚国人应该是认了怂，交了不少"保护费"。

食髓知味的王室很快又第二次兴兵，希望取得更大的战果。此次周人六师并举，倾巢而出，却在汉水遭遇惨败，核心兵团宗周六师全军覆没，昭王也死在那里。从此以后，王室对楚由攻转守，楚人北讨东征，势力蔓延，王室就不大管得住它了。昭王到底是怎么死的，周人讳莫如深，说"王南巡不返"，给了后人很大的想象空间，因此流传出各种荒诞不经的童话。比如三国时皇甫谧在《帝王世纪》里提出了船解体的说法：

> 昭王德衰，南征，济于汉，船人恶之，以胶船进王，王御船至中流，胶液船解，王及祭公俱没于水中而崩。

皇甫谧说，昭王坐了一条用胶黏合的船，到了中流，船因胶水溶解而分崩离析，他就跟大臣祭公谋父一起掉水里淹死了。可这种说法经不起推敲：周天子亲率六师南征，就算要渡河也必然是乘坐自己带来的船只，或者让随军的工匠现场造船，怎么会莫名其妙"上了贼船"，把自己给淹死了呢？万军之中用巧计谋害天子谈何容易。最大的可能性怕是楚国人提前侦察到了消息，在某个地形险要之处设下埋伏将周人一网打尽。

昭王"丧六师于汉"对周人是一个巨大的打击，从此周王室就无法维持对南蛮的进攻态势，如前文所言，军事上的失利导致扩张停止，扩张的停止意味着周王室开始盛极而衰，标志着楚国和其他诸侯国的力量天平到了反转的临界点。此时，周、楚之间的诸侯国便发挥出"藩屏周氏"的作用，这本就是王室封建它们的初衷。随国的存在，近对汉阳诸姬、远对中原诸夏都是个福音。有它在一天，楚国暂时无法骚扰中原。楚国也看得很清楚，所以它有事没事就会来找随国的麻烦，楚武王侵略随国的战争，在《史记》中有另一种记载：

> 楚伐随。是也。随曰："我无罪。"楚曰："我蛮夷也。今诸侯皆为叛相侵，或相杀。我有敝甲，欲以观中国之政，请王室尊吾号。"随人为之周，请尊楚，王室不听，还报楚。

春秋时谁要发动战争，大抵总需要一个说得过去的借口，打着类似于"诛无道""伐有罪"的旗号行并吞之实。随国跟楚国讲理，说"我没犯错你凭什么打我"。楚武王的回答如果只看前四个字，似乎说的是"我们蛮夷从来都是不讲理的！"直接无视一切道德法律，随人可不是秀才遇上兵，有理讲不清了吗？

但这是后人的断章取义，楚武王实际上的意思是：你们号称礼仪之邦的诸侯，现在不是国内兄弟间对砍，就是国家间互相吞并，连我一个蛮夷都看不下去。我请王室给我加个头衔。你们随国跟王室关系好，能不能帮我们说说情？

不过楚人此时的思维方式仍然停留在"拳头大者地位高"的丛林法则上，楚武王用武力恐吓随国，逼着他们去周王室帮自己讨封号，手段显得过于粗糙，被周王室毫不留情地拒绝了。周天子自己是王，再封你做王，那周天子算什么？就算封一个比王低点的爵位，周天子同样也不会答应。如果答应，岂不是意味着王室是可以威胁的，爵位也是可以通过武力强取的吗？那政治影响就太坏了。

春秋政治中，"唯器与名，不可以假人"是一条非常重要的原则，因为这是"君之所司也"。何况此时王室早已式微，反而对名分的事情格外敏感。天子之所以是天子，除了"兵强马壮者为之"，最关键的不就是大义名分吗？即使到了战国，周天子实力早就微不足道，与分晋的赵、魏、韩，篡齐的田氏根本不可同日而语，但这几家依然要想办法获得王室的册命，才算正式做了诸侯，否则名不正则言不顺，总没那么自信。可见"名分"和"实力"并不完全是一回事。尤其在实力不济的时候，王室能倚仗的只有"天下共主"的名分，"名"与"器"是唯一拿得出手的东西，那就更不能轻易许人了。

期望落空的楚武王恼羞成怒，他愤怒地控诉了一通王室的赏罚不公：

> 三十七年，楚熊通怒曰："吾先鬻熊，文王之师也，蚤终。成王举我先公，乃以子男田令居楚，蛮夷皆率服，而王不加位，我自尊耳。"乃自立为武王，与随人盟而去。
>
> ——《史记·楚世家》

大意是：我们先君鬻熊是周文王的老师，死得早（所以没有得到册封）。王室后来册封了我们先君熊绎，但也不过是个芝麻大的"子男之田"。这些年我们楚国把周边的蛮夷都收拾得服服帖帖，超额完成工作目标，王室却不给我们奖励，那我只好自己奖励自己，自己称王了。

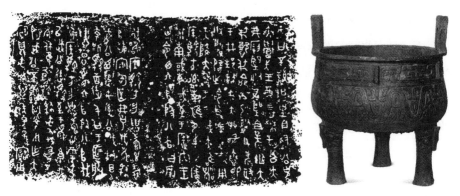

∧ 禹鼎，为厉王时禹所作，记述噩侯（名驭方）率南淮夷、东夷反周，周王曾以其"西六师""殷八师"进攻噩侯，未能取胜。中国国家博物馆藏。

　　楚武王自称的这个王，与周天子的王还是有点区别。天子的王有独一无二的属性。而楚武王粗鄙无文，做事张扬跋扈，敢自称王号，其实是在危险的边缘一点点试探，并且偷偷留了退路。周人或许会对楚国这个蛮夷的妄自尊大十分不满，但毕竟没被逼到绝路，不得不为了"谁才是王"这个无可退让的政治底线跟楚国刀兵相见。那么周人就要多考虑一些东西：楚国实力摆在那里，讨伐它能不能打赢？就算打赢了自己损失有多大？综合考量之后很可能就睁一只眼闭一只眼装没看见了。事实证明楚武王赌对了，他称他的王，周天子也没过问。

　　熊通并不是第一个僭号称王的楚君，早在第六代熊渠时，他就封自己三个儿子为王。当时的理由是"我蛮夷也，不与中国之号谥"。意思是，我们没文化，你们的什么王啊，什么侯、甸、男、邦、采、卫我们也搞不懂。你们称你们的，我们称我们的，我儿子以后就叫王了。所谓"不与中国之号谥"究其实质不过是因为当时王室衰微，管不到他而已，"当周夷王之时，王室微，诸侯或不朝，相伐"。

　　但过了几年，周厉工即位。周厉工本来最看重噩侯驭方，不知道什么原因背叛了厉王，还勾结了周人最看不起的东夷、淮夷来打自己。被最信任的人背叛，周厉王气急败坏到口不择言的地步："王乃命西六师、殷八师曰：'扑伐噩侯驭方，勿遗寿幼！'""寿"是老人，"幼"是儿童，翻译过来就是老幼不留。"西六师""殷八师"分别是王室驻扎在关中和河南的两大兵团，这次十四个师总动员，加上共伯和战斗力"爆表"的私人武装，一拥而上把男女老少斩尽杀绝，鄂国就这么亡国灭种了。

鄂国在汉水以北，离楚国不远，居然就这么"勿遗寿幼"地亡国了。熊渠被吓得不轻，偷偷摸摸把王号去掉了。熊渠虽说一通闹腾回到原点，出了不小的洋相，但也可以看到此时的楚国手段灵活、身段柔软，很懂得大丈夫能屈能伸的道理，并不是一味蛮干。楚国后来的强大，不为无因。

随国故事

楚、随二国一强一弱，而且强的精明，弱的愚蠢，随国的前途似乎十分不妙。果不其然，斗伯比的预言成了现实，少师没过两年就被提拔上位，成为随侯身边最有分量的大臣。随国正式切换到"奸臣当道"的频道，跟楚国一比那可真叫"小淫大道"了。楚国等的就是这个时间窗口，于是再次出兵攻随。

> 随少师有宠。楚斗伯比曰："可矣。仇有衅，不可失也。"……楚子伐随，军于汉、淮之间。
>
> ——《左传·桓公八年》

从历史视角来看，少师的人生简直是个笑话：他在官场上的升迁，居然被敌国视为战略性的机遇。少师这种人的头脑往往比较简单，在他心中楚国是纸老虎，这是谈判时的亲眼所见。所以上一次就该痛打楚国，回耐季梁从中作梗，搅黄了他的好事。今天一定要让误国的奸臣季梁闭嘴，不然又得让楚国人跑了。随侯则默默地在一旁给少师助威，同时向季梁甩过去一个意味深长的眼神。

季梁请下之："弗许而后战，所以怒我而怠寇也。"少师谓随侯曰："必速战。不然，将失楚师。" 季梁也看出来这次随侯是非跟楚国干一仗不可，于是退而求其次，建议先跟楚国求和，对方要是不依不饶非要开战，那自己这边就占了理，将士们也会因为愤怒而斗志勃发。既然他改变不了战略，就想着在战术上做点文章，聊尽人事。少师此时生怕楚国同意和谈，或者又拖成了静坐对骂模式，赶忙跳出来反对：上次就因为议久不决，让楚国人跑了，这次绝对不能再拖，不然他们还要跑。

少师若不是鬼迷心窍，那就是智商有点问题。他从哪里来的自信，敢断定楚军是弱旅呢？楚国几次三番打到随国首都城下，难道目的就是随时准备跑路？他们要是如此弱小，为什么每次都是进攻的一方呢？

可是少师"有宠"，说的话一句顶季梁十句，随国大军出城迎战。季梁无奈再退一步，提议抢攻楚国的右军，因为楚国尚左，楚王必定在此，所以精锐也都在左军，不好对付。右军都是些杂牌部队，好打。楚国右军一旦崩溃，左军独木难支，也得跑路。少师却表示"不敢跟楚王对垒，难道我大随国还怕了他们不成？"

话都说到这个份上，别人还能说什么呢？随侯听少师的话，跟楚武王左军正面硬抗，结果惨不忍睹——"随师败绩"。随侯弃车步行，混在士兵里逃得一命，少师被楚人抓住杀了头。

这就是党争的坏处：一个国家如果陷入党争，所有人就都只会在动机上质疑对手。人们忙着拉帮结派、党同伐异，"非我同道，即是寇仇"，凡是你支持的我都反对，凡是你反对的我都支持。季梁由于上一次说话太直，同时得罪了随侯和少师，结果这一次随侯和少师处处跟他作对，季梁说什么他们都反着来，给随国带来了灾难性的失败。

所幸，随国毕竟是汉阳诸姬的首领，家底不薄，楚国一口也吃不下。于是找了个借口，说老天爷既然借着我们的手帮随国除掉了奸人少师，说明随国国运还在，灭之不祥，这次就饶过他们。签了个不平等条约就让过关。

这一刻，少师的人生从笑话升级成了悲剧。明明是靠着少师明忠实反，处处帮忙才取得一场大胜，但楚国人过河拆桥，翻脸不认人，杀了少师，说他是误国奸臣，杀人诛心。随侯生气，给少师扣上诸如"妄启边衅""开罪上国""误我三军"之类的罪名，把自己从打败仗的责任里摘了出来。

这种事在后来的历史中还会上演很多次：对外作战打赢了，主和派就要被扣"卖国奸臣"的帽子；打输了，主战派就要去背"妄开战端"的黑锅。

但是主战和求和一样危险，一旦前线战败，除了领兵将领，后方对开战最积极的人一定也会跟着倒霉。汉武帝在马邑埋伏三十万大军暗算匈奴，由于动静太大泄了密，单于得以提前逃脱。事后追究劳师无功的责任，汉武帝一定要杀了王恢。王恢跟汉武帝解释："匈奴并未中埋伏，全军撤退，我带领的三万人根本拦不住他们。虽然我没有战功，但替陛下保全了三万将士。"但是，汉武帝不依不饶，事情到了这份上，对汉武帝来说三万人的死活并不重要，自己的面子才更值钱，所以不管谁来说情都绝不松口。王恢只好自杀了事。

所以，每到要作战和决策的时候，很多大臣坚决不发表意见："臣不敢妄言，伏惟圣裁。"谁都知道这类事不存在言者无罪，你讲得再有道理，哪怕所有人都知道你是赤心为国都没有用，只要你的意见跟战争的结果相反，你就一定会倒霉。可战场变化莫测，结果谁又能预料呢？

但料对了结果就没事吗？那就天真了。比如袁绍的谋士田丰，他说打曹操没把握，反对决战因而被关进大牢，结果袁绍官渡之战真的输给了曹操。按说，这下反战的田丰该翻身了吧？并没有。袁绍仍把田丰杀了。所以像季梁这样，明知已经不受信任，还一再说逆耳忠言的人，后世几乎看不到了。多亏他是生在春秋，背后还有家族力量作为支撑，国君再不满也不能把他怎么样（特别是他说的都是对的），他才敢由着性子说真话。

随国从此以后就一点点地衰落下去，变成了楚国的附庸。以楚国灭国不眨眼的一贯作风，它的灭亡似乎只是时间问题了。但楚国一路高歌猛进，比随国更靠北的陈、蔡、江、黄等国家都纷纷被吞并，随国四面被楚包围，成了国中之国，却一直挺到了战国中期才被楚国灭亡。随灭亡时，郑已经亡了三十六年。

随国是一个扑朔迷离的国家。他的都城所在，根据文献记载，应当是今天湖北随州。但是在随州，却从来没找到任何随国的出土文物。这个春秋时举足轻重的汉东大国，似乎只存在于传世文献之中。

1978 年，曾侯乙墓在随州重见天日，墓葬里出土了一万五千多件文物，包括乐器、礼器、兵器、车马器、生活用器、丧葬用品及竹简等，其中"曾侯乙编钟""曾侯乙铜鉴缶""曾侯乙尊盘"等都是稀世珍宝。更重要的是，如此多的重器汇聚，说明这里就是曾国国都所在地，无法想象在随国国都附近又坐落着另外一个大国国都。曾国势力范围到达河南南部，一直延续到战国时期，随国更是"汉东之国随为大"，他们如何共存的？楚国灭国无数，为何保存了曾国？

光阴荏苒，2009 年，湖北随州义地岗墓地出土了曾侯與的一套编钟，虽有缺失，但其中一件巨大的甬钟却保存比较完整，从铭文看，此钟铸于公元前497 年，钟身镌刻金文 160 余字，一段关键性的文字节选如下：

> 吴恃有众庶，行乱西征南伐，乃加于楚。荆邦既残，而天命将虞。有严曾侯，业业厥声。亲敷武功，楚命是请。复定楚王，曾侯之灵。

沉默巨大的曾侯與甬钟，无声地讲述着一个故事：那一年，东方的吴国大起三军，猛烈攻伐楚国。楚国不支，被吴国打残，差一点儿就要亡国。国之将亡，其鸣也哀，楚国向曾国求救，曾侯仗义出手，庇护了楚王。等吴国退兵后，曾国护送楚王返国，复定楚之社稷。

似曾相识的感觉，让人不禁想到《史记》里的另一个故事：昏庸的楚平王贪图儿媳妇的美色，于是驱逐太子建，冤杀了太子的老师。可他没想到老师有一个

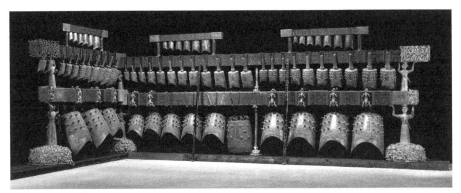

<へ 曾侯乙尊盘、曾侯乙编钟,湖北省博物馆藏。

力敌千人、心雄万夫的儿子。这个儿子为了报父兄之仇,逃亡到吴国,帮吴国的公子光刺杀哥哥王僚夺位,公子光即位,便是吴王阖闾。阖闾感恩,发兵帮他复仇。大兵杀进楚国首都时,楚平王已经去世,他放干湖水,找到湖底的陵墓,从棺木中拖出平王的尸体,用钢鞭鞭尸三百,斩首抉目,了结了自己的恩仇。

这个儿子,叫伍子胥。

王出奔随。吴王闻昭王往,即进击随,谓随人曰:"周之子孙封於江汉之间者,楚尽灭之。"欲杀昭王。王从臣子綦乃深匿王,自以为王,谓随人曰:"以我予吴。"随人卜予吴,不吉,乃谢吴王曰:"昭王亡,不在随。"吴请入自索之,随不听,吴亦罢去。

——《史记·楚世家》

　　至此，谜团拨云见日，豁然开朗。曾即是随，随即是曾。随与楚的关系，比我们想象中要复杂。强大如楚国，也曾有过大厦将倾的危难；弱小如随国，为了庇护楚王，竟敢于抗拒声势喧天的吴国大军。这就不奇怪为什么随国在楚国的团团包围之下，国祚还得以绵延到战国。经此一役，楚国就像他们崇拜的不死鸟凤凰一样，涅槃重生。

　　楚国从一开始的弱小、被瞧不起，到熊渠、熊通僭号称王，再到后来与中原几代霸主角力，最终得到承认，作为一方强国正式融入华夏文明圈。往事种种，见证着这个坚韧强悍、浪漫不羁的族群的兴衰沉浮。楚国哪怕已经亡国，敢于挑头反抗暴秦的三位义军领袖陈涉、项羽、刘邦仍然有一个共同的身份——楚人。难怪司马迁在《史记》里郑重其事地写下了楚南公的名言："楚虽三户，亡秦必楚！"

　　一刹那，空间扭曲，时光倒流。随州城下军旗猎猎，三军将士肃穆而立，楚武王振聋发聩的豪言，余音犹在：

　　我有敝甲，欲以观中国之政！

第四章

齐桓始霸

霸者登场

犬戎南下破了镐京，逼迫周王室东迁，这是周人遭遇的当头一棒；东迁的王室在春秋早期还有些威势，结果被郑国在繻葛打败，周桓王肩膀中箭，颜面扫地，王室自此一蹶不振，诸侯争雄的局面不可收拾，这是周人遭受的第二次重创；楚国浸浸然北上"威震华夏"，则是第三重打击。一时间，中原诸侯北方戎狄交侵、南方荆蛮搞事，竟有了亡国灭种之虞。

沧海横流，方见英雄本色，大厦将倾之际，终于有人站出来，扛下了本应由王室承担的重任，充当起列国的保护者。这个人就是吕尚的十二代孙，齐桓公。

后世称齐桓公、晋文公这类"没有王的名义，干的是王的工作"的人为"霸"。这个字听起来很霸气很威武，似乎有些蛮不讲理的含义，但"霸"并不是一个贬义词。从字面意义来说，"霸"即是"伯"，伯在家中是长子，由于周大部分诸侯都是同姓，上溯到开国之君都是周王之后，彼此之间联络有亲，是为兄弟之国。对最强大者，如果他愿意保护小弟，大家尊称一声"伯"（大哥），也没什么不妥，故而霸者即是诸侯之长。

当然，一个国家要想"霸"，实力是不可或缺的必要条件，孟子说"以力假仁者霸，霸必有大国"。也就是说，霸者首先就要有"力"，但光有力不行，仗着武力强悍欺凌弱小甚至吞并之，不能称之为霸主，而是强盗行径，只有"霸道"的一面却没有"霸气"的一面。故而"霸"的另一重意义，是主持公道、扶危济困的侠义精神。

战国时，人们总结春秋时期的霸主，提出了"五霸"的说法。此时的"春秋五霸"，《墨子》《荀子》《吕氏春秋》高度一致，异口同声地列出了齐桓公、晋文公、楚庄王、吴王阖闾、越王勾践五位。到了汉代，武帝罢黜百家独尊儒术，儒家价值观占据了统治地位。对霸主的定义，虽说仍然是实力与道德并举，但符合儒家标准的"德行"权重大增。吴王阖闾弑君夺位；越王勾践阴沉诡诈，这两位实力是够了，但"德行"不够，不在五霸序列之中。

宋襄公是被增补进五霸名单的。《公羊传》对他"不鼓不成列"的君子行为大加赞赏，称其"临大事而不忘大礼""虽文王之战，亦不过此也"。《春秋》经学是五经中政治色彩最浓的一部，又以董仲舒师承的公羊学为尊，所以根本没"霸"过的宋襄公就硬挤了进来。秦穆公因为曾经"霸西戎"进入五霸，汉朝的春秋五霸变成了齐桓公、晋文公、秦穆公、宋襄公、楚庄王，也是如今流传最广的版本。

随着时代的发展，春秋五霸的资格标准经常变化，但横竖是这七八个人的排列组合，阖闾的儿子夫差也有幸在某个版本中出现。但不管什么版本，齐桓公和晋文公都是绝对没有争议的。

而齐桓公、晋文公二者，又以前者最受尊崇。毕竟齐桓公开了一代风气之先，启动了霸权迭兴的时代。

齐国的风貌，概括起来，便是"开放"与"务实"，这与他们所处的环境不无关系。一来，齐国地望悬远，遇到困难只能自力更生，周王室不太能指望得上，固守王室的那一套礼仪规范对齐国并没有什么意义。是以齐国因地制宜，经常搞出一些有创意的制度变革。再者，东边的莱夷相当桀骜，从齐立国之初就跟齐国势不两立，有这样一群强悍敌人的鞭策，齐国人也格外信奉"发展才是硬道理"，治国理政不至于胶柱鼓瑟、自困愁城。其三，齐国地处东海，擅鱼盐之利，境内还有不少矿山，商品经济和商业意识（虽然还十分原始）出现得比其他国家更早，齐国恐怕算是一众诸侯里最早的"发达国家"。经济基础决定上层建筑，经济的发达带动了文化的繁荣、风尚的开放，齐国实属诸夏中的一个异数。

齐国在西周早期一直陷在与各支东夷的纠缠之中，能够站稳脚跟就算不容易了。到穆王时，东方的徐偃王崛起，王室此时正在西边跟戎人苦战，不敢再得罪徐国，委曲求全，承认了徐国的方伯地位，据说徐国极盛之时统率着东方三十六个诸侯。此时的齐国，为求自保，只能忍气吞声，不敢有什么作为。徐国核心区域位于淮泗一带，与楚国的冲突更大，最终被周楚联军覆灭，齐国头上的紧箍咒一松，自此得到了很大的发展空间。在周共王、懿王、孝王当政之际，齐国应当是坐稳了东方大国的地位。

这段时期，齐与王室的关系应当还是很密切的，周王在征伐东夷的战争中，齐国也派兵参与，比如这次：

> 惟十又一月，王令（命）师俗、史密曰："东征。"敆南夷：卢、虎（会）桧、杞夷、舟夷，观，不（陟）坠，广伐东国。齐师、族徒、遂人乃执鄙、宽、亚。师俗率齐师遂人左，伐长必。史密右，率族人、釐伯、僰夷，周伐长必。获百人。对扬天子休，用作朕父考乙伯尊簋，子子孙孙其永宝用。
>
> ——《史密簋铭文》

王室派遣师俗、史密两员大将率军讨伐东夷，在与杞、舟等国家的军队会师以后，向东方大举进发。师俗和史密兵分两路，师俗率领左路军，包括王师和齐师；史密率领右路军，与左路军密切配合，攻打叫"长必"的东夷。战果是格式化的"折首执讯"，然后得到丰厚赏赐，"对扬王休"叩谢天恩，因而"子孙永宝"的套路。

东夷猖獗，齐国倒霉；东夷式微，齐国获益。从这层意义来说，王室经略东方，也是对齐国的支持。但到了周夷王时期，一个被齐国侵略的小国纪国，

∧ 史密簋，安康博物馆藏。

跑到王室那里哭诉，结果夷王居然把当时的齐国国君哀公给煮了。王室痛下杀手的原因不得而知，最大的可能性应当是齐国此时渐渐强盛，不太听话了。杀掉哀公后，王室立哀公的弟弟胡公为齐侯，又被齐人拥护的献公

杀害，双方关系降到了冰点。等到西周晚期，周宣王短暂中兴，齐国和王室的关系似乎又有所缓和，《师衰簋》记载：

王若曰：师衰（戉＋又）淮夷，緐我帛晦臣，今敢博厥众叚，反厥工吏，弗速我东国。今余肇令女，率齐师、曩、莱、僰，殿左右虎臣，征淮夷……

王师和齐师再一次并肩作战，征伐淮夷。和他的前辈史密、师俗一样，这次联军总指挥是王室派出的大臣师衰。

总体而言，齐国在整个西周时期都没有什么存在感，声势尚在南边的鲁国之下。其崛起的奠基者，是齐桓公的父亲齐僖公。齐僖公与郑庄公同时代，在春秋早期十分活跃，开了齐国尊王攘夷的先河。他的方略：联合周人诸侯，打着"天子"的旗号收拾不听话的郕、许等国。齐调和了宋、卫之间的矛盾，走郑庄公的门路朝见了周王，团结了郑、宋、卫三国，能屈能伸。

但他最看重的还是同处山东半岛的鲁国，鲁隐公在世的时候双方的合作比较愉快，甚至鲁桓公弑兄上位也没有影响两国关系，僖公还把女儿文姜嫁给了

∧ 师衰簋，上海博物馆藏。

鲁桓公。按规矩，国君之女出嫁，哪怕是嫁给周天子，也只需要大臣陪伴护送。但这次僖公亲自出马，送女儿到国境，可见他对齐鲁关系的重视，但《左传》说这种行为"非礼也"。

齐僖公一开始是想把文姜许配给郑庄公的太子忽（也就是后来的郑昭公），或许是被齐国女子风气开放的名声吓住了，太子忽以"齐大非偶"（齐国大，郑国小，我高攀不起）的借口拒绝了。但郑昭公后来被弟弟公子突（即郑厉公）赶下台，短暂复位后又被权臣高渠弥弑杀，拒绝齐国只能说是失策，如果有强大的齐国作为外家，之后的公子突、高渠弥之流动手前就要掂量掂量。

如果郑昭公的后悔是没娶文姜，那鲁桓公则要为娶了文姜而捶胸顿足。文姜拥有齐国女子的传统优势——绝世容颜，以及十分多情。她在出嫁前就和哥哥、下一代齐国掌门人齐襄公好上了，结婚生子也没能让她斩断旧情。

经过文姜无数次的撺掇，鲁桓公在结婚十五年后，陪文姜回了趟娘家。在今天的人看来，逢年过节女婿去岳家拜年，下厨干活都是再正常不过的小事。但当时的社会传统，女性是男性的附庸，鲁桓公贵为一国之君是绝不能唯妻子马首是瞻的，于是这次出行，《左传》说了第二次"非礼"。到了齐国，文姜就和齐襄公再续前缘，偏偏保密工作没做好，被鲁桓公知道了。

被背叛的鲁桓公气得当场发作，表示"你们的事情我都知道了，看我回去怎么收拾你！"文姜哭着跑去找她的哥哥兼情郎齐襄公讨主意。鲁桓公回去的路上就被情敌派来给他驾车的公子彭生杀掉了。《左传》为避本国讳，说"公薨于车"，既不说是自然死亡也不说是非自然死亡，让读者自行想象车里发生的事情。

鲁桓公就这么不明不白地身死他乡。身为一国之君，在别人的地盘上口无遮拦，身陷不测险地而不自知，连隐忍一时秋后算账的城府都没有。下面人受他猥琐气质的影响，跟齐国交涉的措辞都显得特别卑微："我们国君惧怕齐国的威力，前往贵国结盟，重修旧好，事情办完了人却没了，还不知道该怪谁，这让我们在诸侯面前都抬不起头来。听说国君死时，驾车的是公子彭生，好歹杀了他给我们一个交代吧？"齐襄公何乐而不为呢，彭生就这么稀里糊涂被杀了头。

当年，鲁惠公去世时，桓公虽然是太子，但年龄还太小不能莅事，所以哥哥隐公在大臣的拥戴下暂摄君位。隐公这个人，宽仁有余而刚断不足，总的说来是一个贤君，执政几年干得有声有色，难免有些人胡乱揣摩他的心思。大臣公子翚以小人之心度君子之腹，劝隐公杀了弟弟，从此一劳永逸，将来传位给儿子不比传位给弟弟痛快？他满心指望着立个"拥戴"的从龙之功，为自己换一顶"太宰"的帽子。可隐公一直的打算是等弟弟长大以后就让位，表示自己连养老的别墅都快修好了，等竣工以后自己就退休，这事休要再提。

这下轮到公子翚慌了，想不到拍马屁拍到马腿上，万一隐公把自己的话抖出来，将来桓公即位自己还有命吗？所以他心生毒计，跑去跟桓公说："你哥哥不准备传位给你啦，还不赶紧想想办法。"桓公最怕的就是哥哥不讲信用，占着位子不还，一听心中大急，求着公子翚帮自己出主意，这正中公子翚的下怀。他想出来的办法就是弑隐公，扶桓公上位。两人一拍即合，便在隐公出游的时候将其刺杀。可怜隐公无辜惨死，但桓公也没好下场，自己被情敌谋害。

而文姜不肯回鲁国（恐怕她也没脸回去），就定居在齐国的禚地，与哥哥频频相会，双宿双飞宛若夫妻，同时还遥控指挥儿子鲁庄公治理鲁国。

鲁庄公的处境就尴尬了。父亲被人谋杀，理论上当然得报仇，父母之仇不共戴天嘛。问题在于害死父亲的是母亲，难道要杀了母亲给父亲报仇吗？还有个仇人是舅舅——强大的齐国国君，这个仇能报得了吗？这一年，庄公只是个十三岁的少年，可能是因为心中有愧，加上文姜居中斡旋，齐襄公对这个外甥很照顾。《公羊传》说，鲁桓公当初发现文姜奸情的时候，盛怒之下口不择言，说出"同（鲁桓公名）非吾子，乃齐侯之子也！"的气话。想不到一语成谶，庄公十七岁时，齐襄公就像父亲带着儿子一样，领着鲁庄公出去打猎了：

冬，公及齐人狩于禚。

——《左传·庄公四年》

《公羊传》和《榖梁传》却也不管庄公的复杂情绪，异口同声地声讨他，说他居然跟杀父仇人一起打猎，简直是没心没肺。他们指出——孔夫子之所以不称齐襄公为齐侯而贬称他为"齐人"，就是因为对这件事看不过眼。公羊学尤其推崇血亲复仇，用连珠炮般五个自问自答的句式，把庄公说得狗血淋头。《公羊传》中表示，不管在此事之前还是之后，鲁庄公这种认贼作父的事都没少干，孔子统一放在这里说他，是因为跟仇人一起游玩打猎的性质是最恶劣的。其逻辑是：虽然庄公三年（公元前691年）和八年（公元前686年）都曾与齐国联合出兵，但这是国事，姑且相信你是因为顾全大局而把私人仇恨暂时放在一边，孔子因此也没在《春秋》里提出批评。但你跟仇人一起快乐玩耍，开开心心地打猎射箭，就不能拿"国事为重"搪塞了吧？虽说公羊高经常拿很高的道德标准苛求别人，但这件事说得还是蛮有道理的。

就这样八年过去了，齐襄公也走到了命运的终点。他在前一年派了大臣连称、管至父去戍边，两人让齐襄公给个期限。襄公刚好在吃瓜，随口说了一句："明年瓜熟就派人替换你们。"两人心中惴惴，但也只好勉为其难地上路了。果不其然，第二年瓜熟的时候，他们的担忧变成了现实，接替者的影子都没见到。连、管二人怒火中烧，就联合早已心怀不满的襄公堂弟公孙无知弑杀了襄公，公孙无知坐上了齐侯的宝座。襄公的死肯定是早有预兆，不然鲍叔牙就不会领着襄公的弟弟公子小白提前跑路，去了齐国东南方的莒国避难。公孙无知弑君，齐国大乱之下，另一位弟弟公子纠在管仲、召忽的护佑下逃亡鲁国。

公孙无知别名蒙眜，人如其名，无德无才不自量力，他"公孙"的血统距离合法继承人差得太远，人心自是不服，他自己又很暴虐，在位一年不到就被下面的人杀掉了。齐国的权力需要合法继承人来填补，逃亡在莒的公子小白和逃亡在鲁的公子纠，是最有力的竞争者。

子纠和小白各占胜场。外部支持是子纠强，他母亲是鲁国公主，背后有强大的外家。小白母亲是卫国人，但估计地位不太高。诸侯嫁女儿，关系好的同姓诸侯往往会搭个庶出的女儿陪嫁，叫作媵，小白的母亲大约就是个媵妻。所以他压根儿没去卫国，应该是考虑了这一点，也可能是因为卫国太远，对齐国的事鞭长莫及。但论内部支持，小白的优势就很大了，齐国的"命卿"国、高二氏都力挺他，尤其是高氏当主高傒，与小白有深交。

这两个家族之所以被称为命卿，是因为他们不是简单的齐国臣子，而是受王室册命、世世代代执掌齐国的大家族，也叫"天子之二守"。这种安排，自然是有监督诸侯的意义在内。但有效的监督，从来都是建立在监督者和被监督者的利益不同甚至相反的基础之上。监察官应当经常换人，避免他们长期在一个地方，与被监督的诸侯勾结在一起。如果王室不能经常让命卿们在各国之间轮转，任由其在服务的国家开枝散叶，那他们的利益也会不可避免地地方化，最终与中央离心离德，完全失去对诸侯的监督作用。然而，基于西周春秋时以氏族为单元、以土地为核心的社会运作机制，周王室也不可能搞出来一套可操作的命卿轮换制度，于是所谓的监督职能很快就成了具文。

国、高二氏，本来就是吕尚的血脉，树大根深，与国同休，他们支持谁至关重要。齐鲁地盘犬牙交错，争议领土想必不少。如果公子纠即位，鲁国挟立齐君之势，肯定会提出各种无理要求。届时受损的，首当其冲就是他们这些田连阡陌的世家巨族。齐国群臣出于自身利益考虑，理性的选择也应当是扶持没什么外家势力的小白。

小白还有个巨大的优势便是所在地与都城距离近。莒国首都在今天山东省日照市莒县附近，从莒县出发到临淄，全程约 170 千米。从曲阜到临淄，路程在 250 千米以上。当时的路况与现在相比自然不可同日而语。再说，两条路的状况也大不相同：莒国去临淄的路是平坦的沂沭河谷，而鲁国方面则要艰难地颠簸在鲁中南丘陵，然后翻过泰沂山脉才能抵达。

公孙无知身死、齐国无君的消息，内有强援的小白比子纠先知道："高、国先阴召小白于莒"。这时候比的就是速度，什么背景、贤能等软实力都要靠边站。小白率先上路，一路疾驰冲进临淄加冕为君，是为春秋五霸之首，"九合诸侯，一匡天下"的齐桓公。

小白在临淄木已成舟，子纠才在鲁国大军的护送下兵临城下。两边也懒得啰唆，直接用拳头说话：

> 夏，公伐齐，纳子纠。桓公自莒先入。秋，师及齐师战于乾时，我师败绩，公丧戎路，传乘而归。

鲁国人失了先机，又是齐国主场，在乾时（今山东青州）这个地方被打得大败，鲁庄公靠着两位手下打着自己的旗号引走了追兵，才堪堪逃出生天。鲍叔牙带着军队追上来施压，说："公子纠虽然该死，但毕竟是亲兄弟，我们国君不忍亲自动手，拜托鲁国帮个忙。可是公子纠的罪恶都是管仲、召忽撺掇的，请把他们交出来给我们带回去，我们国君要亲手杀死他们。"战败者无外交，鲁国只能照办。召忽义不受辱，何况自己回到齐国也是碎尸万段的下场，就为公子纠殉死了；管仲则选择了忍辱偷生，心中最大的志向还没有实现，这时候他还不能死。而且，他也知道自己不会死。

因为他有一个好兄弟——鲍叔牙。

欢喜冤家

不同于"管鲍之交"的系列故事，《左传·庄公九年》中鲍叔牙对管仲的推荐，只有一句话：

归而以告曰："管夷吾治于高傒，使相可也。"公从之。

高傒就是这次拥立桓公即位的命卿高氏的家主，也是个有名的能人。但鲍叔牙有从亡之功，他说管仲治国的能力比高傒还强，分量自与他人不同，管仲也就真的做了桓公的相国。

鲍叔牙敢于力荐管仲，并且推荐他干的还是一人之下万人之上的关键位置，一定是非常了解对方的。《史记·管晏列传》里就有他们两个交往的情形。

两人年轻时一起做生意，管仲总是给自己多分钱，鲍叔牙体谅他家穷，从不计较。鲍叔牙有事管仲帮忙出主意，结果点子一个比一个差，越帮越忙，鲍叔牙还说不是管仲智商不够，而是自己运气差而已。管仲几次当官，几次被一撸到底，鲍叔牙认为只不过是时机未到。每次打仗管仲都临阵逃跑，鲍叔牙解释说管仲不怕死，是因为家有老母，担心自己战死无人奉养。公子纠被杀，管仲没有像召忽那样一死了之，而是苟且偷生，鲍叔牙也不认为管仲无耻，而是深知他治理齐国、拯救乱世的梦想没实现，才忍小节而谋大事。

不考虑鲍叔牙的强行解释，管仲的前半生可以用"贪婪、无耻、胆子小、运气衰"来总结，简直一无是处，实在是看不出这样的人，凭什么能得到如此大的信任。勉强讲得通的逻辑是：如果跟挚友相处都要占便宜，那由他来主导齐国的政治，把"粗糙利己"上升为"精致利国"，齐国应该也不会吃别人的亏。但管仲若真如此劣迹斑斑，仅凭鲍叔牙的举荐，又如何能服众？鉴于太史公经常把民间流传的八卦写进书中，这段记载不太靠谱，只能当故事听听。

管仲具体是如何治理齐国的，《左传》没讲，《史记》记录得也非常简略，只有"连五家之兵，设轻重鱼盐之利，以赡贫穷，禄贤能"，或"通货积财，富国强兵，与俗同好恶"，寥寥数语。《管子》《国语》《吕氏春秋》却长篇大论，说管仲很是搞了一些改革：

民政方面，把首都分为六个工商之乡和十五个士乡。士乡主要提供兵员，桓公、国氏、高氏各领其中五个。国之外的野，三十家为一邑，十邑为一卒，十卒为一乡，十乡为一县，十县为一属，全国一共五个属。各个级别都有官员负责，每个属还另派官员管理民政，受属的主官管辖。以上，称为"叁其国而伍其鄙"。

军事方面，管仲的思路是寓兵于政。首都五家为一轨，十轨为一里，四里为一连，十连为一乡，这就把民政的乡和军事的乡统一起来了。每家出一个人当兵，算下来每乡就是两千人。国君以及高、国二子各统五乡的军队，每人带兵一万，齐国也就有了三万大军。训练完成后，全国人民都不许自由迁徙，大家互相熟悉，军队就格外有战斗力了。

他又制定了一套用武器赎罪的法律，重罪赎以一副犀牛皮甲和一支戟，轻罪赎以一面皮盾和一支戟，齐国军队的装备也因此精良起来。

财政方面，管仲的政策是"相地而衰征"，即根据土地好坏来决定赋税的轻重。发展渔盐、工商之业，铸造货币，平抑物价。

这些政策厉不厉害？当然厉害，但大概率都不是真的。举个例子——虽然不能知晓齐国的乡有多大，但根据野外一个乡三千家来看，齐国的乡想来也小不到哪里去，这意味着一个乡可能有上万人。上万人的乡只从事一种行业，显然没有任何可操作性。再从军队编制看，显然是战国时列国法家变法后的社会形态。以武器赎罪的做法，在出土的秦汉竹简里倒是经常见到，却绝不可能是春秋时的政策。彼时社会以氏族为基本单元，个人财产极其有限，哪有实力去买铠甲、盾牌这样的军国重器。春秋早期并没有普遍意义的私有制，甚至连货币都不存在，哪里有商业成长的土壤呢？

再说，《史记》里也说，管仲的政策是"与俗同好恶"，充分尊重人民的习惯。可上面的改革哪一项不是大刀阔斧，哪一项不是强行控制民众？根本不可能得到真心的拥护，"与俗同好恶"更是无从说起。所以管仲应当是一个贤大夫，却不必过分夸大他的改革，任何人都不可能做出超越时代客观条件的功业。

当时，氏族依然是国家的主宰，国、高、鲍等大家族，自然不会容许管仲对自己掌管的人力进行编户齐民式的改造。之所以人们对他产生如此大的误解，恐怕来自传说管仲所著的《管子》，以及《国语》等书。《管子》这本书是战国时的齐国人所作，作者既非一人，也非一次成书，其中的民政、军政、财政制度，反映的是战国七雄的风貌。

管仲的形象日渐高大，和后世儒家士大夫的心理需求有关。哪个读书人不梦想着"致君尧舜上，再使风俗淳"呢？他们心目中的贤君，最好是垂拱而治，无所作为，把天下交给有能耐的士大夫治理。要是能彻底放权，做到"政由宁氏，祭则寡人"，那就完美了。管仲越伟大，齐桓公越无能，不就越符合这个完美模型吗？在美好愿望的驱使下，管仲的事迹一次次升级，他与桓公的关系也一次次调整，变成了今天仍然流传甚广的政治童话。

事实上齐桓公本人很有作为。不过任何人的成功都不是偶然，需要历练。执政之初他就遭遇了一次失败，便是被写进课本的《曹刿论战》。

事情发生在桓公即位的第二年，虽然前一年在乾时大败鲁军，竞争对手公子纠也早身首异处，但毕竟是被鲁国侵略了，还威胁到了他的位置。桓公"忍一时越想越气，退一步越想越亏"，于是他调集兵马，杀奔鲁国报仇。

鲁庄公去年吃了一场败仗，此时不得不兼听则明，让大家畅所欲言说说这仗怎么打。一个下级贵族曹刿不知道从哪里冒了出来，当真要帮着出谋划策。可这个曹刿有点与众不同，他居然让庄公先给自己做"SWOT"分析，从"S"开始。

庄公跟曹刿说："吃穿用度，好东西我都是与人分享的。"言下之意，既然这些人太平时与我同甘，现在该轮到与我共苦了吧。

曹刿就笑了，说："国君你小恩小惠养活的这帮人现在都在哪？再说他们加一起才几个人？'圈子'太小可不行啊。"

庄公补充道："我祭祀时从不吹牛，讲一个实事求是。"

曹刿又笑了："您的水准是比随侯高些，没有说出'吾牲牷肥腯，粢盛丰备，何则不信'这种言论。但您信是信了，治国的'成绩单'好像不怎么样吧？祖先看到你不及格的试卷，能保佑你吗？"

庄公追加道："大大小小的案子，即使不能做到都调查清楚，至少必定依据情理去办。"

曹刿这次没笑，他肯定了庄公司法公正的成绩，指出这一仗能打赢，并请求跟随大军一同出战。

庄公心想带你去也行，让你看看什么叫真正的战争。等抵达长勺战场时，庄公看曹刿的眼神已经变了，带了几近于崇拜的欣赏，甚至连大军的指挥权都交到了曹刿手里。

鲁军刚列好阵，对面的军阵里就响起了隆隆的鼓声。看到去年的手下败将又来了，齐国人有些亢奋，迫不及待地擂鼓进军。按照惯例，鲁国人此时也应当擂鼓，与齐国人来个火星撞地球。但曹大将军（临时）摁住了鲁庄公，让他再等等。这一等，就等到了齐国人第三通进军鼓之后，曹刿突然下令，擂鼓进兵，全军出击。

被鲁国人的"静坐战"搞得有点糊涂的齐国人措手不及，被打得溃不成军。庄公尝到了甜头，刚要下令追击，又被曹刿摁住。只见他研究了一下脚下和远方，发现齐国人的军旗四处乱丢，地面的车辙无比散乱，可见他们是真的不行了，确实不是诈败，这才让庄公发令追击，把齐国人赶得翻山越岭逃命而去。

此时，庄公问了个问题："曹大将军，你说我们这次是怎么打赢的啊？"曹刿不由得得意起来："主公明鉴，其实也没有别的秘诀，咱们这次能打赢，靠的是士气。"

齐鲁长勺之战，看起来鲁国人赢在了谋略，后发制人，故而以弱胜强。但仔细推敲，实际情况并非如此。

其一，此时的齐鲁国力差距并不大，军事实力相差不多。齐桓公刚刚即位，齐国远没有到鼎盛时期，即便后来真有"叁其国而伍其鄙"的改革，全盛时的齐国也不过三万军队。而鲁国则一直是不折不扣的千乘之国，跟随战车作战的步兵同样多达三万，而且装备精良，战力强大。歌颂鲁僖公的《诗经·鲁颂·閟宫》里就有这方面的记载——"公车千乘，朱英绿縢""公徒三万，贝胄朱綅"。鲁僖公是鲁庄公的儿子，在他手上鲁国国力有了较大的提升，《閟宫》里也不排除有自我吹嘘的成分。但两边都去掉泡沫，庄公时代的鲁国与桓公早年的齐国应该旗鼓相当。

其二，鲁国有地利。长勺在今天山东莱芜，地名当来自伯禽始封时分配到的殷民六族之一长勺氏。中国人自古以来安土重迁，有以地为氏的传统，而如果他们迁徙了，又往往反过来用氏族名命名新的定居点。长勺氏从跟随伯禽来到鲁国，至长勺之战已有三百五十余年，这支商人早已与周人融为一体，休戚与共。长勺战场附近，也必然是他们经营已久的家园，在这里交战，齐国人怎么可能讨得到便宜？鲁国大军从曲阜出发，一路虽然不算平坦，但至多是丘陵地貌；齐国人则需要翻越泰山，体力先消耗了一大半，一旦战败，连逃跑都不容易。

面对势均力敌的鲁军，客场作战的齐国利在速战，拖久了后援不济更不好打。所以鲁国人才能以逸待劳，不紧不慢地等"齐人三鼓"之后才出手。要是后发制人就是必胜法则，那世人还需要研究兵法干什么，等敌人擂鼓不就行了吗？

打了个大败仗的齐桓公痛定思痛，不由得佩服父亲僖公的英明。如今，周天子威风扫地，各国的乱臣贼子层出不穷，北方戎狄交侵，南方楚国横行霸道，正是需要有人主持局面的危急存亡之秋。与其和华夏诸侯内耗，不如与他们联合一致对外，既然齐国没有吞并鲁国的实力，那就干脆把它发展成盟友。齐桓公后来九合诸侯一匡天下，其实就是齐僖公战略的延续。当然，他的事业青出于蓝，远超父亲的成就。

纵论这一阶段的天下形势，强国主要有三个。

一是"表里山河"的晋国。此时它正在晋南平原兼弱攻昧，忙得不亦乐乎，而且晋献公才得到一个戎人美女，给他生了个宝贝小儿子，司空见惯的夺嫡宫斗戏即将上演，晋国暂时是不可能出来做事了。

二是"南天一霸"楚国。楚灭国兼地，不曾手软。周成王封他们一个爵位，也不过是绥靖羁縻的手段而已。

三是"地表东海"的齐国。齐桓公能成为春秋五霸之首，虽有个人努力的因素，但也在于历史进程。

有人认为秦国也是强国之一。诚然，从表面实力上来说，秦国确实可以归入"四强"之一。但秦国的地缘是个大问题，在战国以前，它始终被晋国死死地压制在关中平原内部，无法对地处中原的"主流国际社会"产生影响，秦的霸业，仅局限在西方。不过，这种格局对它倒也未必全是坏事。秦国不会因为参与中原争霸而损耗国力，它的民众也更质朴，更易于统治。后来商鞅变法能取得巨大的成功，功劳也不能算在商鞅一个人头上，秦国自身的禀赋可能起到了更关键的作用。

九合诸侯

有齐僖公打下来的底子，又有贤相管仲的辅佐，齐桓公的事业蒸蒸日上。经过五年左右的积累，齐国逐渐有了霸主的样子，《左传》说了一句"齐始霸也"。鲁国跟齐国的关系微妙，从各种史书的吉光片羽中，仍然可以看到桓公施政的端倪。鲁庄公十二年（公元前 682 年），宋国发生内乱，齐桓公争霸的机会来了。

宋国的内乱相当戏剧化。鲁庄公十年（公元前 684 年）春，齐国在长勺打了败仗，桓公很不甘心。夏天，齐国联合一贯跟自己交好的宋国去打鲁国报仇。这次再玩什么"一鼓作气再而衰"是没用了，但鲁国人换了战术，挑弱的下手，抢攻了立足未稳的宋军，宋国人没顶住。鲁庄公亲自用名箭"金仆姑"射中了宋国的勇将南宫长万，并将他生擒。在宋国人的苦苦哀求下，鲁国人又把南宫长万放了回去。齐国一看宋国败了，怕长勺的失败再次上演，也退兵而去。

这下轮到宋国不干了，第二年夏天，宋国卷土重来，鲁国又一次突破了下限：抢攻刚到战场还没来得及列阵的宋军。长勺之战，鲁国人好歹还等齐国人列好阵势，这次宋国人连阵都没摆好，鲁国人就冲到了面前。鲁军前锋把老虎皮蒙在马身上（其实鲁庄公本不想打，这支军队是擅自出战的），鲁庄公带领大队人马紧随其后，再一次把宋军打得大败。

秋天，连绵不绝的大雨给宋国带来了一场洪灾，为了缓和关系，鲁庄公专门派人去宋国慰问，宋闵公说："是我对上天不敬，才招致老天降下灾祸，还让鲁公为此担忧，实在是不敢当。"这番话谦恭有加，无懈可击，鲁国大夫臧文仲对此大加赞赏："宋国恐怕是要兴起了呀！大禹、商汤引咎于己，故而夏、商能够勃然而兴；夏桀、商纣归罪于人，于是夏、商轰然倒塌。"不消说，这又是一个"国君道德等于国运"的案例。

宋闵公如此有礼，那宋国真的在他手上"勃然而兴"了吗？并没有，因为他另外干了一件"无礼"的事。前面提到的南宫长万被鲁国释放回来以后，宋闵公就调侃他："我原来敬重你，是因为你是我们宋国的勇士。现在你做了鲁国的囚犯，我可就看不起你了哦。"南宫长万是个力敌万夫的猛士，平生最以武勇为傲，可这次先是负伤、后是被擒，最后忍气吞声地回来了，心态不免发生了很大变化，把做俘虏的经历看成自己人生最大的污点。宋闵公偏偏专往别人的痛处戳，南宫长万恼羞成怒，心中大恨，就弑了宋闵公。南宫长万先是拥立了一位公子游即位，但当年就遭到了宋国几乎全部公族以及曹国军队的讨伐。公子游椅子还没坐热就被杀，南宫长万逃亡到了陈国，被陈国人绑回宋国，剁成了肉酱。

按照《公羊传》的说法，宋闵公一位忠心的臣子仇牧听说主君被弑，挺剑怒叱南宫长万，结果被对方"一巴掌扇死"，脑袋打得粉碎，飞出去的牙齿嵌进了门板里，实力不对等，完全是一边倒的局面。《公羊传》能把细节写得这么到位，显然不可能是真的到过案发现场。这么写是为了歌颂仇牧：明知双方实力相差悬殊，却不畏强暴，实在是大大的忠臣。春秋三传，《左传》忠于历史，很少发挥；《公羊传》《穀梁传》政治色彩浓郁，喜欢用骇人听闻的内容吸引眼球，把许多事情写得绘声绘色，真实性却十分可疑。

宋国弑君的消息传到齐国，齐桓公敏锐地意识到机会来了。宋国是盟友，也是大国，南宫长万这么一闹，宋国刀兵四起，此时局面依然混乱不堪，自己出面管了宋国的事，可以大大收获一番名声。（他对外政策的转变也就是在这个时候，由武力降服转成了"拉帮结派"。）宋闵公被弑的第二年春天，齐国在北杏（今山东省东阿县北）会合陈、蔡、邾几个小国，平息宋国的事态。夏天时顺手还剿灭了一个不肯跟齐国齐心协力的小国遂国，可谓名利双收。新政策出奇的好，齐国身边的盟友多了起来，鲁国担心自己被孤立，第一次和齐国正式结盟。据说在这一次盟会上，鲁国的曹沫（很可能与曹刿是同一人）带刀劫持了齐桓公，逼着他承诺归还占领的鲁国地盘，齐桓公脱身后，没有因为这是城下之盟而反悔。通过这件事，齐桓公给自己树立了好形象，各国纷纷称赞他"有契约精神"，齐国身边从此就有了宋、鲁两大千乘之国，宋桓公、鲁庄公以及继任的鲁僖公始终追随齐桓公，是他最坚定的左膀右臂。

可能因为国内的问题没有全部摆平，宋国闹了个小插曲，当年冬天背叛了和齐国的盟约。齐桓公来年开春再次出手，这一次他的方式更野蛮——不仅有陈国、曹国等盟友帮忙，居然还拉到了王师助战。周天子虽说实力不济，但天下共主的名头摆在那里，宋国被彻底打服，从此死心塌地，做了齐国的"跟班"，宋桓公也安安稳稳地做了三十年国君，可见服从齐国还是一件很划算的事。臧文仲"宋其兴乎"的预言能够兑现，靠的不是宋闵公有礼，而是宋桓公有眼力见。

春秋前期，各国谥号为"桓""庄"的国君特别多，按照谥法，辟土服远曰桓，克敬勤民曰桓，辟土兼国曰桓；兵甲亟作曰庄，叡圉克服曰庄，胜敌志强曰庄，死于原野曰庄，屡征杀伐曰庄，武而不遂曰庄。齐桓公确实做到了"辟土服远""克敬勤民"，他的作为，远超古往今来任何一个"桓公""桓王""桓帝"。但其他人，诸如鲁桓公、宋桓公、鲁庄公，虽也是"屡征杀伐"，但大多数时候都是跟在齐国后面，实则既不"庄"也不"桓"。鲁桓公倒是符合"死于原野"这一条，他怕是改叫鲁庄公更合适一点。

从平定宋乱开始，齐桓公掌握了争霸"核武器"——与周天子合作。齐国有实力，但仅仅靠实力很难让所有人听话，来硬的，又变成了另一个楚国，反而让自己成为世界公敌。周天子的情况正好相反，空有天下共主的名义，但实力上不得台面，压根儿使唤不动诸侯们。齐国与王室合作，实力和名分一结合便是质变。齐国摆出一副"尊王"的姿态，借王室的名义发号施令，不听话直接打。王室虽然知道齐国有所图，但形式上的臣服至少也比冷漠甚至对抗要强得多，因此也乐见其成。

这条路线如此好用，后来的晋文公有样学样，做出了偌大的事业。在遥远的将来，每当朝廷式微时，总会有聪明人学习齐桓公的办法，打着皇帝的旗号经营自己的生意，比如"挟天子以令诸侯"的曹操。其实这是袁绍阵营的方略，曹操的口号实则"奉天子以令不臣"。一"挟"一"奉"，袁曹二人谁更有不臣之心，昭然若揭。

有了王室这面大旗，齐国团结小国就容易许多。此后齐桓公多次召集小国开会，重申盟约，身边的盟友也越来越多。他霸业的巅峰，是晚年在葵丘的一次会盟。这次参会的有宋、鲁、卫、郑、许、曹等国家，主要任务是扶持王子郑即位，是为周襄王。襄王投桃报李，派遣太宰周公孔前往观礼，并赐齐桓公胙肉。胙肉是周天子祭祀祖先（主要是文王、武王）时摆放在灵位前的肉，肉的香气飘散在空中供祖先享用，肉的实体则赐予有功之臣，这是极高的礼遇。襄王很贴心地附加了一条指令，说齐侯年老，不需要下台拜受所赐。

桓公不顾耄耋之年，谦虚地拒绝了王室的特殊优待，坚持走完了"下""拜""登""受"的完整受赐流程：盟会在齐国营建的巨大高台（可能高达八到十米，面积达数千平方米）上举行，天子的使者带着赐物到来，桓公在台上迎接使者，步履蹒跚地走下高台，在台下起舞下拜，叩谢天恩，再颤巍巍地登台，领受天王的赏赐。桓公之所以这么做，当然是为了凸显王室的权威——哪怕以齐国的实力也不敢妄自尊大，那么其他国家该怎么做，心里应当有数了吧。

葵丘会盟的盟约文字，《穀梁传》和《史记》都有记载，略有差异但大致相同，这里引述相对简略的《穀梁传》：

> 毋雍泉，毋讫籴，毋易树子，毋以妾为妻，毋使妇人与国事。

"毋雍泉"指的是各国之间不要以邻为壑，居于上游的国家不能阻断水源让下游国家受旱；"毋讫籴"则是荒年时要互相救济，不能断绝对其他国家的粮食支援。这两件事是国际关系，各方平等互惠，在盟约中提及是应有之义。但"毋易树子，毋以妾为妻"，重申的则是王室的宗法制度，列国都不更换"树子"，即嫡长子。在葵丘会盟上，各国郑重其事地对继承人制度做出庄严承诺，甚至对可能影响到此的"以妾为妻"都加以禁止。

早期霸主政治的"尊王"是一种政治上的复古，是对已经崩塌的西周秩序不甘、不敢、不愿放弃的情结。身处春秋战国空前的变革巨潮之下的人们，不可能完全看清时代前进的方向。人本能地抗拒改变，对日渐凶险的环境无比害怕，怀念往昔"君君臣臣""父父子子"的有序社会。即便西周这种秩序并没能坚持太久，也远不像想象中那么完美，但眼前的日子越糟糕，"往日荣光"在人们心中被放大得就越厉害，变成日益高大的理想国。

每当戎狄交侵，或者乱臣贼子搞事时，人们难免会产生诸如"要是周天子还是当初的周天子，他们怎么敢……"的想法。一方面对眼前的周王室怒其不争，一方面加倍怀念英明神武的先王。在这种情绪的左右下，越早的周王越受崇拜，形象越完美，如文王、武王几乎要化身成神。所以，"尊王"并不完全是对眼下已经式微的现实王室的尊崇，更是对历代先王掌控下奄有四方的虚拟王室的追忆。

可是周王室的礼乐宗法终究是回不来了，这不单单是王室衰微的结果，更是社会经济发展的必然，其中的关键是铁器的运用。

铁器与青铜器相比，价格便宜，因为质地坚韧，密度小，因此更轻便，还比青铜硬度高得多，用来铸造农具非常合适。关键是，中国是个缺铜的国家，时至今日，中国的铜矿产量不到世界的十分之一，消耗量却占接近世界铜产量的一半，中间的巨大缺口主要依赖进口。如果想用青铜制作农具，哪怕用得起，也找不到那么多矿。而中国虽然富铁矿不多，但贫铁矿还是有不少的。以古代微小的工业总量，铁矿石并没成为冶铁的瓶颈。

那为什么在春秋之前没有人用铁器呢？原因很简单，人工的炉火达不到足够的温度。青铜的熔点约为800℃，普通的炉火就可以达到。可想要冶炼铁矿石，哪怕是要求较低的块状炼铁法，也需要1000℃左右的温度，而要求较高的生铁，则需要炼炉的温度达到1150℃。200℃的温差看起来是件小事，却成了青铜时代和铁器时代难以逾越的壁垒。

考古发现，春秋后期中国人已经熟练掌握了块炼法冶炼熟铁，但这种方法冶炼出来的"海绵铁"几乎不含碳，质地疏松，杂质极多，还需要经过锻造才能提高硬度，品质差，产量低，用来量产农具根本不现实。此时高炉炼铁被发明出来，块炼法被高温液体还原法取代，从而生产出可以直接铸造的生铁。最迟在战国早期，克服了生铁性脆弱点的展性铸铁也被发明出来。这些技术的进步，让铁器得到普遍应用。

那什么让春秋大炼钢铁成为现实呢？是源自炼铜技术的一个小发明——鼓

风机。用人力压缩风囊将大量的空气挤进炼铁炉中以增加氧气补充，提高燃烧效率，这种情况下炉火温度最高能达到 1400℃。有了鼓风机的助力，大量的铁甚至钢被冶炼出来，变成了士兵身上的铁甲、铁剑、铁矛，变成了农民手上的铁铲、铁锨、铁耙，历史跨入了战国时代。

　　笔者之所以不厌其烦地讲金属冶炼的技术革命，是因为铁器彻底改变了社会形态。在铁制农具量产之前，昂贵的青铜只能被用于制作礼器、乐器，农人手上的工具仍然是石头、蚌壳、木头、骨头制成的，这让任何一个小家庭或者个体，面对自然环境都束手无策。《诗经》中不止一处提到了当时的生产方式：

　　载芟载柞，其耕泽泽。千耦其耕，徂隰徂畛。
　　侯主侯伯，侯亚侯旅，侯彊侯以。

——《诗经·周颂·载芟》

　　在开垦土地的时候，由于工具不好使，只能让千百人在大片土地上合作耕种——"千耦其耘"，共同对抗自然环境。而组织如此大规模的社会化生产，需要人们组成一个个体量不小的共同体。在当时，以血缘为纽带聚族而居的氏族，无疑是最符合条件又天然存在的共同体。贵族领导的集体劳动，是周人宗法制度、礼乐文明等上层建筑的经济基础。诗中的"侯主侯伯""侯亚侯旅""侯彊侯以"，就是带领、监督氏族成员开展农业活动的大小封君贵族。

　　七月流火，九月授衣。一之日觱发，二之日栗烈。无衣无褐，何以卒岁？三之日于耜，四之日举趾。同我妇子，馌彼南亩，田畯至喜。

——《诗经·豳风·七月》

　　《诗经·豳风·七月》里的农民，带着一家老小去土地上耕种，"同我妇子，馌彼南亩"，负责领导他们的官员"田畯"对此十分满意。这同样证明周人的劳动方式是社会化的，是在贵族领导下的集体活动，而非小家庭的个体劳动。

所以，在这样的科技水平之下，氏族是社会的基本单元，氏族的领导者贵族是必须存在的阶层，这些都是不以人的意志为转移的。只有当工具进步到了人们能以小家庭，而无须再以大规模公社化劳动的方式对抗自然界时，贵族们才显得多余，贵族政治才显得不合时宜，社会才可以没有封君贵族。

此时，对国家来说，将氏族打散，把民众登记入册，组织国家授田，以官方手段管理一盘散沙的小农家庭，便是更有效率的治理模式。意味着国家可以甩掉中间的贵族，直接从民间汲取到更多的资源，组织更庞大的军队，筹措更充沛的给养，以应对日益残酷的竞争。这就是战国的战争规模、持续时间、死亡人数迭创新高的根本原因，这也是霸主们无论如何"尊王"，都不可能重新恢复周王室往昔荣光的根本原因。旧秩序的经济基础，在春秋战国时期已经不复存在了。换句话说，经历了春秋战国的一系列科技进步，在周的废墟上建立起来的新政权，永远不会是另一个周制的贵族社会，而只可能是秦制的编户齐民社会。

然而"尊王"的意义又不仅仅在政治层面，否则岂不意味着霸主政治是一种"逆历史潮流而动"的操作，应该予以否定？这显然不符合常识，也不是事实，霸主政治另有一层文化意识方面的价值。分封的诸侯血缘逐渐疏远，各自有各自的国家利益，如果没有强大的外部力量约束，它们存在着与生俱来的离心倾向。西周早中期的约束力量是王室，从齐桓公开始则变成了霸主。霸主们用"尊王"的行动，为思想意识上四分五裂的诸侯们打造了一个共识，正如胡鸿在《能夏则大与渐慕华风：政治体视角下的华夏与华夏化》中所说，复数"诸夏"因此合并成单数"华夏"，基于血缘关系的天然纽带，升格成了基于文化认同的后天共识。文化共识的产生，为战国以后的大一统奠定了思想基础。

从某种意义上来说，正是因为四方不宁，中原诸侯们面临着前所未有的生存压力，强者才有机会站出来，将他们凝聚在一起。外部的压力像是高炉底的熊熊烈火，把华夏民族熔铸成一块坚不可摧的铁板。这个伟大的民族，经历了分裂与聚合，最终涅槃重生，一飞冲天。

战国的大国，都是靠着春秋时兼并小国而长成，但齐国兼并的力度比晋、楚要小很多。据记载，晋灭国三十以上，楚灭国四十以上，齐灭国十多个。这不是齐国没有实力，或是齐国周围的小国已经尽数灭亡了。直到战国，齐国西方、南方不远的地方仍有以鲁、宋、卫为首的泗上十二诸侯。他们虽然要向齐国朝贡，却仍然是独立的政治体。齐国有意地和小国维持着朝贡关系，不能不说是齐桓公的遗风，也是霸主政治最后的遗产。它终将被更为野蛮、赤裸的兼并行为淘汰，成为历史的陈迹。

远涉荆蛮

诸夏同盟最直接的诉求是维护公共安全，具有极强的现实意义。只顾自己风光，不管"小兄弟"死活的霸主不是好霸主。许多小国受到齐国的庇护，比如邢国和卫国。

邢国地处太行山东麓，在今天河北邢台附近，在西周早期不算很弱。但由于黄河改道，河北平原彼时还是一片巨型沼泽地。这里曾经在三皇五帝的时代遭受过规模巨大的陨石雨撞击，黄河北流的河道遭到破坏，造成河道壅塞，原本在渤海入海的黄河无处发泄，从此河北平原水流肆虐。加之从上游裹挟而来的泥沙日复一日的垫高了河床，改道就是家常便饭了，邢国的发展空间因此受到了很大的限制。卫国的情况比邢国好一点，一来它位置更靠南，与中原的兄弟之国较近，更容易拉到帮手；二来它地处中原，周围的平原相对较多，国力比邢国要强一些。

齐桓公二十五年（公元前 661 年），戎狄大举入侵邢国，根据使者的哭诉，戎人此次来势凶猛，邢国已经到了亡国的边缘。对要不要救邢国，齐国朝堂可能发生了一些争论，最后是管仲一锤定音，他说："戎狄豺狼，不可厌也。诸夏亲暱，不可弃也。宴安鸩毒，不可怀也。"

在管仲看来，"诸夏"文化同源、血脉同根，一荣俱荣、一损俱损，是真正的一家人，此时不是贪图享乐、躲避事情的时候。这个思想非常伟大，无怪乎孔子盛赞："微管仲，吾其披发左衽矣（没有管仲，我们就要披散着头发，像蛮夷一样把衣襟扎到左边了）。"齐国发兵援救邢国，戎人见齐国势大，虚晃一枪就带着战利品跑路了。

戎人从邢国满载而归，自身实力又毫发无伤，陡然发现抢劫华夏诸侯的买卖相当划算，所以下一年卷土重来，这回遭殃的轮到了卫国。卫国虽然国力不弱，但几代卫侯倒行逆施，搞得内部人心思乱，面对戎人大军根本无力抵抗。卫懿公被杀，卫国被灭，首都被洗劫一空，人民几乎被屠戮殆尽。据《左传》记载，卫国的残余逃亡至宋国，只剩下男女七百三十人。齐桓公派遣儿子无亏带领三百乘战车、三千名甲士去保护在曹地重新立国的卫，同时带去的还有猪、牛、羊、鸡、狗等动物各三百只，以及建筑材料等各种物资，又从卫国的共、滕二邑抽了五千人民充实新的首都。

卫国的新国君卫文公是一位贤君，他穿戴着"大布之衣、大帛之冠"，勤俭节约，举贤任能，敬教劝学，通商惠工，带领人民开启了卫国的复兴大业。卫文公在位二十五年，到他去世的那一年，卫国的兵车从三十辆（这还是齐桓公送的）增长到三百辆，重新成为一方的重要势力。

考虑到卫国和邢国已经十分虚弱，再也扛不住一次侵略，齐桓公把卫国首都搬到了南边的楚丘（今河南省滑县），又在齐国旁边找了一块土地，把邢国迁徙了过去。有了这一番存邢救卫的举措，桓公的声望如日中天。左丘明在书中写下了"邢迁如归，卫国忘亡"的文字，以歌颂桓公仗义出手的大德。

齐桓公九合诸侯，扶危济困，做了许多了不起的大事，但如果对这些事情排个序，其中最重要的，是暂时性地遏制了楚的进一步北上，形成了南北均势的格局。其标志性事件，是桓公执政第三十年（公元前656年）时的"召陵之盟"，论其起因，却是一件小事：

> 齐侯与蔡姬乘舟于囿，荡公。公惧，变色。禁之，不可。公怒，归之，未之绝也。蔡人嫁之。
>
> ——《左传·僖公三年》

《左传》大多数时候都是记录史实，像这回这样，把齐桓公跟夫人吵架都写下来实在是非常难得。书中记录的是齐桓公与侧室蔡姬，夫妻二人在私家园林的湖里乘船游玩。蔡姬应该年龄不大，童心未泯，狠命地荡着小船。可怜桓公英雄一世却不会游泳。可是他越慌蔡姬越来劲，差点真的把桓公晃到水里去了。上岸后他发了大火，把她撵回了娘家蔡国，却又没明说断绝关系——"未之绝也"。明眼人都看得出来，这不过是一件床头打架床尾和的家务事，过段时间桓公气消了，蔡姬再认个错，这件事也就翻篇了。但蔡姬的哥哥蔡穆侯却不这么想，犯下了人生最大的错误——让妹妹改嫁他人。

在蔡穆侯看来，齐桓公把妹妹赶回娘家是一个非常不妙的信号，意味着齐国可能要对蔡国动手。齐国是不是发现了什么端倪，所以借这件事跟蔡国划清界限？那么下一步恐怕就要做好迎战齐国大军的准备了。既然这样，干脆一不做二不休，得罪齐国就得罪到死，投靠楚国就投靠到位。

见蔡国这边行事如此孟浪，桓公愤怒之余，又暗自窃喜。齐国抑制楚国的谋划六年前就启动了，如今就等着一个合适的机会。同年，齐国在阳谷（就是武松打虎的地方）召集诸侯开会，与楚国毗邻的江、黄二国第一次与会，很显然已经到了箭在弦上的时候："秋，会于阳谷，谋伐楚也。"桓公因势利导，调整行动方案，一场计中计就此展开。

齐国召集盟友，控诉了蔡穆侯的无道：其一，作为姬姓诸侯，居然跟华夏公敌楚国勾勾搭搭，这是严重的背叛罪行；其二，让有夫之妇改嫁，上侮辱大国下欺凌妇女，私人品德也十分不堪。盟友们舆论哗然，纷纷表示绝对要给蔡国一个终生难忘的教训。他们的账算得也很精：蔡国不堪一击，打它没有风险，还能讨好齐国，这个买卖相当划算。

于是第二年春天，齐、鲁、宋、陈、卫、郑、许、曹八国联军气势汹汹地开到了蔡国都城上蔡的郊外。蔡穆侯有胆子惹祸没本事收场，手下跑了个精光，自己被生擒，关了齐国军中。

如果仅仅是教训实力孱弱的蔡国，齐国根本犯不着如此兴师动众。蔡国只不过是个幌子，齐国项庄舞剑意在沛公。桓公不惜把老婆跑了这种丢面子的事情四处宣扬，就是为了麻痹楚国，以达到出其不意的效果。平推了蔡国之后，他们又马不停蹄，直奔这次军事行动的真正目标而去。楚国人猝不及防，被诸侯联军打到了家门口，楚成王不得不第一时间派出使节前往联军营地交涉。

楚国使者代表楚王跟桓公装起了糊涂："齐在极北，楚在极南，两国距离何其遥远，不知道您到我的地盘上有何贵干？"

见楚国装无辜，齐国人勃然大怒：你还敢问找你有什么事？找你有什么事，你自己心里没数吗？再说管仲有备而来，嘴上功夫怎么可能输给蛮夷，于是他恶狠狠地威胁了一通："请楚使端正态度，不要说什么你们的地盘这种话。要知道普天之下莫非王土，王命是召公奭他老人家亲口宣读的：'五侯九伯，女实征之，以夹辅周室'，你说哪里的地盘我们齐国去不得？"

楚国使者听后一阵晕眩，管仲乘胜追击："你们楚国摊上大事了，第一，你们应该进贡的菁茅，王室已经很久没有看到了。"他顿了一下，提高了嗓门，"更不可饶恕的是，我们周昭王南征死在你们的地盘上，这事必须要彻查！"但见管仲口气如此凶恶，还是先过眼前这关。苞茅不过是每年割几车草给周王送去的小事，他就自作主张地应承下来。但齐国人既然要替三百二十一年前死在楚国的周昭王讨个公道，他便客客气气地请齐国人去汉水边亲自查验案发现场，而且要马上去。

齐桓公实在想不到这个楚国使者竟然如此麻烦，也不跟他废话，挥师前进，让楚国人尝尝兵临城下的滋味。

使者还报楚成王，成王也当场愣了几分钟，管仲的皇历里有他爷爷的爷爷都没听说过的古人周昭王（当今往前数三百二十一年是清康熙年间），还有更古的古人召公奭（当今往前数三百八十八年是明崇祯年间），难不成齐国是来无理取闹的？楚成王回过神来，艰难地问了使者一个问题。看着使者无辜的眼神，成王突然感觉这个问题问得实在是很蠢，他深思了一番后恍然大悟，重重地拍了一下使者的肩膀："他们的意思，不就是压根儿不想真打吗？"使者表示："臣愚，请王明示。"

成王被勾起了兴致："你说，齐国为什么要来打我们？"

"因为苞茅，哦，还有周昭王。"

"什么苞茅、昭王！"成王一阵无语，"真是让不穀（周王自称不穀，楚自大称王，所以也自称不穀）很难跟你沟通。"

"臣言了，臣愚……"

"好吧，那你听好了。这些事你不懂也不是糊涂，你要是在不穀这个位置，许多事情就能想明白了。"成王感慨万千，"他们之所以来，是因为我们太强了，又灭掉了他们那么多国家，他们害怕。"

"既然害怕，他们应该躲着，为什么还要来呢？"

"问得好！"成王称赞了一句，"齐侯压根儿就不想来。齐国太远了，我们再强也威胁不到它，真到了它的地盘上，我们恐怕也打不赢。但他又不得不来，因为他是'老大'，'小弟'被欺负了'老大'要不要出头？'老大'不出头，以后还怎么带队伍？他不能让人心散了。还有，我现在是王，他尊奉的洛阳那位周天子也是王。要尊那个王，就不得不针对我这个王，谁叫他这么多年打的旗号是尊王攘夷，我大楚不就是他们眼中的蛮夷吗？他这是自己把自己架上去了。别以为盟主有多么光鲜，内里的苦只有他自己清楚。不像我们，从来不图那个虚名，看谁弱就干掉谁，谁跟我们'我无罪'，不穀就跟他们'我蛮夷也'，比起折腾，咱们输给过谁？"

"王英明，但臣还是不懂，这和苞茅、昭王有什么关系？"

"那你怎么不问问自己，齐侯为什么不提我们灭小国、称王号，却拿三四百年前的风流罪过说事呢？"不等使者回答，成王自己给了答案："因为他们不敢！他们知道我大楚的雄心，更知道我大楚的实力。齐侯、管夷吾都是聪明人，他们非常清楚，我大楚不可能因为虚发诈伪的恫吓，就把几代儿郎们拿鲜血、生命换来的土地拱手相让；不穀更不可能不当这个王，低头当回他们大周朝的公侯伯子男。他们要是胆敢提出这样的要求，我大楚除了一战，还能有别的选择吗？那么问题就来了，他们有把握打赢我们吗？显然没有。既然没把握，那为什么要把我们挤到非打不可的墙角里去呢？你看，他们提的事情多大点儿事，都开始翻几百年的老皇历了，就差明着说——'给个台阶吧，都不容易'了。"

"王这么一说，臣好像有点不愚了。"

"你本来就不愚，苞茅的事你答应很好。齐侯老了，就喜欢务个虚名，他兴师动众地来，如果什么都得不到，怎么下得来台？他们浩浩荡荡而来，用几筐草就打发走了，你要是愚，谁敢说自己聪明？你现在立刻启程回去，就说我说了，以后年年给周天王送菁茅。至于昭王的事，你就说楚国深表遗憾，会细细查访，绝不让凶手逍遥法外，他会顺着台阶下来的。当然，也不要堕了我大楚的威名，牢记一点——他们不敢真的打。"

"诺，臣这就去！"

目送着使者的背影，成王用只有自己听得到声音喃喃自语："看来你也料到了，其实，我们也不敢真的打啊……"

一个月后，弥漫在两国上空的战云渐渐消散，各怀心思的齐、楚两国在召陵签订了和平条约，史称召陵之盟。这次危机，齐国谋划已久，以蔡姬为借口，佯装侵蔡，实为伐楚，声东击西，打了楚国一个措手不及。重压之下，楚国自觉没有打赢的把握，好汉不吃眼前亏，承诺恢复对王室象征性的进贡。此事过后，齐桓公声势更盛，逢人就吹自己"威震荆蛮"的功勋，算是对一众被楚国欺凌的小国有了交代。

楚国方面的宣传一样开足了马力，他们讲了另一个故事：

楚国使者屈完，面对诸侯联军的武力威胁不为所动，在盟会上慷慨陈词，赢得了其他国家的尊重。屈完严肃地指出，如果齐国这次是来交朋友的，一向爱好和平的楚国非常欢迎。但如果想通过武力施压让楚国屈服，那齐国就打错了算盘，楚国不惹事但也不怕事，穷兵黩武的人是不会有好下场的！这番话说得齐侯羞愧不已，当场表示自己这次来只求和平，并不打算搞事。齐国和楚国就此签订互不侵犯的友好条约，重申了两国源远流长的友谊。

召陵之盟后，小国们如释重负。然而他们不懂，没有经过战争的和平，终究是假的和平。齐国老谋深算，声东击西打了楚国一个出其不意，被迫签订城下之盟的楚国，心中必然是不服的。齐、楚两国暂时达成了均势，紧张的空气却没能真的缓和。比如当了"带路"的江、黄两国，很快就在楚国的报复下灭亡了。

后来的人们，既不用诟病齐国的雷声大雨点小、虎头蛇尾，也无须嘲笑楚国的打肿脸充胖子、自吹自擂。这是春秋时大国外交的常态，不到万不得已，霸主之间并不愿意直接刀兵相见。实力接近的两方真打起来的话，兵连祸结，局面失控，最终结果殊难逆料。所以齐、楚两国都表现得相当克制，打了一局心照不宣的默契牌，只不过谁都不会明说而已。正因为没打起来，也就不存在客观的输赢，两边都可以单方面宣布胜利，对内、对外都有了交代。

更关键的是，齐楚两国暂时都还威胁不到对方的核心利益，两国之间还有大批小国作为缓冲带，双方角力的重点在于争夺这些小国的归附。所以主战场依然是外交领域，直接诉诸武力风险太大，收益也不见得更高。外交战线上齐国有文化、血缘上的优势，政治上高举"尊王攘夷"的大旗，又不打小国地盘的主意，自然得到了更多的拥护。楚国作风简单粗暴，对周边国家往往是直接吞并，外交形象很差，但也因此征服了大片领土，地广兵强。

垂暮之年的齐桓公并没有真正的解决荆蛮楚国的威胁，但一代人只能做一代人的事，故而《公羊传》对桓公的功业依然给予了高度评价："南夷与北狄交。中国不绝若线，桓公救中国，而攘夷狄，卒怙荆，以此为王者之事也。"在南北交困之时，齐桓公站了出来，让一众小国聚集在齐国麾下，苦苦支撑着危局。历史当然有它的必然方向，但英雄人物对历史齿轮的推动也不能等闲视之。齐桓公已经做到了自己能力范围内的最好。

数英雄人物，还待将来。二十五年后，小白已逝，齐霸业已衰，楚国势更张：版图蔓延过汉水，兵锋直逼黄河。此时，即将进化成完全体的晋国，从山西高原上走下，接过了桓公霸业的接力棒。新一代的霸者初出茅庐便威力尽显，在城濮和虎踞天南的荆蛮打了一场惊天动地的会战，摧折了楚国势不可当的锋锐。他死后被谥为"文"，是谥法中无以复加的评价——"经天纬地曰文"，他便是春秋五霸中功业最为鼎盛的晋文公重耳。

表里山河

神功初成

孟子访问齐国，受到了齐宣王的热情接待，询以富国强兵之策。齐宣王请教孟子两位心中偶像的事迹："齐桓、晋文之事，可得闻乎？"没想到孟子的回答很不给面子："仲尼之徒，无道桓、文之事者，是以后世无传焉。臣未之闻也。"按照孟子的说法，孔门弟子从来不讨论齐桓公、晋文公这些霸主的事迹，这是真的吗？非也，这里孟子跟齐宣王说了假话，何以知之？因为在《孟子·离娄章句》里他的说法完全相反："王者之迹熄而《诗》亡，《诗》亡然后《春秋》作。晋之《乘》、楚之《梼杌》、鲁之《春秋》，一也。其事则齐桓、晋文，其文则史。"孔子拿来教学生的教材《春秋》，内容就是齐桓、晋文之事，仲尼之徒怎么可能不了解、不讨论呢？

大约儒者心中都住着一个仁德如天的王者，不愿意世间的君王们奔着"霸道"而去。然而在彼此倾轧的春秋战国，往往是谁先突破底线谁先赢，儒家构建的"以德服人"的王者之道，在诸侯们看来迂腐不堪，没有实用性，不像"以力假仁"的霸道那样有现实意义。所以从西周到春秋到战国，诸侯们道德下限不断创出新低，越来越走向功利主义、实用主义。孔孟之徒再不认可，也改变不了这个趋势。所以，生活在春秋晚期的孔子还是一个温和睿智的形象，战国的孟子则全然是一副"愤青"的架势，谁跟他提"霸道"，他都摆个臭脸呛回去："孔子之徒，从没听说过齐桓公晋文公的事情"。

始霸的齐桓公颇有些古人之风。等霸业的接力棒传到晋国手上，扶危济困的成分降低了，"以力假仁"的含量提高了，孔子敏锐地意识到两个人的风格不太一样："晋文公谲而不正，齐桓公正而不谲。"

孔子的判断大体上是不差的，晋文公确实有些太精于算计，不如齐桓公光明正大。这种风格的养成，既有外部环境的逼迫，也有家族基因的遗传。就像齐国的霸业事实上始于齐僖公一样，晋文公后来的巨大成就，离不开父亲晋献公的英明治理。晋文公重耳的精明，也同样来自父亲的遗传。

晋献公名诡诸，大家不要觉得他的名字里就自带"诡诈"，理所当然是个坏人。春秋时贵族给孩子取名经常带有一定的纪念意义，晋武公在与戎人的战争中生擒了对方的首领诡诸，得意之余就给太子取了这个奇怪的名字，每叫儿子一次，就等于炫耀了一次自己的赫赫武功。鲁国的叔孙得臣率军抵抗长狄的侵略，俘杀了长狄头目侨如，于是给儿子宣伯改名侨如，也是类似的事情。

在武公手上，曲沃家族推翻了首都翼城的晋国大宗，给这场历经曲沃桓叔、曲沃庄伯、曲沃武公三代，时间跨度长达六十七年的内斗画了一个血色的句号。曲沃武公花了大价钱买通周僖王，获得了王室正式的册命，摇身一变成了晋武公。完成了代翼大业，晋武公的生命也走到了尽头，第二年就与世长辞，享年七十七岁，在那个时代是罕见的高寿。晋献公诡诸，迎来了属于自己的时代。

晋国所处的山西高原，在中国古代史上是特殊的存在，它自成一个独立的地理单元。山西西边是黄河和峻峭的吕梁山，南边横亘着狭长不绝的中条山和王屋山，东边有巍巍太行，北边则矗立着五台、恒山等崇山峻岭；内部流淌着汾河、沁河、滹沱河、涑水河和漳河，这些河流冲积出一系列的珠状串联的盆地，是山西人赖以生存的肥沃良田。"表里山河"的构造，给山西腹地提供了足够的安全保障，让割据此处变得更为容易，从而多次避免了战火的侵袭，保留了许多珍贵的历史遗产。山脉纵横还阻止了气候和自然环境的腐蚀风化，山西很多古老的木建筑得以保存，故而考古学有个说法叫"地上山西，地下陕西"。

这个封闭的地理单元可以分为几个板块，其精华在陕西省西南部的盆地。从盆地正北方的火焰山（吕梁山南段），顺时针旋转观察，依次出现的是太岳山南段、中条山和黄河，它们从北、东、南、西四个方向围绕成芒果形。这块地，有山有水有良田，十分富庶，因为位居黄河东岸，故而后世称为"河东"。"芒果"的上半边是临汾盆地，下半边是运城盆地。"芒果核"的位置矗立着一枝独秀的孤峰山以及向东边绵延的稷王山等丘陵。丘陵最东边是东西横向摆开的狭长绛山，组成了"芒果"的柄端，便是晋国所在之处。

晋献公接手晋国时，他拥有的是"芒果柄"绛山南北的翼城、曲沃、绛等几个县的土地。晋国东依太岳山，北有太岳山向西延伸出来的塔儿山环抱。塔儿山在《山海经》中被称为崇山，古老的陶唐氏便定都在它脚下，故又叫唐山。虽然并不富裕，但三面环山的绝佳地势给了晋国进取的底气。

此时"芒果"的精华部分还不属于晋国：临汾盆地主要被耿国占据，运城盆地则大体被魏国和虞国瓜分，除了这几个大国，还有大大小小几十个国家分享着河东的膏腴土地。此外，晋国北边还有个同姓大国霍国，据说是三监之乱中霍叔的地盘。从地理位置上来说，霍国与商都相距甚远，不太可能起到监视的作用，可能是霍叔叛乱失败被流放，他的后代也遭到王室迁徙的缘故。山西绝佳的环境让这里的国家远离战火，岁月静好地活着，却不知道一旁虎视眈眈的晋国，早已把它们视为囊中之物。

太岳山、太行山、王屋山中居住着无数戎人，他们会时不时摸出来，偷袭晋国一下。献公要征服河东之地，就得优先解决戎人的问题。即位第五年，他发兵穿越太岳山和王屋山的交界处，奔袭接近一百公里，在今山西省阳城县境内重创骊戎，把晋国的势力推进到了山西东南的晋城盆地。本次战役中，献公俘虏了戎人的两位公主，她们正值豆蔻年华，明艳不可方物，双双被纳入后宫。江山美人俱得，献公感觉有点飘飘然，可他绝对预料不到，未来这两个女人（特别是年长的那一位），会掀起晋国内乱的滔天巨浪。

晋国埋头收拾各路戎人，把对手削弱到无力反抗的地步，大大扩展了东边和东北的国土，直到接触了活跃在太行山与河北平原上的赤狄、白狄才宣告东进暂停。随后，晋献公掉转枪口，开始攻略河东这只胖嘟嘟的"芒果"。

第一个倒下的同姓是晋国北边的霍国。晋献公十六年（公元前661年），晋国正式大规模扩军，从一军扩为二军，晋献公亲自统率上军，太子申生统率下军，随即他发起了对霍国的攻势。晋国应当是只出动了太子的下军，就将早已衰落的霍国灭亡。后来晋国发生大旱，占卜的结论是"霍太山为祟"，献公无奈召回了霍国原先的国君，封给他霍太山脚下的一片土地以承奉祭祀。到献公的孙子襄公时，霍地被封给了大臣先且居，成为先氏的采邑，霍国才算是被彻底消化了。

搞定了东方的骊戎和北方的霍国后，晋献公亲率上军攻取了西边的耿国——耿国的历史可以追溯到商代，武王伐纣时它被周人灭了，封了一个姬姓子弟到这里。接着，晋献公乘胜而进，南下攻略魏国。魏国的历史更悠久，从夏代就存在了，姓妫，是个上古的姓氏。立国七百余年后，古魏国与耿国一样在剪商之际亡于周人之手，如今的魏国是姬姓子弟在统治。它的历代国君似乎都很无道，《诗经·魏风》骂他们是"硕鼠"，老百姓因此"逝将去女，适彼乐土"，都打算逃亡他国了。

魏国的地形比较特殊，本不是那么容易灭亡。它大部分的土地是中条山以北的"下半个芒果"，都城却在中条山以南、黄河以北，今天的山西省芮城县县城附近，防御态势绝佳。晋国要干掉它，必须从东向西沿着中条山北麓行军，在中条山最西端、黄河河曲处来一个一百八十度掉头，再沿着中条山南麓向东前进三十公里左右，才能抵达魏国都城。晋献公不惧艰险，真的走了这样一条有进无退的路，长驱直入杀到魏国都城面前。由于魏国国内民不聊生，根本不是晋国的对手，一战而亡。

周文王庶子毕公高的后裔毕万仕于晋，很受献公的器重，被封在了魏，便是姬姓魏氏。晋国著名巫师郭偃给毕万占了一卦，卦象显示魏氏的前景不是小好，而是大好，他说："毕万的后代一定会做大做强。因为万是最大的数，魏是伟大的名号。以魏地作为毕万的始封之地，这是上天要光大这个家族的征兆啊。"毕万的后人果真非常争气，在春秋末年与赵氏、韩氏三家分晋，便是战国初期国力鼎盛、风光无两的魏国。三国时曹操受封为王，因其王国都城邺城是魏文侯的陪都，所以称魏王。南北朝的冉魏、北魏，瓦岗军政权等，但凡跟战国时魏国的疆土沾边的，都自称国号为"魏"，看来"魏"真的是一个人见人爱的"大名"。

晋献公一年之内频频出兵，连续灭亡三个大国，几乎全据富庶的河东之地，开启了晋国的登顶之旅。在这前后被晋国灭掉的国家还有冀、黎、荀、董、韩、芮等，到献公晚年，晋国已经成长为北方的庞然大物，一旦完成内部的整合，就将走出山西高原，在广阔的中原大展身手。晋献公实际上是一个有实无名的霸主，对晋国的贡献不在儿子晋文公重耳之下。

晋献公在晋国争霸前夜完成的最后一块拼图，是脍炙人口的一箭双雕之计——"假途灭虢"。在中条山以南、被灭亡的魏地的东方有个虞国。与孱弱的魏国不同，虞国此时还相当有实力，疆域为今山西省平陆县大部，仅南边靠黄河一线为虢国所有。晋国不敢劳师远征，绕过中条山再走一遍灭魏的路线——万一打输可就回不去了。

中条山横亘于晋国和虞国之间，只有东边接近王屋山处的一道狭窄的缺口可以容军队通过，这个地方古代叫颠轹或颠陵阪，又称虞阪，位于今山西平陆、夏县、运城市区三地交会处的东西绝涧中，形势险阻，当南北交通冲要，今连接中条山南北的侯平高速也经过此处。虞国南边还有一个同姓盟友虢国，地处今山西省平陆县南部和河南省三门峡市北部。虽说地跨两省，但其实就是今三门峡黄河大桥的南北两岸。虢在西周王室的地位很高，历代虢公经常出任王朝卿士，当初周平王、周桓王扶持用来制衡郑庄公的虢公，就是那一代的虢国国君。此前王师讨伐曲沃庄伯，令他含恨而终，带兵的也是某位虢公，所以虢国跟如今曲沃家族领导的晋国算是有宿仇。

三国已灭，晋国在山西南部便没有对手，硕果仅存的虞国和虢国，灭亡只是时间问题。不光是为了土地和国防，更重要的原因在于它们挡住了晋国东出中原的路。要是绕开虞国和虢国，晋国只能从都城绛县东南方进入王屋山口，沿着今天菏宝高速的路线在王屋山南麓、黄河以北的群山中穿行，直到济源、沁阳一带的平原方得喘息。想要支援周天子，或干涉郑、宋等东部诸侯的事务，还要南下经孟津渡过黄河进入洛阳盆地。这条行军路线戎人遍布，危机四伏，且补给困难，后方还要担心虞国和虢国的威胁，实在不是什么好选择。

如果拿下了虞国和虢国，情况就大不相同了。晋国大军从绛都出发，既无须向西绕过中条山再折返向东，也不用在东边的王屋山中冒险，而是可直接南下穿过原先虞国控制的颠陵阪，在虢国境内的茅津渡口南渡黄河。然后沿着黄河南岸一路向东，在秦岭余脉崤山中穿行，直达洛阳。其实这条路一样不好走，但好处是南边的崤山和秦岭荒无人烟，北边有黄河遮蔽，不容易遭到埋伏。

虞、虢两国既然挡了晋国争天下的道，它们的命运也就注定了。但两国还有点实力，晋国想要用最小的代价解决它们，还得用点计策，《左传·僖公三年》记录了晋国的阴谋：

> 晋荀息请以屈产之乘与垂棘之璧，假道于虞以伐虢。

智谋之士荀息提出了"分化虞、虢同盟，先虢后虞，各个击破"的战略构想。具体操作方案，是用晋国国宝"屈产之乘""垂棘之璧"向虞国国君行贿，换取虞国让出颠陵阪的通道，使晋国的军队得以南下讨伐虢国。献公有点心疼："这是我的宝贝啊！"

荀息耐心地分析利害："如果能借道，以咱们晋国的实力跟虢国单挑，还不是手到擒来？虢国完了，虞国不可能独存。几件宝贝就当是暂时寄存在虞国，迟早还是我们的。"献公想了想是这个理，但还是不放心，又追问："可虞国有官之奇啊，他是个聪明人，我们的计策能瞒过他吗？"荀息早有准备，回答道："国君勿忧，官之奇我了解。他虽然很聪明，但性格懦弱，不敢跟国君正面硬抗。而且他从小跟虞君一起玩到大，虽然关系亲近，但这样一来就少了几分尊重，他的意见虞君爱听就听，不爱听他也没办法。"

见荀息把功课做得这么足，献公很满意这个计划，就让他带着玉和马去跟虞国交涉。《国语》中把晋献公的心理描述得更细腻，他甚至还担心东西给了，虞国却不借道，荀息好劝歹劝才帮他打消了顾虑。

荀息出使虞国，重申了两国源远流长的友谊，特别指出当初冀国围攻虞国郇城，是晋国帮虞国报的仇（晋灭了冀）。现在，晋国要报复此前被虢国侵略的仇，虞国理应投桃报李，借道给晋国。晋国的要求合情合理，虞公不好回绝，加上贪图财货，就答应了。宫之奇出面劝阻，虞公不但没听他的，还主动加码派出军队跟晋国一起行动，攻陷了虢国在黄河北岸的重镇夏阳，虢国被打残了一半，龟缩到黄河的南岸上阳。

虞公自毁长城的行为被《公羊传》记载在册。公羊高老先生自问自答："整件事明明是晋国的阴谋，《春秋》却说'虞师、晋师灭夏阳'，把虞国摆在晋国前面，这是为什么呢？那是因为孔子把虞国摆在了首恶之徒的位置。为什么让虞国做首恶？因为虞公收受贿赂，借道给灭国者以自取灭亡啊。"《榖梁传》对虞国更为嗤之以鼻："虞国压根儿就没出兵，春秋经文却说'虞师'，是因为在灭夏阳的过程中虞国起了主要作用。"《春秋》把虞国摆在晋国前面的真实原因不得而知，或许仅仅是笔误，但虞公糊涂蛋的形象，已经深深地刻在历史的印记之中。

三年后，晋国再次找虞国借道，意图彻底灭亡虢国。宫之奇苦口婆心地劝虞公："虢国与虞国是共生关系，唇亡齿寒，虢国被灭，接下来就轮到我们虞国了。"虞公觉得宫之奇实在是想多了："晋国跟我是同姓，怎么会害我呢？"

宫之奇简直不知道话该从何说起，费了九牛二虎之力才压住火气。虞公这人简直无可救药，连基本逻辑都拎不清，逼得自己必须从老皇历开始，给他好好上一堂科普课："大伯、虞仲，大王之昭也。大伯不从，是以不嗣。虢仲、虢叔，王季之穆也，为文王卿士，勋在王室，藏于盟府。将虢是灭，何爱于虞！"

事情要从周太王时说起。太王的大儿子太伯、二儿子虞仲没有继承王位，而是被派出去"辟土服远"了。虞仲就是虞国的祖先，继承王位的是虞仲的弟弟王季。虢仲、虢叔是太王的孙子、王季的儿子，因为有大功于王室，被封在虢国，就是晋国眼下要灭的虢国的祖先。而晋国的初代国君是周武王的儿子叔虞，也就是文王的孙子、王季的曾孙、太王的玄孙。要论亲戚关系，虞国要数到太王这一辈才跟晋国沾亲带故，而虢国则在王季这一代就与晋国同源。那么请问，晋国既然连更近的亲戚虢国都要灭掉，关系还要远一服的虞国，又哪里来的自信呢？何况，晋国灭掉的同姓还少吗？才亡国不久的霍、耿、魏国不都是晋国的同宗？

再说晋献公诡诸。他太爷爷曲沃桓叔留下了一堆公子，他爷爷曲沃庄伯也留下了一堆公子。这些人的家族很是兴旺，被称为"桓庄之族"。诡诸是怎么对待这些叔伯爷爷和叔伯的？《左传》记载，晋献公先是挑拨群公子自相残杀，等他们死的死削弱的削弱，他就找个借口把剩下的全部杀了："（鲁庄公二十五年）冬，晋侯围聚，尽杀群公子"，甚至连他们的家人也不放过。有几个运气好的公子躲过了这场屠杀，逃亡到虢国，这才有了后来虢国攻打晋国的战争，也成了晋国假途灭虢的理由。要比血缘近，谁能跟"桓庄之族"比？亲叔叔晋献公杀起来都不眨眼，灭虞国对他又算得了什么？晋国以内斗起家，视血亲如寇仇，虞国跟晋国十几代人以前的瓜蔓亲，还是别提了为好。

虞公被宫之奇驳得哑口无言，但他不死心，又找出新的借口："我祭祀鬼神的时候，用的都是最肥大的猪羊、最干净的谷物，神灵一定会保佑我。"宫之奇说，行，就按你的逻辑，当鬼神都是贪官好了，那么请问：假如晋国灭了我们，给天上的贪官更多的好处，你觉得他们是收还是不收呢？——"若晋取虞，而明德以荐馨香，神其吐之乎？"

虞公同意再次借道。晋国不费吹灰之力灭掉了残缺的虢国，返回时在虞国驻扎了两天——"师还，馆于虞，遂袭虞，灭之，执虞公"。军队驻扎一天叫"舍"，两天叫"馆"，三天叫"次"。晋军两天时间就找到了偷袭的机会，灭了虞国，不可能是临时起意，想必是蓄谋已久，事先已经制定好一战灭二国的作战方案。

灭了虢、虞两国，晋国终于统一了山西南部的河东之地。这片土地良田万亩、山河环抱，中条山北侧的解池被列为世界三大盐湖之一，盐池在当时的价值不亚于今天的油田。河东是晋国称霸的根基所在，而且晋国的势力已经延伸到了太岳山、太行山区，未来还将不断向北、向东扩张，占据山西全境和半个河北平原，它在黄河西岸也取得了一座桥头堡——河西之地。此时的晋国，虽然还没有进化成春秋中后期天下无敌的完全体，但争霸中原已经绰绰有余。虢、虞两国，是它的热身运动。

宫之奇见国君执迷不悟，不想玉石俱焚，便提前带领家人举族逃亡了。另一个大臣运气很差，做了俘虏，后来充当晋献公女儿的陪嫁奴隶被送到了秦国，他就是辅佐秦穆公大兴秦国、威震西戎的百里奚。

秦晋之好

秦给后人留下的所有坏印象，基本都源于战国时的秦国和后来的秦帝国。彼时，秦对内残虐民众，对外大杀四方，给自己赢来一顶"暴秦"的帽子。以至于秦始皇一死，秦帝国立即陷入大乱，明明才统治十四年，"天下苦秦久矣"，在众叛亲离下亡了国。

然而春秋时的秦国很"落后"。秦人的落后是有历史原因的，他们的祖先飞廉、恶来是商王的忠臣。根据《史记·秦本纪》记载，秦的先祖叫大业，他的母亲女修吃了一只燕子蛋后怀孕生下了他，跟《史记·殷本纪》里商人始祖契的母亲吞鸟蛋怀孕的神话一模一样，有可能秦人的先辈是商的王族。这也就能解释为什么商周之际，秦人要跟周人顽抗到底。然而反抗的下场就是举族被流放到极西之地，在陇西高原上生活。

苦难让人清醒，秦人后来还是想明白了：跟昭于天的周王室搞对抗是没有出路的。他们发挥养马的特长，给周孝王牧马，立了不小的功劳，渐渐地阔了起来，被周孝王封为最低一等的诸侯"附庸"，从这时候开始有了身份。

厉王、宣王在位时，犬戎强盛，秦国国君秦仲都被犬戎杀死了，犬戎给周王室和秦国带来了巨大的压力。因此，周宣王交给秦仲的儿子秦庄公七千大军，秦庄公带领这支军队大破犬戎，自己也因功受封为西陲大夫。从周王室的操作可以看出，秦国人很熟悉犬戎，秦庄公也很能打，故而格外受倚重。西周最终没有逃脱亡国的命运，但周人想不到的是，自己的灭顶之灾，却是秦国的历史性机遇。犬戎覆灭镐京，秦襄公亲自领兵来救，力战击退了敌人，事后又护送平王撤退到雒邑。平王感念秦的仗义出手，正式册封秦襄公为诸侯，并把关中平原在岐山以西的土地赐予秦国。

爵位的册封是实打实的，可土地的赏赐只是一纸空谈，封赏给秦国的土地，已经不在自己控制范围之内。王室要是能控制关中平原，何至于东逃到雒邑？想兑现这张空头支票，秦人还是要靠自己的努力。但这张"支票"也不能说一点价值都没有，至少秦国因此获得了占据关中的合法性，他们的主观能动性一下子就调动起来了。

秦国确实很能打，不愧是犬戎的天敌，经过襄公、文公、宁公、出子、武公五代国君七十余年的奋斗，秦国已经从关中平原的最西边打到了最东边的华山脚下，盘踞关中的犬戎基本上被肃清。本来平王说的岐山以西，只是关中平原西侧的一个小角落。不承想秦国竟然有本事全据关中，而且没有一丁点儿把东边国土归还给王室的意思。王室实力不济，拿秦国没辙，只能打落牙齿和血吞。关中平原，这块周人赖以发家的风水宝地，就此归了秦国。

晋国这段时间也没闲着，晋献公占领了河东，又把目光投向了河西。这片土地东临黄河，西依北洛水，是关中平原的东北角。晋国在这里开辟了桥头堡，关中所谓"四塞之国"就成了个笑话。但土地本无主，唯"有德者居之"，周天子丢掉的东西，任何人都可拿。

秦从西向东攻略关中，晋献公从东向西开辟河西，他们的领土终将接壤，彼此之间的冲突迟早会爆发，但在此之前，率先倒霉的是位居其间的戎人和几个古国。但这是兼弱攻昧的春秋乱世，落后就要挨打。春秋时秦与晋、战国时秦与魏为河西的归属打了无数次，因为它对于秦国的安全来说实在是太重要了。拥有河西，就可以依托黄河布防，大部分时间甚至只需要防守几个渡口即可，所以秦国人只要一有机会，就会想方设法把对手赶回黄河对岸。

如今，人们常常用"秦晋之好"来形容两家融洽的联姻关系，诚然，秦国与晋国互相嫁娶是一个事实，看起来也其乐融融。但政治联姻与个人婚配从来都是两回事，因为彼此提防，实在没有办法放心对方，只好用联姻缓和矛盾。秦晋的通婚自晋献公将女儿嫁给秦穆公开始，也恰恰是两国领土初次接壤之时，这实在很耐人寻味。

肩负着维系两个新近崛起大国和平友好的使命，晋献公的女儿伯姬，带着丰厚的妆奁西去秦国，嫁给了秦穆公。作为秦穆公任好的正室夫人，她有权分享丈夫的谥号，在历史上又被称为穆姬。穆姬出色地完成了使命，她不仅生下了秦国的继承人秦康公，也在两国关系跌入冰点时，挽救了秦晋的邦交。

前文说过，晋献公是个六亲不认的狠人，狠到虎毒食子的地步。晋献公的第一任夫人齐姜是齐桓公的女儿。齐姜原本是晋武公的侧室，武公年老，献公在做太子的时候就与她私通，即位后，把她一并也继承了过来，立为夫人，立她的儿子申生为太子，远嫁秦国的穆姬也是她所生。后来献公又娶了大戎狐姬和小戎子，分别生了公子重耳和夷吾。献公攻伐骊戎，收获了一对绝色姐妹花，尤其是姐姐骊姬，更是"貌比息妫，妖同妲己"，献公宠如珍宝。

从狐姬、骊姬的名字可以知道，她们虽然是戎人，但也是姬姓，应当是周人发达之前的亲戚。按照同姓不婚的原则，晋国是不应当娶姬姓女子的。晋献公不仅要了父亲的妾，同姓的女子也收入房中，同时还宠幸男宠梁五、东关五，可谓乱来成性。

骊姬和妹妹分别生下了奚齐、悼子两个男孩，献公视之为掌上明珠，骊姬也渐渐动了帮儿子奚齐谋取太子之位的心思。太子申生已经成年，原本很受器重，手握晋国一半的军队。但他的母亲齐姜早已去世，宫中无援，地位实际上并不稳固。骊姬虽说是戎人，但无师自通，天生是搞"宫斗"的专家。她对太子之位的谋夺，步步为营，节奏拿捏得极佳。

最初，她威逼利诱，把献公的两个男宠梁五、东关五和得宠的优人施拉入自己的阵营。"二五"以曲沃为宗庙所在，蒲（今山西省永济市蒲州古城附近）、屈（今山西省吉县）是国防重镇，非至亲不能守为由，撺掇献公把群公子调出首都绛城。献公听从"二五"，派申生居曲沃，重耳居蒲，夷吾居屈。从此骊姬专宠于君前，可以不断对献公施加影响而不用担心其他人搅局。

国君年岁渐高，内有宠姬，下有爱子，继承人却遭到疏远被迫离开中央，明眼人都能看出来这是夺嫡前奏，太子面临不测之险。献公的重要谋臣士蒍劝申生学习周太王的长子太伯逃亡国外，遗憾的是他没有听从。

把群公子打发出去以后，骊姬启动了新的攻势。她说服献公派遣奚齐去曲沃的宗庙祭祀祖先，祭祀本是国君的任务，即使国君不去，也应当派太子代往，何况太子就住在曲沃。这种不合理的做法目的很明显，就是要示群臣以形势，让大家对更换继承人有思想准备。晋国的群臣又不是铁板一块，总有不得志者、投机者能看出苗头投奔过来，也会有懦弱者选择回避，支持太子的力量必然会因此削弱。

下一步，她又给申生设计了一个死局，让献公派他带兵去攻打戎人部族皋落氏。她的计划非常精妙：由于皋落氏十分强悍，这仗有很大的风险。最好太子当场阵亡，那就一了百了；就算申生侥幸不死，也可以治他战败之罪。假如取胜，她又能以另一番说辞浸润献公：太子得到了臣下的衷心拥戴，打赢也很正常。申生输了要倒霉，赢了更要倒霉，陷入了进退维谷的绝境。

有不少大臣看出此行凶险，纷纷劝说申生消极作战，弄出个不胜不败之局交差。但申生这个人责任心特别强，既然自己被委以重任，就应当以打赢为最高目标，坚决要求下属全力作战。在申生的坚持下，晋国上下二军倾巢出动，取得全胜。班师回朝后，国内关于太子有不臣之心的谣言四起，这显然出自骊姬的授意。

骊姬的挑拨离间，把献公的心魔释放了出来。春秋时君王猜忌太子是一种普遍现象，暮年的强者，最畏惧的是壮年太子自成气候，最疑心的是群臣本着投资未来的原则对自己阳奉阴违，甚至帮着太子铤而走险，夺权上位。

生老病死是自然规律，不管一个人如何雄才大略，也无法回避随着年龄的增长，体力、智力、精神都在衰退的事实。与暮年君主相反的是，太子一天比一天强壮、一天比一天成熟，他的每一点进步，都刺激着父亲的神经，好像在无声提醒父亲："你已经老了，赶快交权吧。"于是年长的太子越看越可恶，膝下的幼子越看越可爱，这便是史上无数次废长立幼的根源。绝对的权力会把人异化成权力的奴隶，当权力欲望压倒父子血缘，君王与太子，就成了无法共存的竞争对手。

父子之间嫌隙已成，骊姬迈出了关键一步：派人去游说晋国强臣里克，劝他支持奚齐即位。里克家大业大，考虑的就比较多，最后选择了两不相帮的中立态度，可这对骊姬已经足够。她又给太子去信，谎称献公梦见了太子的母亲齐姜，让太子祭祀母亲。申生照办，按照当时的规矩，要将祭祀的肉食奉献于尚在世的父亲献公。碰巧（也可能是骊姬的安排），献公外出打猎，骊姬乘机在祭肉中下毒。等献公打猎归来，将要吃肉的时候，骊姬劝他先让别人试试，毕竟从外面来的食物不一定安全。结果可想而知，喂给狗，狗被毒死；让小臣试吃，小臣暴毙。小说《东周列国志》这一段着实精彩，忍不住摘录如下：

> 骊姬佯大惊，疾趋下堂而呼曰："天乎！天乎！国固太子之国也。君老矣，岂旦暮之不能待，而必欲弑之？"言罢，双泪俱下。复跪于献公之前，带噎而言曰："太子所以设此谋者，徒以妾母子故也。愿君以此酒肉赐妾，妾宁代君而死，以快太子之志！"即取酒欲饮。献公夺而覆之，气咽不能出语。

虽然是小说家言，但真实到了残酷的地步。以骊姬的演技，一通哭天抢地为年老的夫君不值，为了不让丈夫夹在自己和太子之间难做人，甚至要"以死明志"。表面上是规劝献公，实则以退为进，往死里逼迫丈夫下决心。

到了这步田地，申生的下场无非是被杀、自杀或逃亡，太子自然是当不下去了，他选择了上吊自尽。后人为申生的懦弱选择而遗憾，其实自杀同样需要莫大的勇气。申生有才有德有勇，可长于谋国，短于谋身，死于宵小之手，这是他个人的不幸，也是晋国的不幸。骊姬乘胜追击，再进谗言："太子下毒，重耳、夷吾也是知情者。"听到消息的两位公子不愿束手就擒，奔回所居的蒲、屈坚守。杀红了眼的献公派兵攻打他们，重耳弃城出奔，夷吾则负隅顽抗，不敌而逃。从这以后，晋"国无公族焉"，晋献公变成了真正的孤家寡人。骊姬则得偿所愿，奚齐被正式册立为太子。

申生、重耳、夷吾三人性格差异巨大。申生仁孝，听说父亲要废了自己就心灰意冷，投缳自尽。可见他骨子里是一个高洁的理想主义者，对人世间极致的恶缺乏免疫力，这种人极易遭遇小人的暗算，所谓"君子可欺之以方"也。夷吾胆敢组织军队跟老爸正面硬抗，打不过说逃就逃，说明他与申生正好是对角象限，信奉绝对的利己主义。重耳则介于二者之间，他有趋利避害的机谋，也有不与父亲刀兵相见的仁心，性情特质均衡中庸。三个人的人生际遇大相径庭，性格决定命运，信哉斯言。

老年丧子对献公似乎打击不大，他此后采纳荀息的计策，一箭双雕干掉了虢国和虞国。申生死后五年，晋献公本要去参加齐桓公的葵丘之盟，路上生病急忙回转绛城。弥留之际，献公猛然醒悟过来，意识到新太子奚齐不能服众。旧太子申生无辜惨死，重耳、夷吾被逐，同情他们的大臣不在少数。这些人对骊姬恨入骨髓，只是因为自己还活着，局面才没有失控。于是他召来荀息，寄希望于他的智谋能帮到这个孩子。托孤之后，在位二十六年、一手把晋国带成一流强国的晋献公溘然长逝。

　　献公死后，太子奚齐即位，晋国剧情反转，此前号称两不相帮的"墙头草"里克嗅出了空气里弥漫的火药味，于是他动手了。献公九月去世，十月他就带人杀了新君奚齐，十一月杀了继立的卓子，又把骊姬活活鞭死。但新的问题来了——应该由谁继位为君呢？有竞争力者只有重耳和夷吾，晋国内部也分裂成两派：里氏、邳氏支持重耳，吕氏、郤氏支持夷吾。

　　此时，秦穆公不失时机地做了一个梦，梦中天帝对他说："任好，晋国的乱子就交给你平定了。"不管这梦是真是假，日有所思，夜才有所梦，看来秦穆公平时没少想晋国的事儿。但他这么想也不无道理：晋国实力太强，周边小国根本无力干涉它的内政；地缘环境又太独立，远方的强国很难过来（比如齐国、楚国）。足够近又有实力的，就只剩下秦国了。何况他还是晋献公的女婿，重耳和夷吾的大舅子，他不出手谁出手呢？

　　齐桓公和公子纠争位比的是速度，重耳和夷吾比速度则没有意义：晋国公族衰落（都被晋献公杀光了），悍臣满朝，没有强大的外部力量支持，等闲人物压根儿不敢回去做"老大"，做也做不安稳，回去得早有什么用呢？外援方面，则是秦国一家垄断，谁想上位都要求着秦穆公。秦、晋是匹敌的大国（当然晋国还是要强不少，但毕竟现在正乱着），双方还有河西之地的摩擦，想要取得秦穆公的支持，不"放点血"肯定是不可能的。

　　夷吾于是以割让河西之地给秦国为筹码成功胜出，还对原本反对他的里克、邳郑许以重利，换来了国内外的一致支持。在秦军的护送下夷吾归国即位，是为晋惠公。

　　但晋惠公开出了绝对不可能兑现的条件，果不其然，即位后夷吾立刻翻脸，说什么"土地是先君的土地，我没有资格擅自割让，大臣们也不答应"之类的话，狠狠"涮"了秦国一把。许诺给里克和邳郑的田土也没有影子，还让人带话给里克："你两次弑君，我压力很大啊。"里克差点被气死——要不是我弑君，晋国国君的椅子轮得到你来坐？绝望之下里克伏剑自尽。

惠公即位第四年（公元前 647 年），晋国闹了饥荒。惠公找秦国求援。秦穆公在百里奚的劝说下当真大力支援了晋国，沿着渭河、黄河、汾河一条水运线千里馈粮，史称"泛舟之役"。谁承想第二年秦国自己也遭了灾，秦穆公暗自庆幸，多亏自己前一年不计前嫌，出手救了晋国，不然今年哪里好意思开口找晋国帮忙呢？然而他严重高估了夷吾的人品下限，晋国不但不肯借粮，还发兵攻秦，秦穆公怎么也想不到，世界上居然还有恩将仇报到这个境界的人。可谁叫他在重耳、夷吾之间搞"事"呢？

下一年，从饥荒中缓过劲儿来的秦国终于彻底爆发了，秦穆公亲统大军渡过黄河讨伐晋国，在韩原（今山西省河津市与万荣县间）与晋惠公带领的军队相遇。秦国含恨出手，士气炸裂，秦军将士无不以一当十，一战把兵力有优势的晋国打得大败，生擒晋惠公。秦穆公原本打算亲自数落晋惠公的罪过，然后戮之于太庙。

此时穆姬站了出来，在她的百般周旋之下，两国达成和议：晋国不但要兑现原来割让河西之地的承诺，还附加了黄河以南原虢国的领土、黄河河曲的解梁城（今山西省永济市）。原来晋国在黄河西边占了一片土地，对秦国形成压制，现在反过来秦国占了河东一角，形势便颠倒了过来。此外，晋惠公的太子圉（后来的晋怀公）要到秦国做人质，为了安抚太子圉（当然也是监视），秦穆公把女儿怀嬴嫁给了他。这些事情都落实了，惠公才被释放归国。秦穆公和晋惠公的关系变得很乱，本来他是夷吾和重耳的大舅子，现在变成了亲家。将来怀嬴还会改嫁给重耳，他又会升级成老岳父。这就是政治婚姻，这就是所谓的"秦晋之好"。

韩原战败签订了丧权辱国的不平等条约，晋国上下都愤愤不平，然而惠公心气已丧，再难振作。晋国实力虽在，但国已无明主。

如日中天

献公晚年，重耳和夷吾双双被赶出晋国。重耳不是一个人流亡在外，而是有一个团队追随身边。跟随他的有许多赫赫有名的人物：狐偃、狐毛、赵衰、魏犨、先轸、颠颉、胥臣等。这些能人，肯放弃国内的优越生活跟随出亡，证明重耳应当很早就展露出过人的才能和人格魅力。

在舅舅狐偃的建议下，一行人投奔了重耳的母家白狄一部中山国（约在今陕北高原）。此后一百多年里，秦国日益强大，白狄的生存空间受到压迫，受晋国"招商引资"政策吸引，不断向东迁，最终越过太行山在河北平原定居。眼下，秦国暂时威胁不大，白狄还有能力庇护重耳等人。可父亲献公不依不饶，派里克带兵讨伐中山。

里克虽说在申生和骊姬之间选择了中立站位，但心不甘情不愿。这次出兵他索性出工不出力，跟重耳打默契牌，取得了一点象征性的战果就收兵回国。第二年献公病死，里克两弑孤主，晋国陷入了无主的乱子中。本来里克主张迎立重耳即位，可夷吾斜刺里杀出来，重耳无奈只能继续自己的流亡生涯。

惠公对重耳的忌惮远超父亲献公，还派刺客去暗杀重耳。明枪易躲，暗箭难防，重耳一行被迫离开居住十二年的白狄中山国，向东寻求齐桓公的庇护。途中路过卫国，卫文公不肯接待——卫国也刚遭遇几乎灭亡之痛，希望节省点财用也很正常。卫国的农民甚至送土块戏弄重耳，让他以此充饥。总之，重耳在卫国搞得灰头土脸，面子丢尽。

卫文公有眼不识泰山，齐桓公则英雄惜英雄，待之极厚：赠予马车二十乘，又妻以宗室女。可管仲此时已亡故，朝堂被一帮小人把持，老年齐桓公已不复当年的雄心壮志，齐国霸业将衰。群公子各自树立党羽，暗中较劲，等桓公一死，齐国必然大乱。返国夺位的大业，齐国也指望不上，于是重耳再度踏上流浪的征途。

继续流浪的重耳又遭到了社会的各种"毒打"。曹国的国君曹共公是个不成器的变态，听说重耳"骈胁"，居然趁着他洗澡的时候跑去偷窥；郑国则"不礼"之。手下一个小臣头须觉得跟着重耳没前途，偷了他们的资财逃回晋国，让重耳更加困顿。

唯有在宋国他感受到了齐国似的温暖，宋襄公一辈子学齐桓公，学会了齐桓公的豁达大方。他听说齐国给了重耳马车二十乘，有样学样，也送了二十乘。但宋国新败于楚，宋襄公无力帮他复国。重耳又南下投奔楚国。

楚成王对重耳相当好，一请他吃饭就问"要是公子归国登基为君，打算怎么报答寡人啊？"重耳虽然寄人篱下，但回答仍然不失英雄之气，他说："要是将来两国不幸在战场上兵戎相见，晋国愿意退避三舍。"楚国的臣子们不胜其愤，觉得重耳如今一文不名，姿态却高得过分，太不懂事，劝楚成王杀了他。可成王不以为忤，反而更加敬重重耳。问题是楚国跟晋国过于遥远，哪怕有心也无力，暂时帮不了什么忙，重耳就这么在楚国耗着。

牵动变局的，是晋惠公之死。惠公的太子圉本来在秦国做了五年人质，听说父亲病重，生怕君位被其他兄弟抢了，偷偷摸摸逃回去继位，是为晋怀公。本来秦穆公是支持太子圉的，让他娶了自己女儿怀嬴，可他偷跑回去，就失掉了秦国的信任。秦穆公转而支持重耳，从楚国把他召唤过来，又把怀嬴改嫁给他，派兵送他回晋国抢位。由于晋惠公夷吾搞得晋国人心动乱，思得明君。加上怀公倒行逆施，刚即位就冤杀了狐偃的父亲狐突，更是人心尽失。重耳很轻松就干掉了怀公，即位，是为晋文公。

苦难是人生最好的老师，重耳十七岁逃亡，返国已是十九年之后，他也从青涩的少年，成长为世事洞明的中年人。

流亡十九年，从亡诸臣一样饱经磨炼，团队中的头号功臣当推狐偃。投中山、入齐、借秦助，皆出自他的谋划，帮助王室平定王子带之乱的决策，也是狐偃一锤定音。二号功臣赵衰是文公团队的"润滑剂"，他曾经三次有机会做卿（卿可以理解为执政班子成员），却都让给了别人。在他的表率下，礼让之风大行，很好地维护了班子的团结。先轸则是一位极其出色的军事统帅，粉碎楚国北上梦想的城濮之战就是由他指挥的。此外，豪勇无敌的魏犨、贤能多智的胥臣，都人尽其用，为文公的霸业做出了重要贡献。

重耳不仅用好了追随自己出亡的"铁杆"，也善用晋国的旧人如郤氏、栾氏、韩氏家族。他甚至不计前嫌，任用仇人为官。献公、惠公时代两次奉命追杀文公的寺人披、窃取资藏逃跑的小臣头须，都得到赦免甚至重用。诚然，这可能只是示人以宽、安定人心的一种手段。就好像汉高祖得天下后第一个册封仇人雍齿为什邡侯，本来人心不稳的局面一下就稳住了，大家都觉得："连雍齿都能封侯，我还有什么可担忧的呢？"大权在握后许多人会对当初的仇人睚眦必报，而重耳能够克制自己不计前嫌，这便是成大事者的素养。

妥善处理从亡诸臣和国内的旧臣的关系，让他们和衷共济而不是大搞清算，是重耳比夷吾高明的地方。但他绝不是一味妥协的老好人，在讨伐曹国的战争中，从亡功臣魏犨、颠颉违抗命令，擅杀曹国的贤臣僖负羁，遭受了严厉的处罚——魏犨免职，颠颉斩首。城濮之战，大将祁瞒、老臣舟之侨违抗命令，被文公下令公开处死。人人都知道做君主要赏罚分明，可说起来容易做起来难，文公做到了，所以人心归附，皆畏其威而怀其德。唯有介子推，此人性格狷介，不贪爵禄，文公大赏群臣时把他忘了，他自己也不提；文公想起来的时候，介子推已经隐居绵上（今山西介休东南）不知所踪。文公十分后悔，封绵上之田奉介子推的祭祀。

文公以后直到战国，晋国以及继承了晋核心区域的魏国，都以盛产人才著称。晋国不仅自己盛产人才，也更能善待他国的优秀人才，《左传》不禁感慨："虽楚有材，晋实用之。"可以说，晋文公的人才政策，是让晋国由乱入治，称霸天下的根本原因。平心而论，晋献公留给儿子们的基业很扎实，最大的问题是骊姬之乱导致内部割裂，人心涣散。惠公上台后党同伐异，对立情绪进一步升级。晋国的实力摆在那里，谁能把内部整合成一股绳，此前遭受的小小挫折压根儿就不算什么。晋惠公与他最大的差距，是格局不够。

此后，文公开展了一系列改革：奖励垦殖、轻徭薄赋、举贤任能、发展工商业，他自身又很节俭，不治宫室。这些政策，其实都是老生常谈，许多君主不是不知道应该如何做，只是做不到，或者做得不彻底。文公得人心，事情就好办了。

他又进一步扩张晋国的军队为上、中、下三军，每军拥有五百辆战车，人数在一万两千五百人左右。三军各设将、佐一名，中军的将，同时也是政府首脑执政卿。从西周到春秋，大多数国家都是国君亲自统兵打仗。但国君未必是军事家，比如宋襄公的瞎指挥就害惨了自己人，晋文公很明智地"把专业的事交给专业的人做"。由于晋国毗邻太行山区，不利于战车展开，除了战车部队三军，另设置了全是步兵的上、中、下"三行"。三行的对手主要是戎狄，到文公晚年，戎狄已经被打得不敢露头，他又把三行改组为新上、新下两军。晋国便拥有了五军、两千五百辆战车，军事实力如日中天，远超全盛时的周天子。

晋文公初次主导大事，是平定王室的太叔带之乱。太叔带与周襄王，是又一个郑庄公与共叔段般的故事。除了母亲偏心外，太叔带与哥哥的王后有染。这个王后是襄王为了结好戎人而从王城周边的伊洛之戎那娶来的，本就没什么感情基础。奸情被发觉后，襄王废了她的王后之位，却捅了戎人的马蜂窝，孤立无援的襄王被弟弟太叔带领着戎人推翻。王室的不幸是晋文公的大幸，他独立出兵，灭杀太叔带，扶持襄王复位。

这件事有着巨大的轰动效应，原来十五年前太叔带就作过一次乱，彼时的霸主齐桓公也只是居中调停，没能彻底解决问题。后来齐桓公去世，太叔带可能是感知到机会来了，没想到晋国与齐国无缝连接，晋文公接过了齐桓公霸权的接力棒，也算他时运不济。晋文公第一次出手就是如此大的手笔，把齐桓公的风头都比下去了，不由得让人刮目相看，晋国的国际地位一下子就攀上了高峰。

勤王行动，晋国收获不只是名，还有实际利益。周襄王对晋国雪中送炭的义举感激涕零，把洛阳北边的八个都邑送给了晋文公。这些城池地处太行山以南、黄河以北，原本是晋国势力达不到的地方。这就导致晋国每次东出中原，都必须走一遍崤函通道，相当于复制一次武王伐纣，行军路线太过于漫长。现在得到了这片晋国称为"南阳"的地盘，就获得了位居中原的桥头堡。它与洛阳隔黄河相望，北依晋国所在的山西高原、东可出击中原与河北，对晋国的霸业有举足轻重的意义（后来汉高祖在这里设置了河内郡）。

接收封地过程中发生了一个小插曲，原邑不愿受晋国统治，举兵守城。考虑到原邑本是王室的封赏，如果大动干戈才拿下，面子上非常难看，所以文公跟手下约定：只带十天粮草，十天打不下来就撤。结果十天过去，还真没攻破原城，文公便下令撤军。恰好有人逾城归降，带来了原城已经撑不住、随时可能投降的情报。下面人都劝说再打一打，但文公坚持退兵，他说："信用是国家的宝贝。得到原城却失了信用，得不偿失啊。"文公的行动让守将原伯贯深受感动，于是举城归降。原邑被赐给了赵衰，此后世代为赵氏的领地。

晋文公通过勤王和示信，收获了巨大的政治声望，原本受齐国保护的诸小国，纷纷聚集在晋国的周围。在齐、晋的打击下，戎人此时已经不再是中原的主要威胁，楚国才是让各诸侯胆战心惊的心腹之疾。召陵之盟中楚国的扩张势头小小受挫，但齐、楚并没有真正交锋，楚国实力未损。齐桓公去世后，楚国气焰更盛。晋国要制服这个桀骜不驯的蛮夷之邦，除了一战别无他法。在这种剑拔弩张的形势下，决定历史走向的城濮之战爆发了。

大战的导火索，常常是一点无足轻重的小摩擦，晋、楚两个超级大国正面碰撞的城濮之战，发端于宋国的愤怒。五年前，宋国在泓之战中被楚国打得"满地找牙"，不得已与楚国结盟，无时无刻不想着报复。眼见晋国崛起，宋国认为报仇的机会来了，与楚国绝交，投入了晋国的怀抱。楚成王大怒，兴兵伐宋。宋国背后有人撑腰，十分硬气，一边坚守都城商丘（今河南商丘西南），宁死不向楚国低头，一边派人去晋国求救。

不像以前收拾不入流的小国或者蛮夷，楚国的强悍有目共睹，晋文公对打赢楚国也不是很自信，在"劝退敌军"与"正面硬抗"之间举棋不定——如果劝而不退，自己丢了面子；但如果打输了，损失更大。两头为难之际，头号谋士狐偃出了个点子：打楚国的盟友曹、卫两国，楚军为救这两国，势必会分散兵力前来救援，我方以逸待劳、围城打援，胜算必定大增。

春秋时征伐都要有个名义，曹、卫恰恰在文公流亡时曾经"无礼于晋"，这是现成的口实。两国是楚国最近新收的"小弟"，如果楚国不救曹、卫，以后恐怕也就带不动队伍了。谋划已定，晋国上、中、下三军齐出，直扑曹国。曹国首都被围困三个月后陷落，曹共公被俘。卫国也几乎在同时被打服，卫成公出奔襄牛（今河南睢县），弟弟叔武即位，向晋国投降。对曹卫两线作战接连取得辉煌胜利，这应当大大增强了晋国的信心。

晋国赢得太快导致了另一个意想不到的后果——没等楚国反应过来施以救援，曹、卫就已经倒下，那楚国只好一门心思进攻、争取把宋国也干掉。一时间宋国压力陡增，告急文书如雪片一般传到晋国。可文公还是担心楚国实力太强，与之单打独斗胜算不大。此时另一个智谋之士先轸出了个更坏的主意：把齐、秦两国拉到晋国这边来，三大强国联合共抗楚国。但齐、秦凭什么与晋国结盟抗楚呢？先轸跟文公解释了他的复杂算计：

首先，让宋国出重金向齐、秦两国求助，请他们出面斡旋让楚国退军。可如果楚国答应退兵，等于帮齐、秦、楚三国搞好关系，并且把救宋的人情拱手让给了齐、秦两国，这又是晋国不想看到的。晋国要想办法让楚国拒绝调停，齐、秦两国丢了面子，就会转而支持晋国。

那么，怎么确保楚国拒绝齐、秦的调停呢？先轸让文公把前面打下来的曹、卫两国的土地转送给宋国，结果土地被硬抗楚国的宋国给占了，楚国如果不夺回来，以后在追随者面前就没法坐人了。仅仅是为了维护面子，楚国也不可能放过宋国。齐、秦两国的调停就必然会失败。

楚国果然如先轸的算计，拒绝了齐、秦两国的要求，两国一怒之下加入了晋国的阵营。春秋四强此时形成了三打一的局面,对楚国十分不利。楚国主帅,令尹成得臣也意识到危险,便提议晋国放过曹、卫两国,楚国也饶过宋国,两边各让一步。

成得臣的要求相当阴险,让晋国陷入了两难:如果晋国答应,曹、卫、宋三国则是在楚国的提议下得以保全,楚国便一次性收买了三个国家。特别是已经亡国的曹共公和逃亡在外的卫成公,必定对楚国感激不尽,誓死效忠。何况,晋国才把齐、秦两国拉进抗楚联盟,结果自己单独与楚国媾和,怎么向新盟友解释呢?可如果晋国不答应,那就是置水深火热中的宋国于不顾,矛盾就会集中在自己身上,不光曹、卫两国会对晋国切齿深恨,恐怕连宋国都要离心离德了。但晋国又绝对不可能答应楚国的条件,宋国还在坚守,曹、卫两国早已完蛋,用已亡的两国交换未亡的宋国,这笔买卖晋国可亏到家了。

然而先轸比成得臣更厉害,他巧妙化解了楚国的外交攻势:先跟被俘的曹共公以及逃亡的卫成公谈判,许诺打赢楚国就让他们复国、复位,但条件是他们得宣布与楚绝交。这两个人如今命在人手,哪里还有讨价还价的筹码,乖乖照着先轸的意思办了。先轸又把楚国派来的使者拘押起来,扬言"等抓了成得臣一起杀"。这两件事把成得臣气得半死。曹、卫两国"反水",让楚国以放过宋国换取曹、卫两国的要求失去了立场,盛怒之下,成得臣命令楚军解宋之围,全军拔寨而起,在城濮(今山东鄄城西南)与晋军相遇。成得臣相信,只要打赢了晋国,宋国这只煮熟的鸭子也跑不了。

表面上看城濮之战是齐、秦、晋三国打楚国一国,但齐、秦两国虽然派兵前来,却只是在一旁观望,而楚国那边的盟友陈、蔡两国却是实打实的派兵参战了,晋国实际上是以一己之力与楚国联军作战,兵力上似乎是处于下风。所以晋国先避其锋芒,主动"退避三舍",算是兑现了文公流亡楚国时对成王的承诺。但成得臣并不领情,追上去要与晋国决战,双方于是摆开阵势开打。

战场的形势是这样的:晋国中军将先轸陪着晋文公率领中军列阵于大阵的

中间位置，对阵楚国令尹成得臣的中军，双方最强的战力集中在此；晋国上军将狐毛率领上军列阵于大军右翼，对阵斗宜申率领的楚国左军即申、息两个县的军队；晋国下军将佐胥臣率领一半下军列阵于大军左翼，对阵斗勃率领的楚国右军即陈、蔡之师；晋国下军将栾枝率领另外一半下军作为全军的总预备队，列阵于大军后方。

晋国选准了战力孱弱的陈、蔡作为突破口，下军将佐胥臣给马匹蒙上虎皮率先冲阵，直扑楚军右翼。陈、蔡之师居然被晋国的半个下军打得溃不成军，楚军右翼宣告崩溃，这是此战的第一个胜负手。

但此时楚军主力仍在，中军、右军与晋国相持不下。晋国再次变阵，狐毛命令上军缓缓后撤，阵后的栾枝率领另一半下军用战车拖着树枝奔驰，扬起冲天的尘土，造成晋国上军崩溃奔逃的假象。于是楚国左军大举挺进，追击"溃败"的晋国上军，导致自己的右侧完全暴露在晋国中军的锋芒之下，这是此战的第二个胜负手。

先轸当机立断，命令中军最精锐的公族部队向右旋转，横击楚国左军侧翼，同时狐毛也停止诈败撤退，率上军转身参与夹击。楚国左军遭遇了比右军更惨痛的失败，申、息之师几乎被全歼，这是此战第三个胜负手。眼见大势已去的成得臣只能命令中军停战撤退，晋国也没有追击。

能在左右两军都失利的危局下完成敌前撤退，楚国中军的战力可见一斑。如果不是先轸善谋，三军配合默契，城濮之战晋国恐怕不会赢得这么彻底。先轸用兵，已有后世兵家"兵行诡道"的雏形，把避实击虚、诈败诱敌、各个击破等战术用得有模有样。

关于城濮之战，普遍的说法是晋国以少胜多、以弱胜强，笔者以为：以少胜多或许有可能，以弱胜强则完全谈不上。楚成王在战前已经预料到晋国的强横，本不愿与之交锋，在令尹成得臣的坚持下才勉强同意开战，但自己带领大队人马归国，留下来的军队数量有限。加上陈、蔡之师，楚军或许在数量上有一点优势，但晋国蓄力已久，此次战楚，举国上下一心，对战争极其重视。外交上手段用尽不说，兵力配置方面，晋国三军齐发，派出战车七百乘，按照一乘七十五人计算，总兵力在五万人以上。这应当是截至当时，单个国家出兵规模最大的一次。反观楚国，最初对交战还是议和就缺乏统一意见，成得臣骄傲轻敌，加上陈、蔡两国不但没有起到正面作用，还拖了楚国中军精锐的后腿。所以楚国兵多则多矣，强则未必。遇到兵力强盛、装备精良又诡计多端的晋国，其失败当有一定的必然性。

晋国大获全胜，得到了王室极隆重的礼遇，周襄王亲自到郑国的衡雍（今河南省原阳县西）迎接凯旋的晋文公，晋国因而在践土（衡雍东南）就地筑造宫室以接待天王莅临。襄王驾到后，晋国向王室敬献战利品"驷介百乘，徒兵千"，王室策命晋文公为方伯，得专征伐。在周王的见证下，晋文公与齐昭公、鲁僖公、宋成公、郑文公、蔡庄公（蔡国被打得灰头土脸，于是赶紧叛楚降晋）、卫叔武（卫成公得罪晋文公出奔在外，叔武暂居君位）、莒子于践土结盟，从此晋国一鸣惊人，开启了长达百年的宏图霸业。此前与楚国眉来眼去的鲁国光速倒向晋国，曹、卫改立亲晋的新君，郑国则被迫立亲晋的公子兰为太子。楚国在军事和外交都遭受了重创，相当长一段时间抬不起头，晋国一家独大的格局开始成形，以晋国为中心的春秋诸国新秩序建立起来。

晋文公统治晋国短短八年，然而他的功业已经远超前人。一方面，晋文公知人善任、赏罚分明，另一方面，父祖留下的基业也足够丰厚。晋国在文公的手上终于爆发出了它应有的战斗力，威狄服楚，守护了中国的文明之火，无愧于和齐桓公并称的华夏英雄称号。

喋血崤山

晋国建立起属于自己的秩序的过程，也不是一帆风顺。城濮之战后，郑国虽在恐惧之下向晋国臣服，但仍然与楚国暗通款曲。文公恼怒于郑国首鼠两端的态度，便伙同岳父兼姐夫秦穆公一起出兵，围了郑国的首都新郑。

郑文公很慌，问策于群臣，大夫佚之狐推荐老臣烛之武，说他口才便能退秦军。没想到烛之武一口回绝："我年轻的时候尚且不如别人，现在老了，更不行了。"聪明人都听得出来烛之武表面是说自己年老不能胜任，实则是在暗讽"提拔重用无我分，冲锋在前第一名"。郑文公有求于人，只能低声下气赔不是："寡人不能早用烛老大夫，这是我的错啊。但郑国灭亡了，对您又有什么好处呢？"烛之武要出的也不过是多年攒下的一口恶气，并不是真的对国之将亡幸灾乐祸，便答应出使秦军。

趁着夜色，烛之武从城头上坐着吊篮下去，在秦军营地见到了秦穆公。开口道："两大强国来伐，郑国这次横竖是死定了。所以我此行不为郑国做说客，而是为秦国的利益而来。"烛之武指出，秦国和郑国之间隔着晋国，郑国灭亡，秦国必然不可能跨过晋国占领郑国的土地，即使占了也守不住。所谓"越国以鄙远"，技术上根本无法实现。那么秦国帮着晋国出兵，图的是什么呢？晋国吞并郑国，会使秦晋之间的实力差距进一步拉开，从秦国角度出发，放过郑国是更理智的选择。接着，烛之武提醒秦穆公不要忘了晋惠公当初是怎么恩将仇报的。

这番话说进了秦穆公心里，他同意退兵，但附加了一个条件：在郑国驻扎一支秦国军队——名为保护实为监控。郑国不敢讨价还价，答应了秦国的条件。

听说秦国单方面撤军，晋国群臣愤愤不平，请求追击秦军，晋文公却没有批准。之所以忍气吞声，背后有非常理性的考量：秦国背约，理亏在秦；但秦穆公对自己有大恩，如果攻击秦军，则理亏在晋，难免招致秦国人的报复。晋国此时的大业是在东方争霸，小不忍则乱大谋。秦国知道自己做得不地道，如果晋国忍这一时，秦国就不太好意思继续在自己背后捅刀子。用一时的隐忍换取安定的后方，创造良好的争霸环境，是划算的买卖。

有秦军帮着守城，晋国投鼠忌器，攻伐郑国也就不了了之。烛之武的巧舌如簧并不是危机得以化解的主要原因，究其实质，还是秦、晋两国貌合神离的关系。客观上，秦国就是无法跨越晋国占据郑国，所以这次军事行动晋国是主要甚至唯一的受益者。无论烛之武是否把这个奥妙说破，秦穆公也是能想到这一点的。

秦国在郑国驻军也是一着"臭棋"：军队长久在外，难免有思乡之情，而秦、郑两国之间隔着晋国，秦国才得罪了晋国，不方便、也不敢派人轮换。所以这支规模不大的军队的地位就尴尬了：指望他们消灭千乘之国郑国，实力压根儿不够看；就此撤回，那此前何必要在郑国驻军呢？何况能不能安全通过晋国领地撤回来都是未知数。驻郑秦军，就这样慢慢变成了一个无法解决的"历史遗留问题"。

两年后晋文公去世，原本稳定的形势开始暗流涌动。得知文公的死讯，驻郑秦军的主将杞子自以为机会来临。派人送信回国撺掇秦穆公偷偷出兵，潜行通过晋国南部边境直捣黄龙，驻郑秦军里应外合，把郑国首都新郑拿下。以郑国烂糟的人缘，只要首都陷落，整个国家立刻会被四周的敌人瓜分，局面就会乱成一锅粥。晋国此时正办国丧，等其反应过来想要干涉，木已成舟，秦国在东方的这盘棋就下活了。

秦穆公心动了，自己这么多年来虽说励精图治，可秦国的影响力却始终不出西部边陲。女婿晋文公又过于生猛，对比之下自己的功业就黯然失色了。现在晋文公已死，这难道不是上天赐予大秦的机会？平心而论，抓住晋国权力交接时出兵中原，战术层面不能说是个百分之百的馊主意，因为晋国在国丧期间出兵的可能性确实很低，但战略层面就显得非常没脑子。晋国国力如日中天，有相当大的地缘优势。就算能够覆灭郑国，夺得新郑和周边的土地又能怎样？那不过是把如今驻扎郑国的军事基地提高一个级别，本质上仍然是孤悬海外的飞地。如果秦国想要继续扩张，或者这块飞地受到攻击，本土的救援照样远水解不了近渴。总不能指望每次秦国出兵的时候，晋国都配合死一位国君吧？有道是"百里而趣利者蹶上将"，秦国缺乏战略眼光的军事行动，在决策阶段就埋下了失败的伏笔。

秦国也有明白人，老臣蹇叔从一开始就反对出兵。他的思路与两年前烛之武劝说秦穆公退兵时如出一辙。烛之武说的是"越国以鄙远，君知其难也"，蹇叔说的是"劳师以袭远，非所闻也"。

春秋时的基础设施建设极其落后，大军从关中东出中原，路上就要跋涉接近两个月。搞这么大动静，想让近在咫尺的晋国不知道，无异于掩耳盗铃。蹇叔因此断言——秦军一定会在崤山之中遭到晋国的埋伏导致全军覆没，悲剧的是他的儿子也在军中，他却无力阻止。

左丘明用力透纸背的四个字"秦师遂东"，宣告了秦穆公意志的不可动摇和事情的无可挽回。一个"遂"字，写尽了在滚滚历史洪流之中，众生的渺小和命运的无情。《左传》好看就好看在作者格局宏大，悲天悯人。里面的君王雄心万丈，下面的将士踌躇满志，在这样的氛围之下，蹇叔一个老头子除了哭着送别注定一去不回的小伙子们，还能做什么呢？

秦军的行动毫不意外地被晋国早早探知——上万大军的集结、大批物资的囤聚、喧嚣的出征仪式，让一切都不是秘密。秦国所倚仗的，只有晋国忙着给文公办葬礼而无暇顾及其他了。

年轻的晋襄公看着桌案上的军报，陷入了两难。单纯从军事外交角度来看，当然该用一记重拳帮秦国长点记性。秦国当初与郑国单独媾和是背信弃义在先，文公宽厚，不予计较。如今又趁着晋国国丧出兵郑国，简直是明欺晋国无人了。但从政治层面考虑，父亲尸骨未寒，自己忙着出兵打仗，岂不是把利益摆在孝道之前了吗？即使打赢了，也难免落下"新君重利轻义，人子之道有亏"的口实。

解决这种问题，晋国的郭偃挺身而出，精心安排了一场表演，化解了国君的两难处境。

文公的棺椁按照祖制应当归葬曲沃，刚出首都绛城的大门，棺木中就传出了低沉的牛鸣声。郭偃立刻让所有人跪下，默然良久，郭偃声称——文公刚刚跟他交代："西边有军队将要越过晋国向东而去，消灭他们，一定会是一场大胜仗。"既然是先君的"旨意"，那出兵不但不是不孝，反而是大大的孝行了。晋襄公为了证明自己是"三年无改于父之道"的大孝子，特意穿着黑色的丧服在敌前指挥。晋军在一片静默肃杀的气氛中，悄悄开离绛都，南下穿过当初向虞国借道的颠陵阪，从原属于虢国的黄河渡口茅津渡，渡过黄河，奔赴崤山。

晋国没有选择在秦军锐气正盛的出兵时节兜头邀击，而是不紧不慢地部署兵力，在秦军归来的必经之路上摆了个"口袋"阵。崤山中的姜戎，是被秦国人从关中平原上驱逐出来的，走投无路之下，他们投奔了晋惠公。惠公本着"敌人的敌人就是朋友"的原则收留了他们，把他们安置在黄河以南的崤山（原先属于虢国，现在是晋国南部边境）之中。姜戎对秦人的仇恨刻骨铭心，现在有了报仇雪恨以及偿还晋国人情的机会，自是摩拳擦掌，把秦国人的来路和去路摸得一清二楚。在这帮人的帮助下，秦军的行动对晋国人来说就是透明的，而晋国在暗处，形势对秦国十分不妙。

此时的秦军丝毫没有意识到危险逼近，他们欢快地穿过崤山，从周天子的洛阳城北门外呼啸而过。按照规矩，他们应当下车，按辔徐行，可为了尽快赶到郑国，秦国将士只是摘下头盔，跳下车，脚点一下地便立刻翻身上车，象征性地表达了对天子的尊敬。这一幕落在了站在洛阳城头的王孙满眼里，还未成年的他惊人地做出了与蹇叔相似的预言："入险而脱，能无败乎？秦师无谪，是道废也。"这种骄悍无礼的军队，如果不败，那就没天理了。

秦军的暴露却被说成了偶然事件。《左传》记载，郑国一个叫弦高的商人在洛阳贩牛时发现了秦国偷袭郑国的大军。他急中生智，扮演郑国的使臣去跟秦军主帅孟明交涉，拿自己的牛作为犒军的礼品，目的是让对方以为郑国早有准备。秦军轻装而来，取胜的唯一可能便是郑国不设防，一旦郑国有防备，缺乏攻城器械的秦军不可能攻下新郑。而且他们没有后援，长时间屯兵坚城之下，后果是灾难性的。孟明见到假扮郑国使臣的弦高便知道偷袭已经失败，只好提前打道回府。在路上顺手灭了小国滑国，带走了府库里的全部珍宝。

弦高犒师的事，真实性恐怕不太高。更为关键的是，既然晋国早就得到了秦军要偷袭郑国的情报，那为什么要替秦国瞒着呢？如果郑国真的被偷袭亡国，秦军可能会长时间停留在郑国弹压局面，消化到手的利益，而不着急回国，那晋国的包围圈何时才能等来秦军呢？郑国的崩溃也会导致中原局面动荡不堪，事态很有可能失控，这并不符合晋国的利益。晋国身为霸主，稳字当头，团结小国尊王攘夷，让世道回归秩序化是它的主要目标，那就不能让诸侯们乱了。何况这一年，郑文公已经立亲晋的公子兰为太子，郑文公年事已高，不出意外公子兰将很快接班，郑国与晋国的关系即将进入"蜜月期"。为了确保秦国偷袭不成，晋国一定会把情报透露给郑国，让郑国早做准备。当然，晋国也很可能会提醒郑国：不要过早惊动秦国军队，为自己埋伏秦军留足时间。所以这位犒师的弦高，很可能本来就是郑国的官方使臣。

消灭滑国、满载而归的秦军在崤山中撞进了晋国的天罗地网之中，这几乎不能称为是一场战斗，而是单方面的屠杀。崤山道路狭窄，山岭崇峻，晋国人把大路一堵，从山顶上往下丢石头就足够引得秦军混乱，戎人又封锁了秦军的退路。最终，秦国全军尽没，孟明、西乞、白乙三位主帅被生擒，晋国方面的损失则轻微到几乎可以忽略不计。

初登大位就建下不世之勋的晋襄公有点飘飘然，他在嫡母文嬴的劝说下，释放了本来准备献俘太庙然后杀头的秦军三帅。得知消息的中军元帅先轸赶紧去找襄公，想制止这件事："将士们拿生命换来的战果，你凭什么因为妇人的几句花言巧语就抛弃了？"说完他气冲冲的转身就走，临走还对地上狠狠吐了一口唾沫。晋襄公被先轸骂醒了，派人去追，可哪里还能追得上呢。

先轸的无礼举动，无论是由于性格耿直还是潜意识中对襄公的不以为意，都反映出一个事实：晋文公死后，晋国的君臣关系开始失衡。由于晋献公不遗余力地铲除大臣，晋国的公室力量十分微弱。晋文公延续了其父的政策，把庶子们都送出国外，只留下太子晋襄公一人继承君位。襄公是一代贤君，在他手上群臣依然是服服帖帖，包括"不顾而唾"的先轸也自感做得过分，在后来征伐戎人的战斗中主动脱掉盔甲冲入敌阵，以死谢罪。诸卿势力的抬头是个缓慢但方向明确的进程，中间虽然伴随着君权的多次反扑，晋国最终还是为赵、魏、韩三家所分，其根源就在晋献公、晋文公身上。

秦穆公偷鸡不成蚀了把米，悔恨之余倒也能反躬自省。他在郊外迎接侥幸被放回的三帅，仍然任用他们掌兵，自己把战败的责任扛了。三年后，孟明视统大军伐晋，以报崤之战的仇。晋国情报战线的工作者再次立功——他们早早得知了秦军的动向，晋襄公先发制人，亲自率军西渡黄河，在秦国境内的彭衙（今陕西白水县东北）接战秦军。晋军实力雄厚，再次取得大胜，秦穆公又吃了一次败仗。

第二年，趁晋国忙着在东方收拾沈国，秦穆公又起兵了。晋国主力在外，不敢与蓄势而来的秦国决战，结果被秦穆公一路打到绛都郊区。晋国人干脆龟缩不出，秦穆公在晋国耀武扬威了一圈后，南下沿着晋国人埋伏崤山秦军的道路前往四年前的战场，为战死的秦军将士收尸。

崤山战场是一片人间地狱：这里还维持着战斗结束后的样子，阴风阵阵，鬼气森森。上万将士的尸首遍布在前后不过十里的狭窄山谷之中，随处可见秦军丢弃的旗帜、兵器。许多人倒毙在山岩正下方，可见他们曾试图徒手攀爬峭壁，以求一线生机，嵌在背甲上的羽箭证明晋国人没有给他们机会。把尸体翻过来，才发现铠甲里包裹的，只剩下一具具白骨。四年前送他们出征的时候，谁能想到会是这个结果？多少个家庭就此支离破碎，多少母亲、妻子、孩子望眼欲穿，他们魂牵梦萦的儿子、丈夫、父亲，却葬身在冰冷的山谷中，任由虫鼠啃食血肉、风沙侵蚀白骨，沉冤难雪。

秦穆公悲从中来，战胜的喜悦被眼前的惨景一扫而空，他颤巍巍地走下战车，失魂落魄地走在遍布尸体的山谷里，任泪水顺着双颊流淌。全军一起下车跪伏在地，哀声满谷，声震山林，大军"封崤中尸，为发丧，哭之三日"，但死去的人终究是无法知晓了。一国之君，一次失误的决策便累及千万人的身家性命，宁不慎哉！

这一战虽然秦国赢回了面子，但晋国未伤根本，秦穆公意识到，当下的晋国强大到几乎无法战胜，东向争霸目前还不是时候。于是他转而向西谋求发展，殴打相对弱小的戎人给自己回血，史称"益国十二，开地千里，遂霸西戎"。而晋国先是在城濮之战中重挫了楚国，又在崤之战中打痛了秦国，导致秦、楚二国联合起来对付自己。天下的形势，再次转向了无人能够预测的新方向。木秀于林的"春秋一超"晋国，将走向何方？

成败萧何

晋国历史悠久，故事很多，但最有名的莫过于"赵氏孤儿"。有太史公司马迁的背书，因此变得家喻户晓。

赵氏这一代当家主赵朔，是跟随晋文公流亡十九年老臣赵衰的孙子。因为赵衰的功勋，赵家到此时势大族强、好生兴旺。赵朔又娶了晋景公的姐姐庄姬为妻，更是鲜花着锦、烈火烹油。但日中则昃、月满则亏，赵氏的强盛自然引起了一些人的不满，按照司马迁的编排，当时朝堂的格局如下：

正义方阵营：赵氏、韩氏；

邪恶方阵营：屠岸氏；

中立派：晋景公、晋国其他诸卿族。

按照司马迁的说法，邪恶方首领屠岸贾率先发动进攻，在晋景公面前进谗言，诬陷赵氏要反叛。虽然有韩厥仗义执言，但屠岸贾悍然发兵，不请示晋景公就灭了赵氏全族。赵朔以及同族的赵括、赵同、赵婴齐都被诛杀，已经怀孕的庄姬逃到弟弟晋景公的宫内避难，躲过一劫，史称"下宫之难"。在宫中，她生下了赵朔的遗腹子赵武。屠岸贾不死心，追进宫中要斩草除根，刚出生的婴儿被藏在母亲裤子中，却一声不吭，屠岸贾因此没有发现，悻悻而去。

赵氏有两位忠心不二的门客，一位叫程婴，一位叫公孙杵臼。他们料定屠岸贾不会死心，赵氏孤儿的处境仍然相当危险。于是他们偷来一个别人家的孩子，用华丽的襁褓包裹着，由公孙杵臼带着藏在山中，程婴则假装见钱眼开的样子去屠岸贾那里告密。公孙杵臼与假的赵氏孤儿被杀，程婴则带着赵武活了下来。

十五年后，赵武长成了英武的少年。此时晋景公病倒了，让神官占卜病因，结论是"有大功于晋国却绝后者为祟"，最符合条件的就是无辜被灭族的赵氏。晋景公病势渐重，为保命，连忙让韩厥找回与程婴一起隐居山中的赵武，又把一众卿族召进宫中，宣布重立赵氏的决定。这些人大都参与了当初屠灭赵氏的行动，在景公的胁迫下纷纷推卸责任，归咎于给屠岸贾，又灭了屠岸氏全族。

跋扈的奸臣，被蒙蔽又醒悟的君上，含冤的公子，忍辱负重的母亲，拼将一死酬知己的义士，正义最终得到伸张的结局——赵氏孤儿的故事里包含的戏剧化元素极多，反转又那么剧烈，这应该是它流传千古的原因，但也不过是一个经过粉饰加工的故事罢了。

首先，风格很不春秋。故事的剧情风格是集权帝国时代的模板，是生活在汉代的司马迁对那个时代的想象，全然不是春秋时晋国的实情：春秋的君主可不是后世言出法随的帝王，他们的权力时时刻刻都要受到世家贵族的制约。国君身边的小小弄臣，更不可能对赵氏这个体量的强宗巨族产生什么威胁，《左传》中甚至压根儿就没有屠岸贾这号人物。

其次，时间对不上。照《史记》的说法，赵朔在晋景公三年（公元前597年）死于下宫之难，十五年后儿子赵武长大成人后报了家仇。但考察《左传》，赵朔最后出现在《左传》的时间是在晋楚邲之战中出任下军将，到晋景公十一年（公元前589年）齐晋鞌之战中，下军将已由下军佐栾书担任。此时晋国六卿的次序是：中军将郤克、中军佐荀首、上军将荀庚、上军佐士燮、下军将栾书。只有下军佐不知何人，但按照晋国惯例，不太可能把下军将赵朔降职为下军佐。如果真出现这种情况，被降职的人除非是获罪，否则便会就此作乱，但史籍中也从未看到赵朔被黜或作乱的记载，可见此时他应该已经去世。而且赵氏并未被灭，其核心成员赵括、赵旃在鞌之战中立下了战功，甚至因此晋升为卿。

那么下宫之难的真相到底是什么？究其实质，是晋国卿族政治的必然结果，也是赵氏发展过快、上凌国君下欺诸卿的必然结果。《左传》就讲述了一个完全不同的故事。

庄姬在丈夫赵朔去世后不甘寂寞，与赵氏集团的三号人物赵婴齐好上了，赵婴齐是赵朔的叔叔，所以这段感情是不伦之恋。他们的事情被赵氏族长赵括知道后，就放逐了赵婴齐。庄姬因而怀恨在心，向弟弟晋景公告发，说"原、屏将为乱"，"原"是赵同，"屏"是赵括。景公向下面人求证，栾氏、郤氏作证说庄姬的举报是真的。晋景公十七年（公元前583年），赵括、赵同以及赵氏全族被灭。赵氏的土地被分给了晋公室旁支祁氏，而赵武则跟随母亲住进了舅舅晋景公的宫里。在赵氏盟友韩氏的斡旋下，很快赵氏的土地又被重新封给了赵武，他便成了存亡继绝的新赵氏的当家人。

两年后，晋景公病重垂危，梦中见到一只蓬头大鬼，捶胸顿足地杀进寝宫找他索命，口中呼号："杀余孙，不义。"听这口气，应当是赵衰。大鬼打坏了寝宫的门窗，景公因而惊醒。他叫来巫师询问，巫师做出了"不食新矣"的恐怖预言，意思是景公撑不到今年麦子成熟的季节。秦国名医缓的诊断结果也差不多，他判断景公已病入膏肓（这个成语出处便是此事），去世就是一两个月的事情。

没想到晋景公硬是挺到了新麦成熟，巫师再次被召见的时候，景公手里托着新麦蒸的饭，然后巫师就被下令处死了，谁叫你张口就判我死刑呢。可饭刚要下嘴，景公突然觉得肚子胀痛，便去如厕。到底是命运的安排，如厕时他一阵头晕目眩，控制不住平衡，跌入茅坑淹死了。命运像是一条无法逾越的天堑，景公在这头，新麦在那头，终究还是"不食新矣"。巫师预测准确，但他的悲惨下场，为后世口无遮拦者戒。

那么下官之难，是否只是起因于庄姬被撞破奸情后的恼羞成怒呢？显然，许多关键信息被忽略了。晋景公为何会如此轻信谗言，不分青红皂白就将赵氏灭族？栾、郤二氏为何要作伪证，他们扮演了什么样的角色？赵氏被灭，最大的受益者似乎是赵氏孤儿赵武，背后究竟有什么算计？要解释这一切，必须从赵氏孤儿的爷爷赵盾开始说起。

赵盾是赵衰的庶子，他受到父亲垂青，越过嫡子赵括，成了赵氏的第二任宗主。赵衰历仕文公、襄公两代英主，又十分会做人，所以在襄公六年（公元前622年）去世的时候，留给儿子赵盾的，是一片非常宽松的发展环境。这一年，多位老臣相继去世，晋国朝堂、军队高层班子为之一空，赵盾最大的机会就此来临。按照襄公原先的安排，军政"一把手"——中军将加正卿将由狐偃的儿子狐射姑出任，而赵盾直接继承父亲赵衰的位置——"二把手"中军佐，起点已经非常高了。但在襄公的老师阳处父的建议下，最终公布的人事方案是竟然是赵盾任中军将，而狐射姑变成了赵盾的副手，狐、赵二人便生了芥蒂。

如果不是诸多老臣同时故去，赵盾、狐射姑这样血气方刚的年轻人无论如何也不可能升得这么快。晋襄公在任命赵盾为正卿后一个月就一病不起，留下年幼的太子夷皋，赵盾便成了托孤重臣，大权在握。可他做的第一件事就是无视晋襄公的临终嘱托以及当时的惯例，置合法继承人夷皋于不顾，非要立远在秦国的公子雍为国君。本就对赵盾不爽的狐射姑唱反调，要立文公的另一个儿子公子乐为君。两边无法达成共识，便各行其是，赵盾派人去迎接公子雍，狐射姑派人去迎接公子乐。赵盾见狐射姑公开跟自己过不去，干脆派刺客刺杀了公子乐。另一个二世祖狐射姑大怒，也依样画葫芦，刺杀了仇人阳处父。但赵盾势大，狐射姑杀死阳处父出了一口恶气后，不敢在晋国继续逗留，便逃亡到狄人那里去了。

太子夷皋的母亲穆嬴从赵盾派人迎立公子雍开始，就天天抱着儿子在朝堂上哭哭啼啼，搞得人人都很同情她。等散朝了，她又抱着娃去赵盾的府上，求赵盾回心转意立自己的儿子为君。穆嬴不知道的是，赵盾违背君命强立公子雍的行为，是古今权臣通用的把戏：故意做不合规矩的事以观人心向背，比如董卓废汉少帝刘辩立汉献帝刘协，就是要看看有多少人肯昧着良心跟自己干，又有多少人反对自己。果然狐射姑就跳出来了。但狐射姑也不聪明，如果他坚持立太子而不是公子乐，必定能争取到大批忠于公室、对赵盾专权不满的同盟者，形式就不至于如此被动，搞得自己只能逃亡了。

等到主要的反对者被打败，公子雍就失去了利用价值。赵盾亲率军队，打败了应邀前来护送公子雍即位的秦军。转过头立了太子夷皋为君，是为晋灵公，毕竟小孩子更好控制。晋襄公尸骨未寒、言犹在耳，赵盾一个初出茅庐的正卿居然就能随心所欲，安排新君人选，想立公子雍就立公子雍，想立太子就立太子，可见晋国公室力量的虚弱。

此后赵盾威权日盛，基本上相当于晋国事实上的国君。这一点，从赵盾频频代表晋国主持诸侯的盟会就可以看出来。如鲁文公七年（公元前620年）的扈之盟、鲁文公八年（公元前619年）的衡雍之盟、鲁文公十四年（公元前613年）的新城之盟，以及鲁文公十五年（公元前612年）、鲁文公十七年（公元前610年）两场在扈举行的盟会，晋国参会主盟的都是赵盾，而其他国家到场的几乎都是一国之君。

在他个人声望与日俱增的同时，晋国的霸业却江河日下。先是因公子雍的事情两国兵连祸结，严重拖累了晋国的争霸事业。接着楚国又出了个雄才大略的楚庄王。跟楚庄王比，赵盾并没有什么治国理政的真本事，差不多就是个翻版的晋惠公。晋国此后数次与楚国交锋都落了下风，偏偏赵家的势力在赵盾的庇护下势力又膨胀得厉害，自然会导致其他人不满。晋文公时期群臣和睦，共创大业的和谐局面一去不复返，晋国怎么可能继续称霸诸侯呢？赵盾对内高压的结果便是对外无能，这也是情理之中的事。

公室虚弱，逼得即使精明强干如晋文公，也不得不大量任用异姓诸卿。异姓卿族的崛起是一把双刃剑，它让晋国避免了像齐、郑、鲁、宋一样陷入群公子政治的泥潭，由于卿族是异姓或者姬姓远亲，不可能窃取君位（共叔段、曲沃桓叔这样的近亲威胁可就大得多了），所以晋国的君权比其他国家要集中得多。国君高高在上，选贤任能治理国家，而不是像他国家那样任人唯亲。所以从春秋到战国，晋国都以人才鼎盛著称。齐、郑、鲁、宋等国家的体制依然是西周以来的封建制度，晋国则比较早的启动了类似后世官僚体系的新制度。

当然，晋国的官僚体系是不彻底的，带有强烈的封建体制余韵，但在当时已经是巨大的进步了。负面影响是，卿族长期把持政权军权，必然会自我强化，在早期是晋国称霸的功首，到后期则是覆灭晋国的罪魁。等卿族据此攫取到足够的实力，晋国就只剩下被瓜分的结局了。

这里必须要简单介绍一下晋文公创立的军政合一体系。传统的诸侯国，其军队由国人组成。每当战争来临，国人在大小封君的带领下出征，全军主帅一般由国君亲自担任。政府首脑同样是国君本人，此时大小封君则在朝堂中出任大夫或者地位更高的卿，国事一般是在国君的主持下由贵族合议决策。晋文公执政的大部分时间，军队由上、中、下三军组成，每一军设一将和一佐。地位最高的是中军将，其次是中军佐，再次是上军将，后面依次为上军佐、下军将、下军佐，出征时，中军将即是全军总指挥。这六个人同时也是执政班子的成员，中军将兼任政府首脑，称为正卿。

在无日不征的春秋时代，军政合一的体系必然能极大提高政府和军队运转的效率，这是晋国霸业的制度基础。但中军将的权力显然过于集中，势必会威胁到国君的安危。所以有能力的国君一般会通过"蒐"（即阅兵行动）调动这六个职位的人选，以此平衡各家卿族的势力，保证自己始终是高居顶端的仲裁者。这是危险的走钢丝行为，稍有不慎，便有可能坠入深渊。以文公的英才伟略，一切自然能在自己的掌控之中。但后世的晋君不可能都有文公的本领与威望，胜利的天平就逐渐倒向了卿族。从此到三家分晋之前，晋国一直陷在君权和卿权争衡的拉锯战中。

赵盾专权导致晋国霸业中衰是非常有代表性的现象：从大的趋势来看，晋国国君的势力从晋文公去世后便震荡下行，晋国卿族的势力则是震荡攀升。当强势君主上位并收权成功时，君权就压倒卿权，由于权力集中，晋国诸卿能够一致对外，晋国的霸业就比较兴旺。而一旦年幼或者暗弱的国君在位，卿族们各自埋头搞自己的发展，甚至是某个卿族专权，晋国内部暗流涌动，霸业就必然中衰。双方拉锯的态势，在晋悼公掌权时期达到了临界点。晋悼公去世后，晋国就再也没能出一位掌控全局的国君，最后的悬念，不过是晋国将被哪几家卿族瓜分的问题罢了。

赵盾的专权，代表的是卿族第一次压倒君权，招致的反弹不出意外也最为猛烈。根据《左传》记载，晋灵公长大成人后，为人十分不堪：横征暴敛、用弹丸打行人、杀煮不熟熊掌的厨师。赵盾好言规劝，反而导致灵公忌恨，居然派遣刺客去刺杀赵盾。派去的刺客见到赵盾忠心耿耿的样子，下不去手，自报家门后就一头撞死了。灵公见刺杀不成，又摆下鸿门宴，试图在酒席上埋伏甲士杀之。但由于有甲士倒戈，保护赵盾逃亡，这次谋杀行动又失败了。赵盾脱险后就逃亡国外，赵氏族人赵穿起兵弑晋灵公。事后赵盾归国继续担任正卿，并迎立居住在洛阳的晋成公。

晋灵公是否如同书中所说的那样昏庸，尚且存疑。他即位时不过是个儿童，在位十四年，到死也还是个少年，能坏到怎样的程度呢？何况他能即位，完全是赵盾的功劳。这样一个强势的权臣，又能容忍国君干多大的坏事？晋灵公派刺客，刺客自杀；安排伏兵，伏兵倒戈，除了说明他身边遍布赵盾的眼线，还能有什么更好的解释呢？而赵盾想杀晋灵公时就很轻松地杀掉了。虽然赵盾事后拼命解释说灵公的死跟自己无关，但史官董狐还是按照"赵盾弑君"记录在册。董狐的逻辑是：身为执政大臣，逃亡连国境都没出，归国后又不查办凶手，你说你对弑君之事一无所知，能说得过去吗？无论赵盾知与不知，赵氏杀了晋灵公并且没有受到任何追究，这是客观事实。

从晋灵公刺杀赵盾到赵穿弑君，是卿族特别是赵氏力量膨胀，与君权产生不可调和的矛盾的终极表现。赵盾违背襄公遗命，在立君大事上出尔反尔、玩弄权术，从一开始就跟灵公埋下了矛盾的种子。灵公在位期间毫无存在感，国家大事都操于赵盾之手，同时代的人评价他是"夏日之日"，畏其酷烈。所以赵盾绝不像《左传》记叙的那样是公忠体国的纯臣，而是王莽、曹操式的权臣，晋灵公也不太可能是桀纣之君。

晋国君臣冲突第一回合以赵氏取胜、灵公身死告终。赵氏势力急剧膨胀，占据了至少耿、原、屏、楼等多个大邑，同朝诸卿无人能比。此外，赵氏还立了侧室。此侧室不是妾的意思，而是相对赵氏大宗来说，与其关系相对独立的小宗。赵氏小宗与大宗遥相呼应，配合紧密，弑灵公的赵穿就出身小宗。鞌之战后，晋国从三军扩到六军，六卿也增加到十二卿，其中赵氏就占据了三位。

赵氏的兴盛，除了让国君忌惮，也引起了其他卿族的觊觎。更为危险的是祸起于萧墙之内。赵盾晚年把赵氏宗主的位置让给了赵括，儿子赵朔虽然列位为卿，但赵朔早死，赵武尚在襁褓之中，前途渺茫，这又导致了庄姬的不满。下宫之难前，赵氏看似强盛，实际上隐忧重重，既有外部虎视眈眈的公室与栾、郤等大族，内部还出现了严重的内讧。最终，庄姬诬告赵同、赵括作乱，栾氏、郤氏作伪证，晋景公顺水推舟族灭赵氏，为积蓄已久的矛盾找到了释放的出口。下宫之难，是有必然性的。

晋景公初即位时也很弱势，他的父亲晋成公是赵氏拥立，在国内根基不深，在位也不过短短七年时间。所以景公三年（公元前597年），晋国在与楚国的邲之战中大败。此时的楚国在楚庄王的治理下强盛非常，楚军士气高昂，中军将荀林父本不打算与楚国交战，下军将赵朔、下军佐栾书也支持荀林父。但中军佐先縠（先轸之子）、赵同、赵括、魏锜、赵氏小宗的赵旃等几个人偏偏跟主帅唱反调，魏锜、赵旃甚至骗自己人说去楚军求和，实际上是去挑战。在这帮人的撺掇下，晋国全军被绑架，被迫跟楚军打了一场决战。结果晋国惨败，因此失去了郑国、宋国、鲁国等几个重要盟友，齐国也和楚国结盟，晋国霸业一落千丈。这便是卿族骄横跋扈、自行其是的必然下场。

但晋景公是有手腕的，他以战败为由，族灭了先氏。其实赵氏、魏氏的罪过一点也不小，但这两族实力太雄厚，景公一时间也不敢树敌过多，并没有追究。景公的强势震慑了诸卿，晋国又回到了类似于文、襄时代的轨道之中。景公九年（公元前591年），楚庄王去世，晋国抓住机会攻打跟楚国交好的齐国，在鞌之战中大败齐军，一路打到临淄城下。此后，晋国屡屡击败楚国，并且在楚国的背后找到了一个好盟友——吴国。晋国人教会了吴国车战，把楚国在背后骚扰得生不如死。晋国的霸业又重新树立起来了，景公也借此建立了崇高的个人威望，等他羽翼丰满之时，便是骄横跋扈的赵氏覆灭之日。这便是赵氏孤儿下宫之难的宏观背景，无关乎君子小人。景公将赵氏的土地、人口交给亲外甥赵氏孤儿赵武继承，当有一层扶持自己人的意思在内。但谁也算计不到身后之事，最终晋国会被赵武的后人参与瓜分，景公是看不见了。

晋景公在位十九年去世，在他执政期间，先氏被灭、赵氏遭遇重创，实现了国君集权。但究其实质，他仍然不过是在卿族之间搞平衡走钢丝而已。他灭掉一个卿族，却只能将土地分给其他的卿族，无法从根本上改变晋国的政治格局。所以他一死，儿子晋厉公便掌控不住局面了。

厉公即位时很年轻，事实上也相当有作为。厉公六年（公元前575年），郑国叛晋盟楚，晋厉公一反常态，亲自挂帅伐郑，楚共王也带兵来救。这就改变了原先晋国由中军将兼正卿统兵的惯例，很明显是一种收权行为。晋、楚在鄢陵接战，楚军被击败，楚共王本人被射瞎了一只眼睛。鄢陵之战的胜利，证明晋厉公不是无能之辈。后来，他再接再厉，继续铲除卿族，覆灭了最强大的郤氏，一日之内诛杀郤氏三卿，陈尸朝堂以恐吓众人。

郤氏与下宫之难时的赵氏非常相似，也是因为过于高调招来了杀身之祸。当年屠灭赵氏，卿族中主要的推手就是郤氏和栾氏。赵氏式微后，郤氏大兴，栾氏与之脆弱的同盟关系就无法维系了。然而栾氏首领栾书是个极为阴险的家伙，他表面上维持与郤氏的关系，暗中诬告郤氏，说他们家要推翻晋厉公，迎立孙周（即晋悼公）即位，与当年诬陷赵氏的套路如出一辙。晋厉公本身就对郤氏的强盛无比顾忌，便像其父诛杀赵氏一样灭了郤氏。但他没有控制住打击面，把栾书、中行偃也抓了起来。按说事情到了这一步，开弓没有回头箭，就应该把栾氏、中行氏也干掉。可厉公关键时刻手软，又把这两人放了。

栾书、中行偃虽说大难不死，但"梁子"已经结下了，不可能再与厉公和平相处。一个月后，两人带领家兵突袭在臣子家宴饮的厉公，将厉公囚禁了起来，迎晋悼公即位，随后杀掉了厉公，栾书还给他安了个"杀戮无辜曰厉"的恶谥。可被灭族的郤氏如果无辜，那栾书对郤氏的诬陷难道不一样是"杀戮无辜"吗，栾书的谥号为什么是"武"呢？可见古往今来，君主与权臣的斗争都是以成败论英雄。国君杀掉权臣收权成功，就是"布义行刚"的"景"公，比如晋景公、汉景帝，权臣则是遭万世唾骂的乱臣贼子；国君被权臣干掉收权失败，就是"乱而不损"的"灵"公、"杀戮无辜"的"厉"公，比如晋灵公、晋厉公，权臣则是拨乱反正、力挽狂澜的国之柱石了。

回光返照

晋悼公是晋国最后一位有名的贤君，这与他的个人素养有很大的关系。虽说他只是一个"公孙"，但贤名远播，所以才被栾书、中行偃拥立。但他并没有因此表现得特别弱势，反倒尚未即位就主动亮剑："立我为君就要听我的话，不然我宁可不干这个国君。"群臣发现这个人不是个"善茬"，纷纷表态：

"敢不唯命是听。"

悼公之所以敢于如此强势，在于他成竹在胸，手里也有牌可打。他一改灵、成、景、厉四任国君的严厉手段，对卿族采取了怀柔策略。操作层面上，由于郤氏三卿被厉公诛杀，厉公被弑后，其宠臣胥童也被栾书等人诛杀，八个卿位（此时晋国除了上、中、下三军还有新军，每军一将一佐，故是八卿）空出了四个，悼公有充足的资源进行分配。所以他一方面全盘肯定了栾、中行、韩、智等大卿族的既得利益，同时提拔了魏锜、魏颉、士鲂、士会为卿，让八卿之间互相制约。特别是新晋升的几位，更是唯悼公之命是从。他还扶持了公族旁支祁氏首领祁奚、羊舌氏首领羊舌职，以求分散异姓卿族过于庞大的权势。

晋悼公的高明之处在于，他提拔的所有人都有着"不得不提拔的理由"：不是功勋卓著，就是人品端方，或是才能出众，可见悼公虽远在成周洛阳，对国内这帮人的信息却下足了功夫。这让试图安插私人的栾书无话可说，只能眼睁睁地看着悼公安插自己人。

总结悼公的策略便是：大义名分寸步不让，实际利益一切好说。卿族们虽然强盛，但暂时还没有哪一家有取国君而代之的想法和实力，加上晋国连续动乱，人心思定，于是在悼公咄咄逼人的态度下纷纷软了下来，服服帖帖地跟着悼公前进了。

回国继位之前，悼公在国内毫无根基，甚至名分都不是很正。但他凭对卿族间关系和各个重要人物的了解，以及对局势和人性的洞察，以一己之力抗衡卿族集团，把他们分化开来、为己所用，堪称是一位政治天才。要知道，这一年他才十四岁而已。

半年后，晋悼公再次调整权力结构，原先高居中军将的栾书，此时却不见踪影。一种可能是栾书去世，悼公抓住机会进行大规模的人事调整；另一种可能是栾书见自己日渐孤立，为自保而选择告老。按照晋国惯例，中军将位置空缺应当由中军佐升任，但这一次悼公越过中军佐、"二把手"中行偃，把上军将、"三把手"韩厥拔擢为中军将。韩厥性格温和，历几任强势国君而屹立不倒，比刚愎急躁的中行偃更适合军政"一把手"的岗位，如此安排让中行偃也无话可说。此后的几位依次晋升，由于原下军将吕相去世，栾书的儿子栾靥得到了下军将这个位置，位居八卿中的第五。此外值得一提的是，执政队伍的末端挤进来一个年轻人任新军佐，他叫赵武。通过本次调整，晋悼公宣示了自己的绝对权威，把权力抓得更紧，十五岁的天才少年，正式掌舵晋国这艘巨轮。

权柄在手，下一步必须解决的是前几任国君遗留的各种矛盾。一来，卿族与公室频繁的斗争，让彼此都心力交瘁；二来，连年外战让社会下层困苦不堪，民不聊生；三者，内斗动摇了晋国的霸业，国际关系急需改善。总之，团结是当务之急，稳定压倒一切。所以悼公果断处置了厉公的几名宠臣，说国家动乱都是他们撺掇的，等于变相肯定了栾书、中行偃的弑君逆行，把卿族稳住。接着实行了诸如免除债务、蠲免赋税、缩减开支、放宽渔猎的内政，缓解了人民的负担。对外，礼遇鲁国、援助宋国，争取了一部分诸侯的人心。局面得到了根本性的稳固。

见晋国在悼公的治理下脱胎换骨，最着急的自然是楚国。楚共王借晋国"铁杆"宋国内乱的机会，联合郑国出兵攻宋，夺去了彭城等四邑。宋国向晋国告急，正卿韩厥坚决请战，"成霸安疆，自宋始矣"。悼公于是决议，亲自领兵出征，与宋、卫、曹、莒、邾、滕、薛七国组成联军，包围了被楚国占据的彭城。前文说过，晋国最大的敌人从来不是外部，而是晋国自己。果然，联军先是大败郑国，接着一鼓作气攻下了彭城，乘胜侵入了楚国的焦、夷。晋国的兵锋居然肆虐到了楚国的本土，这是此前从未有过的战果。

宋、郑是晋楚争霸的关键棋子，救下了忠心耿耿的宋国，下一步便是要解决"两面三刀"的郑国。悼公的策略是让楚国疲于奔命，而不与之正面交战。他三分晋军，轮番伐郑，楚国每次也都来救。次数多了，楚国渐感不支，由此也不难看出晋国的国力已经显著凌驾于楚国之上，以至于小部分军队就足以让楚国使出全力。五年后，见时机已经成熟，晋国率领十几个盟国，大张旗鼓地陈兵在郑国首都东门之外。这一回楚国已无力救援，只好将郑国拱手相让，自此悼公基本上恢复了文公全盛时期的霸业。

然而，晋悼公的霸业看起来鲜花着锦、烈火烹油，实质上是建立在流沙之上的城堡，是晋国霸业的回光返照。他构造的权力体系过度依赖超强的个人能力，可晋国的实力派始终是尾大不掉的卿族。悼公在世时，他的威望足以控制、利用卿族，平衡各家的利益，把他们捆绑在晋国的战车上向着同一个目标前进。可他英年早逝，继任者晋平公就"玩不转"这场复杂的权力的游戏了。《左传》中著名桥段"祁奚请免叔向"，便隐藏着卿族重新抬头的密码。

> 栾盈出奔楚。……人谓叔向曰："子离于罪，其为不知乎？"叔向曰："与其死亡若何？《诗》曰：'优哉游哉，聊以卒岁。'知也。"
>
> 乐王鲋见叔向曰："吾为子请。"叔向弗应，出，不拜。其人皆咎叔向。叔向曰："必祁大夫。"室老闻之，曰："乐王鲋言于君无不行，求赦吾子，吾子不许；祁大夫所不能也，而曰'必由之'，何也？"叔向曰："乐王鲋，从君者也，何能行？祁大夫外举不弃仇，内举不失亲，其独遗我乎？《诗》曰：'有觉德行，四国顺之。'夫子，觉者也。"
>
> 晋侯问叔向之罪于乐王鲋，对曰："不弃其亲，其有焉。"
>
> 于是祁奚老矣，闻之，乘驲而见宣子，曰："《诗》曰：'惠我无疆，子孙保之。'《书》曰：'圣有谟勋，明征定保。'夫谋而鲜过，惠训不倦者，叔向有焉，社稷之固也。犹将十世宥之，以劝能者。今壹不免其身，以弃社稷，不亦惑乎？鲧殛而禹兴，伊尹放大甲而相之，卒无怨色。管、蔡为戮，周公右王。若之何其以虎也弃社稷？子为善，谁敢不勉，多杀何为？"宣子说，与之乘，以言诸公而免之。不见叔向而归，叔向亦不告免焉而朝。

晋平公时，煊赫一时的栾氏也江河日下了，栾书之孙栾盈遭到诬告，被驱逐出境。而且栾氏的事比赵氏还不堪入目，栾盈的母亲栾祁和家臣私通，怕事情败露，向父亲范宣子诬告了自己的亲生儿子。范氏跟栾氏关系极其恶劣，身为正卿的范宣子正愁找不到机会发作，借题发挥大兴冤狱，杀了一批人、关了一批人。被杀的人中有栾盈的死党羊舌叔虎，羊舌叔虎的哥哥羊舌肸（叔向）也受牵连，被关进了大牢。据说叔虎的母亲非常美丽，父亲羊舌职娶她时，正妻羊舌叔姬劝阻道："深山大泽，实生龙蛇。彼美，余惧其生龙蛇以祸汝。"意思是红颜就好比祸水，这个美女不能娶。可羊舌职不听还是娶了，后来生下了叔虎，真的差点让羊舌氏灭了族。

叔向是个大贤人，深受左丘明推崇，《左传》里有关他的记载全是正面的。这样一位优秀人才遭遇飞来横祸，有人痛心更有人幸灾乐祸。旁边就有人（或许是狱友或许是狱卒）阴阳怪气地问他："你这个浓眉大眼的，怎么也关进来了？听说你还是个聪明人？"叔向回答："《诗经》有言'优哉游哉，过一天算一天吧'。我觉得牢里就挺好的，心无杂念，日子过得很悠闲，这就是聪明人的生活方式啊，你不懂的。"

晋平公的宠臣乐王鲋来探望叔向，直截了当地表示："我去替你说情。"没想到叔向理都没理他，临走时也不回礼，搞得乐王鲋非常没有面子。家臣们都埋怨叔向："好歹人家是国君面前的红人，又是主动来帮忙，你这个态度是什么意思？"叔向解释道："乐王鲋是个国君说东他不敢说西的弄臣而已，哪里救得了我？能救我的，也就是祁奚老大夫了。"

祁奚是何许人也？《吕氏春秋》记载，晋平公问南阳县令的人选，祁奚推荐了他的仇人解狐，问国尉的人选，祁奚推荐了自己的儿子祁午。孔子称赞他"外举不避仇，内举不避子"，堪称大公无私的代表。《左传》的记载稍有不同：祁奚从中军尉的位置上退下来，平公要他推荐一位继承者，他推荐的第一个人是解狐。可解狐没上任就死了，接着他推荐了祁午。刚好中军尉的副手羊舌职也去世了，祁奚又推荐了羊舌职的长子羊舌赤接班。

这样一位人物，自然是不惜为贤人叔向仗义执言的。果然，得知此事后，早已退休养老的祁奚第一时间谒见了范宣子，痛陈利害，保下了叔向。而乐王鲋的行为也不出所料，在晋平公面前对叔向落井下石，只不过他的谗言没起作用。事情过去以后，祁奚径直回家，并不居功。恢复自由身的叔向也自顾自地回去上班，连感谢的话都没有说一句。

如今，这个故事被解读成了贤人之间的惺惺相惜和心照不宣，叔向不以己悲，祁奚仗义相助。两位君子都是特立独行、矫矫不群的人，行事风格饱含着士大夫的理想主义情结，乐王鲋则枉做小人。但文中有些桥段明显突破了常理，无法解释。

其一，乐王鲋是国君身边的红人，叔向为什么要刻意得罪他？难道不知道宁可得罪君子，不能得罪小人？乐王鲋或许不能救叔向，但要坑害叔向却很简单（事实上他的确这么做了）。叔向就算心里再看不起他，值此身陷囹圄、生死未卜之际，略微放低身段虚与委蛇一番，怎么就不可以呢？

其二，祁奚可以不居功，于情于理叔向却不能不感谢。即使祁奚主观上是"为国家保全贤才"，但客观上的确是救了叔向一命。滴水之恩当涌泉相报，叔向作为有名的贤大夫，不应该连如此基本的礼节都忽略。

之所以产生这样的认知矛盾，根本原因在于后人读史，往往会用自己所处的环境去套用古代的事，缺乏"历史的代入感"。历史不是架在"真空中的球形"，而是必须放在当时的现实之中。那么，就让我们分析一下，晋国彼时的现实是怎样的。

与赵氏、郤氏曾经的遭遇相似，栾书死后，盛极一时的栾氏在晋悼公的出手打压和其他卿族的围攻下，境况日渐窘迫。悼公因前车之鉴，有意扶持起祁氏、羊舌氏等姬姓公族。他的策略起了显著的成效，长期困扰晋国的公族衰弱、卿族强盛的局面似乎有扭转的迹象。可天不假年，悼公英年早逝，没能进一步巩固胜利果实。太子彪即位，是为晋平公。范、中行、赵、魏、韩、智六卿专横起来，着手打压祁氏、羊舌氏等公室家族，剪除悼公为公室树立的羽翼。晋平公时代，栾氏和羊舌氏同时遭遇了生存危机。

曾经最强大的卿族栾氏本是公室的巨大威胁，但世易时移，原来的敌人也可以成为朋友。风光不再的栾氏和备受挤压的羊舌氏在共同敌人的逼迫下走到了一起，这就是羊舌叔虎与栾盈"结党"的背景。诚然，羊舌氏可以选择隐忍，坐看栾氏被其他卿族瓜分，但这只不过会让灭亡来得迟一点罢了，唇亡齿寒的道理，稍有远见的人不会不懂。就算没有叔虎，卿族们能够容忍羊舌氏吗？所以羊舌叔姬所谓"防害远疑"的本事，压根儿就是"死道友莫死贫道"的鸵鸟战术，一点儿也不值得推崇。

从这个角度看，祁奚出手拯救叔向，事后叔向不感谢他便符合逻辑了。羊舌氏和祁氏，本就是一条绳上的，在卿族眼里都是要除之而后快的敌手。如果两族抱团取暖，加上实力尚存的栾氏（栾盈虽然出奔，但实际力量并未受损，甚至连晋国小宗起家的曲沃都是他们的地盘，栾书时代栾氏的跋扈可想而知），范宣子动他们就有所顾忌。祁奚劝告范宣子的话"子为善，谁敢不勉，多杀何为"，隐隐有提醒范氏不要树敌过多的意思。如果坐视羊舌氏被族灭，下一个保不齐就是祁氏。祁奚救叔向，本质上是救自己，两族同气连枝、休戚与共，还有什么必要谢来谢去呢？

文中还有一处十分关键却容易被忽略的细节，可以解释为何叔向要故意得罪乐王鲋。理论上，叔向这个级别大臣的生死，应当掌握在国君手上。但祁奚并没有找晋平公说情，而是选择了游说正卿范宣子。这是否意味着，此事晋国真正的掌舵人其实已经不是晋平公了呢？这是非常有可能的。因为从平公开始，晋国就再也没有出现过有作为的国君了。此后一百年左右的时间，直到三家分晋，活跃在历史舞台上的，是赵武、韩起、魏舒、范鞅、荀跞、赵鞅、智瑶、赵襄子、魏文侯等历代正卿，而与他们同时期的晋平公、晋昭公、晋顷公、晋定公、晋出公等，何曾有什么流传下来的功业？遑论三家分晋之后的晋哀公、晋幽公等傀儡了。这恐怕不能用上述国君都没什么能耐来解释，最大的可能性是范、中行、赵、魏、韩、智这六卿已经完全掌握了晋国的局面，再雄才大略的国君也难有施展的余地了。

六卿执政的格局，恰恰是在晋平公时代形成的，这一时期的政治局势想必是异常敏感的。一方面，悼公的赫赫功业余威尚在；另一方面，主少国疑，六卿气候已成。国君占据大义名分，卿族拥有绝对实力，双方在某种程度上算是势均力敌。有理由相信，晋平公时，一定存在着"晋国到底谁说了算"的问题，而卿族是最终的胜利者。但胜利不会轻易到来，国君毕竟是国君，天然拥有统治的合法性。历代明君的功业深入人心，要想撼动绝非一日之寒。卿族需要用一次次的标志性事件削弱国君的权威，宣示自己的实力，比如羊舌叔向的生死问题。

用当代的法律和情理衡量，哪怕叔虎与栾盈结党是犯罪，也怪不到叔向头上。我们之所以会这么认为，是由于现代社会个体的独立性空前的强，人身依附关系几乎不存在，所以今天的人们不太理解"一人犯法，举族遭殃"的连坐制。但在以血亲氏族为社会基本单元的春秋，却是再正常不过的事情，甚至连被连坐者都可能会觉得自己死有余辜。由于生产力的限制，个体甚至小家庭都不足以抗衡大自然，"侯主侯伯，侯亚侯旅"领导着整个氏族进行"千耦其耘"的劳动才是常态。既然每个人都要依附于氏族生存，从氏族中获益，那么因为氏族而受牵连，自是"责任、权利对等"了，搁在当时，也谈不上什么不公道。可那时候并没有成文法，大事小事基本上都是贵族们开个会，一事一议。那么叔向作为知名贤达，最终被"赦免"也不是不可以。

既然生死皆可，处于"死有余辜"和"罪不至死"叠加态的叔向，最终的生死便不是"罪刑法定"，而是由人来定了。问题在于，定这件事的人是谁？兴大狱的是范宣子，如果释放叔向的是晋平公，那无疑是打了范宣子的脸。倘若晋平公有这个实力，是言出法随的实权国君，范宣子也只好忍气吞声。那么得罪宠臣乐王鲋便是特别不理智的举动，叔向的智商何在？

可情形假如正好相反呢？如果范宣子是那个说一不二的人，晋平公为叔向求情会不会触动范宣子敏感的神经？从范宣子的视角看，自己抓起来要杀的人被国君放了，无疑是削弱了他的声望，让更多的中间派在晋平公和范宣子之间加剧摇摆，政治影响过于恶劣。事情要是真到了这一步，为了维护面子，范宣子只能用"国君要保的人我坚决杀掉"的行动敲打晋平公和所有其他人，让大家看清楚今日晋国是谁说了算。

所以，叔向不但不能让晋平公替自己说话，反而要想方设法让他主张杀掉自己。那么，范宣子就会反其道而行之，让举国上下看到"国君要杀的人我说保就保得下来"，进一步巩固自己的权威。因此，当乐王鲋这个灾星出现，还说出了"我替你向国君说情"的话时，叔向的内心是不情愿的。但他是个聪明人，立刻想出了对策：激怒乐王鲋，让他跟晋平公说自己的坏话，这样范宣子一定会对着干，自己的命就保住了。这一招奏了奇效，乐王鲋果然说了他的坏话，而范宣子也确实把他给放了。

叔向是卷入政争漩涡中心的人物，所以他贤明与否，事实上并不太重要。对范宣子来说，杀掉一个人人都觉得不该杀的人，甚至更有助于树立自己的威信。赵高为什么要指鹿为马？就是要用这种明明有悖常理的举措来进行服从性测试。指鹿为马的人，即使不是贴心的自己人，至少也承认自己的威权；而不肯跟在后面胡说的，不管是心存良知还是忠于旧主，都要加以铲除——名不正言不顺的僭主要取代名正言顺的正主时，坚守道义者就是他最大的敌人。叔向深谙这一点，于是他做出了看似不通情理，实则冷静至极的行为。

祁奚暂时性的救下了叔向，但祁氏和羊舌氏的命运无可逆转。叔向去世后，儿子羊舌食我继承了家主的位子，祁氏则由祁奚的孙子祁盈当家。祁盈缺乏斗争经验，处理家族内部一起通奸事件时遭到了智、魏等卿族的暗算，被抓起来判了死刑。祁氏起兵反抗，羊舌氏助之，但是寡不敌众，双双被灭族，土地被众卿瓜分。《左传·昭公二十八年》载："分祁氏之田以为七县，分羊舌氏之田以为三县。司马弥牟为邬大夫，贾辛为祁大夫，司马乌为平陵大夫，魏戊为梗阳大夫，知徐吾为涂水大夫，韩固为马首大夫，孟丙为盂大夫，乐霄为铜鞮大夫，赵朝为平阳大夫，僚安为杨氏大夫。"

从晋灵公开始，公室一直在组织对卿族的反扑，悼公几乎成功收权，却又随着他的去世而前功尽弃。羊舌氏和祁氏的覆灭，宣告晋国公族彻底退出历史舞台。晋悼公的集权行动，到底不过是君权的一次回光返照。大家族向上分散君权，向下兼并小家族，等到分权和兼并的过程完成以后，六卿和睦共处的蜜月期就结束了。此后将是他们之间互相倾轧的开始：六卿变四卿，四卿变三卿，最后三家分晋，各自以独立国家的形式出现在战国的角斗场之上。当然，这是许多年后的事情了，让我们把目光重新投向南方，看看在晋国从巅峰走向覆亡的过程中，它最强大的对手楚国发生了什么。

第六章

问鼎中原

生不逢时

春秋的诸侯中，要问谁是最生不逢时的人，楚成王应该能排到榜首。他的一生相当传奇，却因为风头被齐桓公和晋文公掩盖而显得默默无闻。加上楚国是"蛮夷"，周人的史官很少会讲它的好话，甚至有意无意地无视，楚成王留给后人的形象便越发模糊。

楚成王论出身便相当不凡：父亲是楚文王，祖父是楚武王，但这两位都还没有他的母亲息夫人有名。息夫人本是陈国公主，嫁给息国国君为正室夫人。后息国为楚国所灭，覆巢之下无完卵，美丽无比的息夫人也就成了楚文王的宫中禁脔。她为楚文王生下了两个儿子，大儿子熊艰，小儿子熊恽——便是楚成王。

关于息国灭亡、息夫人被楚文王霸占的原因，《左传》讲了个故事：息侯的连襟蔡哀侯看上了美貌的小姨子，惹恼了息侯。于是息国引来楚国收拾了蔡国，俘虏了蔡哀侯。蔡哀侯为了报复，就跟楚文王大肆吹嘘息夫人的美貌。楚文王色心大炽，干脆灭掉息国，霸占了息夫人，对她无比宠爱。可息夫人一直不跟楚文王说话，为了讨好美人，楚文王又打破了蔡国首都为她出气。

息国地处今河南省信阳市息县，位于楚国的东北方，比随国距离楚国更遥远。桐柏山和大别山将荆楚大地与中原分割开来，楚国在南、息国在北。可楚文王时，楚国的势力已经突破两座大山的阻拦，蔓延到了中原，所以这个位居河南省南部、毗邻湖北省的小国遭遇了灭顶之灾。

当然，蔡国的日子也好不到哪里去。从息国向西北是一马平川，奔驰一百五十公里便能到蔡国，所以蔡国也很快变成了楚国的马前卒，并在一百多年后被楚灭国（虽然后来两度复国，但都不在原来的位置，可以认为事实上已经灭亡）。按说陈、蔡、息三国联络有亲，又皆是诸夏之后（蔡、息是姬姓，陈是妫姓、大舜之后），理应合力抗楚。但历史一次次的证明，几个小国联合对抗一个大国，结果从来都是队伍中出叛徒，然后被大国各个击破。囚徒困境折射的是人性的自私，是无解的难题。

据说息夫人眼含秋水，面若桃花，故而又被称为"桃花夫人"。她的坎坷经历引起了无数文人的同情，但"失节"的事实，又让她经常被道学家们批判。唐代大诗人杜牧就在息夫人庙里题下了一首名篇：

细腰宫里露桃新，脉脉无言几度春。

至竟息亡缘底事？可怜金谷坠楼人。

后世的士人经常把自己与君主的关系代入夫妻关系之中，"君为臣纲、夫为妻纲"。臣对君的最大义务是忠，妻对夫的最大义务是节，臣子投敌，就好像妇人失节一样不可饶恕。杜牧借着诗歌颂西晋末年自杀守节的美女绿珠来贬低屈身事仇的息夫人，表达的就是这种情感。

清朝康熙年间，江苏泰州人邓汉仪也为息夫人写了一首诗：

楚宫慵扫眉黛新，只自无言对暮春。

千古艰难惟一死，伤心岂独息夫人。

生活在明清之际的邓汉仪，对"尽忠守节"的情感就没有生活在平稳安定的中唐时代的杜牧那么激烈，他对息夫人是同情的。"千古艰难惟一死"，理想是你自己的，谁又有资格要求别人为你的理想付出生命呢？邓汉仪出生于明万历年间，明朝灭亡时已经是二十八岁的成年人了。好在他没有明朝的功名，但他毕竟是"束发受教"的圣人弟子，参加过复社，对大明有着深深的怀念，一辈子都徘徊在"出世"还是"入世"的纠结之中。他的经历，与息夫人非常相似：故国已是镜花水月，新朝蒸蒸日上，自己当如何安置？他对息夫人的怜悯，骨子里是对自己身世的叹息。

滚滚历史洪流之中，让一个女子背负国家兴亡的担子，实在是很不公道。

息夫人不但左右不了她的夫君，连儿子都管不了。长子熊艰刚即位便谋划怎么除掉同母弟弟熊恽。根据楚国灭息的时间推算，他此时最多不过十岁，很难想象这么小的孩子能有如此恶劣的心机。很大的可能是楚文王去世后，由于即位的新王年龄太小，弹压不住局面，臣子们便开始搞派系斗争。一拨人支持熊艰，跟他们不对付的另一拨就簇拥在熊恽旗下，导致本应亲密无间的同胞兄弟变成了水火不容的敌人。一开始熊艰占了上风，熊恽被迫逃亡到随国，在随国的支持下又杀了回来，干掉哥哥登上王位。如果没有内应，以随国的实力怎么可能打得过楚国，甚至杀掉楚王？

熊艰在位三年被杀，谥号为堵敖，熊恽登上了血染的王座。此时，齐桓公已经执政十五年，霸业初具规模，晋献公则正在大肆屠杀桓庄之族。而楚国在武王、文王的开拓下，成了地方千里的大国，周天子畏惧楚国的强盛，派人赐胙肉，希望成王"镇尔南方夷越之乱，无侵中国"。年幼的成王暂时还没有亲政的能力，军政大权落在叔叔令尹子元的手里。子元对息夫人的美貌垂涎不已，但他是个有色心没色胆的孬人，只知道天天在宫室外面让人演奏周武王的乐舞《大万》，寄希望于引起心上人的垂青。息夫人看不上子元，让人传话给他："先王在位时演奏《大万》是为了打仗，你却是为了追求我这个未亡人，说得过去吗？"

被心爱的女人鄙视，这是任何一个有权势的男人都不能忍受的。为了证明自己的武勇，子元真的出兵打仗了。这次的目标是孱弱的郑国，他居然出动了六百乘的大军。郑国人在家中坐，灾却是从天而降，实在是想不到自己居然成了子元追求爱情的道具。郑国首都新郑外城瞬间被攻破，甚至连内城的城门都没来得及关，君臣都打算弃城逃跑。

见胜利来得如此容易，子元不禁狐疑，担心这是郑国人的空城计，就下令让全军退出新郑，在城外露营。在中军帐中他越想越怕，生怕到手的胜利果实飞了，自己反胜为败，最后带领全军连夜拔营撤退。有了这番武装游行的伟业，子元自认为已经向息夫人证明了自己是个真男人，回国后他就理直气壮地搬进王宫住下了。两年后他被强宗斗氏杀死，斗氏家主斗谷于菟被成王任命为新的令尹。

从这件事可以看出息夫人的智慧：明明就是子元这帮人杀了她的大儿子，立了她的小儿子，还想染指于她。可她不动声色，与子元虚与委蛇，联合斗氏杀掉了子元，静静等待儿子长大后取回权力。

斗谷于菟字子文，是个大大有名的人物。斗是他的氏，斗氏又称若敖氏，是世代是楚国显赫的望族。谷是乳的意思，于菟意为老虎，也就是说子文是被老虎奶大的。子文的父亲斗伯比幼年在母家郧国度过，成年后与表妹发生了感情，生下了子文。女孩的母亲——也就是子文的舅妈——为了掩盖家门之丑，把婴儿丢弃在云梦泽。刚好郧国国君出城打猎，看到一只母虎给这个孩子喂奶，大感神异，把他捡了回来，这才知道原来是自己的外孙。

有道是"大难不死，必有后福"，子文成年后跟随父亲回国，得到了楚文王和楚成王的重用。初为令尹执政时楚国财政困难，他便"毁家纾难"，把家财都拿出来支援国家建设。这种事说起来不容易，做起来更难，世家大族谁不是为门户私计？得到了这样一位贤相辅佐，成王距离争霸中原更近了一步。关于子文的施政手段，并没有详细的史料记载，但从楚成王时期楚国势力的扩张，可以知道他应该是相当有作为的。至于说子文"毁家"之后，穷到吃了上顿没下顿，又三次让贤等，应当是后人的附会甚至杜撰。但他是一位温和廉洁的官员，这应当是事实。

楚成王大约是即位十年后亲政的，成王十三年（公元前659年）、十四年、十五年楚国连续出兵北上攻打郑国，以争取郑叛齐服楚。这种极限施压的手法，很符合后来楚成王强悍霸道的行事风格。证明楚国此时有了一位坚强的领导核心，可以放手对外了。成王挑衅式的军事行动，引起了当时中原霸主齐桓公的警觉。成王十六年（公元前656年），齐桓公以伐蔡为幌子，率领诸侯联军突袭楚国。楚国猝不及防，只能向联军求和，便是前文提到的召陵之盟。

　　齐桓公对楚国其实忌惮得很，所以军队抵达楚国方城山防线的外围的陉山就不再前进，只是保持着一种施压的姿态。经过一番讨价还价，在楚国答应恢复对周王室象征性的进贡后，双方签订了和平条约。召陵之盟齐国得了面子，楚国保住了里子，算是各取所需。在此之前，齐国支持楚国周边的一系列国家，如东方的群舒，北方的江、黄、弦等国家，组成了"反楚包围网"，遏制楚国的北上东进势头。这些小国借着齐国的威风，彼此之间同气连枝，的确给楚国造成了不小的麻烦。召陵之盟后，楚国对中原的威胁压根儿没有解除，反而让楚国与霸主齐国的矛盾摆上了台面，从背后暗自角力变成了直接对抗，其影响十分深远。

　　年轻的楚成王在与步入暮年的齐桓公的交锋中，并没有落下风，这显然极大地强化了他的信心。齐桓公已经老了，又多内宠，儿子们各怀心思，等他死了，齐国就将陷入内乱，这对楚国是个千载难逢的机会。召陵之盟暴露了齐国的外强中干，于是楚成王在次年便灭掉了姬姓的弦国，果然齐国也没有能力干涉。弦国地处大别山以北，与江、黄等国家共同抵御着楚国北上。可是楚国既然已经打开了桐柏一大别山的缺口，拿下了息国这个桥头堡，就不可能轻易收手。成王二十四年（公元前648年），他再接再厉，灭掉了与弦国唇齿相依的黄国。又过了五年，齐桓公溘然长逝，齐国领导的各国同盟群龙无首，楚成王借机收服了江国，"反楚包围网"彻底宣告瓦解。从此楚成王越发肆无忌惮，先后覆灭了蒋、应、蓼等地望都在河南省东南部与湖北交界处、大别山北方的小国，楚国因此大大地巩固了在中原的势力范围。

　　成王二十七年（公元前645年），楚国与徐国在娄林打了一仗，大捷。娄林位处今安徽省泗县，距离此前被灭的弦、黄等国东方四百多公里。在这之前，成王已经灭掉了没有那么靠东的英国，遗址在今安徽省金寨县。从灭英到败徐，楚国的进军路线很明显是沿着大别山一路向东的。看来楚成王暂停了北上进程,把目标转向了东方。这次战略方向的转变,很可能是他在"虚名"与"实利"间权衡的结果。

楚国发迹于江汉之间,向北需要逾越的第一道障碍是汉水,第二道障碍便是更靠北的桐柏—大别山一线。楚武王、文王阶段的第一拨扩张,一是实现了对江汉平原的统治,二是将势力扩张到了汉水以北,扫灭了一票"汉阳诸姬"。楚成王领导的是第二拨北上,突破了第二道障碍,完全打开了中原的局面。这两次大的扩张,楚国总体是实行内线作战,战场距离江汉平原很近,而距离华夏大国如齐、晋、鲁、宋都比较远。如果再向北发展,补给线会越拉越长,获胜的把握就大大降低了。更不妙的是,越往北对手越强,这里都是历史悠久的周人诸侯,文化同源、利益一致,是周文化的核心圈层,楚国的进攻必将遭到强烈的抵抗。

楚文王灭掉了息、申后在这里设置了最早的"县"也是一个佐证。县是悬的本字,在金文中是木桩上用绳子吊着一个人头的造型,本意是官府把被处决的犯人或者战俘的头颅挂在木桩上示众以儆效尤。申、息两国距离楚国本土很远,有"孤悬海外"的意思,所以这种边境地区的行政单位被形象地命名为"县"。也就是说,将势力扩张到河南南部,对当下的楚国来说已经是北上的极限了。

但东进则不同,楚国消灭或收服的弦、黄、江等国家,地处淮河源头,中下游是相对落后的淮夷小国。它们本身就比较落后,与周人长期对立。楚国消灭他们,不会触动华夏诸侯的敏感神经。再说,沿着淮河顺流而下,行军补给都特别轻松。这就是为什么楚国只用了三年时间,就从淮河上游打到了淮河下游,势如破竹。成王东进还有个关键原因,就是这些东方小国是真的"家里有矿"。安徽沿江是重要的有色金属成矿带,铜、铁、锡等资源蕴藏丰富。铜陵、南陵、繁昌、贵池、宣城、庐江等地都发现了古代铜矿遗址,例如南陵江木冲古矿冶遗址,最早可追溯到西周时期。《过伯簋》铭文记载:"白(过伯)从王伐反荆(荆),孚(俘)金,用乍(作)宗室宝(尊)彝。"——过伯跟从周王讨伐反叛的荆人，缴获了铜，用这些铜铸造了这个器皿。文中的"荆"未必是楚国，有可能是对长江淮河流域蛮夷的泛称。这些所谓的荆蛮并没有什么过错，然而怀璧其罪，小国们很早就是中原王朝抢劫的对象。楚国兼并了这些国家，把他们的矿产据为己有，实力跨越上了新的台阶。

可世上偏偏就有人非要挑战如日中天的楚国，此人便是有名的宋国国君襄公兹父。宋襄公早年颇有些贤君的端倪，父亲宋桓公病重时，作为嫡长子的兹父理应继位，他却恳请父亲传位于庶兄公子目夷，目夷坚决地推辞了。宋襄公能让国，目夷也不贪权位，按说这对兄弟勠力同心，宋国的前景应该相当光明。

一开始，事情确实是朝着这个节奏去的。宋襄公刚即位，就参与了齐桓公主持的葵秋之盟。这场盟会是齐桓公九合诸侯中声势最大的一次，参会者不光有齐、鲁、宋、卫、郑、许、曹等国的国君，还有周天子派来的代表，这也是齐桓公霸业的巅峰。因为有让国之美，齐桓公对宋襄公印象极佳，就把太子昭托付给他。可能是盛况空前的盟会激发了年轻的宋襄公的万丈豪情，也可能是英雄迟暮的齐桓公的殷殷嘱托让宋襄公深感重任在肩，此后他便以"继承齐桓公的霸业"为己任，经营起争霸的事业来。

齐桓公四十三年（公元前 643 年），齐桓公去世，五位公子（公子无亏、

〈 过伯簋及其铭文。旅顺博物馆藏。

公子昭、公子潘、公子元、公子商人）各有党羽，都盯着空出来的君位。他们大打出手，在首都公开对垒，齐国陷入大乱。最终在桓公宠臣易牙、竖刁的支持下，公子无亏即位。原本的法定继承人太子昭逃到宋国寻求帮助，宋襄公当即广撒英雄帖，召集诸侯共平齐乱，然而应者寥寥，只有曹、卫等几个小国发兵跟从。幸运的是，无亏本不是做国君的料，而且他不是合法继承人，国内对他不服的大有人在。这些心怀不满的贵族摸不清宋国的虚实，便杀了无亏，迎接公子昭入城即位为君，是为齐孝公。一出手就平定了齐国之乱的宋襄公不由得飘飘然——连霸主齐国的内乱都要靠我平定，天下诸侯难道不应该都唯我宋国马首是瞻吗？

一个人如果侥幸取得了巨大的成就，便很难认清自己的真实实力，接着往往是各种倒行逆施，膨胀起来的宋襄公第二年就干了蠢事。他号召曹、邾、鄫、滕等国家会盟，却又以迟到为名，杀了鄫子祭神。公子目夷强烈反对："小事不用大牲，而况敢用人乎？祭祀以为人也。民，神之主也。用人，其谁飨之？"目夷珍视人命、以人为本的思维方式十分周人，目夷最后断言宋襄公"得死为幸"，意思是这么瞎搞，能得善终就算是走运了。他的话一语成谶，最终宋襄公便是因为在泓之战中大腿受伤，久治不愈，伤口感染而去世。

鄫子无辜被杀，愿意跟着宋国走的国家就更少了。同年发生了一件大事，在陈国的撮合下，齐、楚、鲁、郑、陈、蔡在齐国重修"桓公之好"。从与会诸侯的阵容分析，郑、陈、蔡都是楚国这边的，鲁僖公是个"墙头草"，很可能已经倒向楚国，齐国则刚经历内乱，无力与楚国争锋。所以虽然会盟地点在齐国，但楚国大概已经掌握了主动权。

宋襄公做盟主的心再炽烈，也该明白楚国现在才是真正的霸主。理性的人懂得放弃，但宋襄公显然不理性，他异想天开：请求楚国帮自己召集诸侯会盟，然后在盟会上纠集诸侯一起压服楚国。让人万难想到的是，久历世事的楚成王居然答应了他的要求。成王这么做，不过是为了一举收服跟着宋国混的那几个国家，顺便把宋国也揽入麾下。

盟会上，宋襄公发现诸侯们都对楚国怕得要死，根本没人跟他一起"压服"楚国。偏偏宋襄公为了展现盟主风范，连兵车都没带，被武装到牙齿的楚国当场拿下。据《公羊传》说，楚国挟持着宋襄公，打到宋国首都，要挟宋人开城投降，否则就杀了襄公。但宋国人硬气得很，说他们已经立了新国君，老国君让国家蒙羞已经不配做国君了，让楚国想杀就杀。楚国人看杀了宋襄公也没什么好处，徒增骂名，就把他给放了。但是，侥幸逃生的宋襄公并没有吸取教训，所以目夷说："坏事情还在后面，这件事没有让国君警醒。"

襄公求为盟主不成，反而做了一段时间阶下囚，这口气无论如何都咽不下去。但要让他直接报复楚国，又没这个胆子，只好打楚国的狗出气。第二年夏天，宋国纠集卫、许、滕国讨伐郑国，估计也没有取得什么像样的战果，全为泄愤而已。但楚成王岂能容宋国肆虐，立刻起兵攻宋以救郑，宋襄公回师与楚国在泓水南北两岸对峙。楚国非常藐视宋国的战斗力，当着对手的面大摇大摆地渡河，又在宋国的军阵面前旁若无人地整队列阵。宋国大司马公孙固几次三番的请求，希望襄公趁着楚国人半渡、列阵未成时发起突袭，却都被拒绝了。襄公对阻挠自己霸业的楚国怀着刻骨铭心的仇恨，所以这一仗他不但要赢，还要赢得漂亮。因此，任何阴谋诡计都不在考虑之列，一定要用堂堂之阵、正正之师把楚国人正面击败，方能一雪前耻。

理想很美好，现实却不是这样的。阵列已成的楚军锐不可当，风卷残云般把宋军击垮了。连宋襄公的亲卫队都全军覆没，他自己大腿上也中了一箭，惶惶如丧家之犬，逃回国内。宋国军队死伤惨重，人们不免归罪于指挥不力的宋襄公。他却说："按照礼法，打仗是堂堂正正的事情，赢就是赢输就是输，比的是勇气和力量，怎么能靠阴谋诡计取胜呢？"身受重创的宋襄公第二年就因伤重不治而死，小小的"宋国集团"也宣告瓦解。

宋襄公毁灭于对自己实力的高估、对称霸难度的低估和难以置信的迂腐，他完全不能适应尔虞我诈的春秋，思想还停留在秩序井然的西周早期。这样一个人物，注定要被时代淘汰。

打败了宋，救下了郑，成王接受了郑文公超高规格的宴请。郑文公夫人是楚成王的妹妹，一家人也无须避嫌，她让两个女儿给舅舅敬酒。见两位外甥女生得如花似玉，席间一片莺声燕语，楚成王不由得心花怒放，一直喝到半夜才醉醺醺的告辞。离开时，两个外甥女被他一车带回了军营，当夜就成就了好事。楚成王志得意满，在他看来，宋国的挣扎不过是称霸事业的小插曲，齐桓公一死，他再无对手。然而命运总喜欢捉弄人，就在这段时间，重耳到访楚国，受到了隆重款待。将来的楚成王为此悔青了肠子：为什么自己当初没把这个祸根除掉？

两人的交往前文已提及，此处兹不赘述。楚成王想不到晋国在重耳的带领下，居然以如此快的速度成长为一只巨兽，在实力上压倒了自己。两雄不能并立，城濮之战的爆发有一定的必然性。这场战争楚国遭遇了前所未有的惨败，终结了楚国从楚武王开始强大的兼并势头，成王的事业终于触及了顶峰，开始走下坡路了。

成王年轻的时候，想立长子商臣为太子。楚国原先是不搞周人嫡长子继承制那一套的，但现在家业大了，规矩得立起来。不承想，令尹斗勃强烈反对，他的理由也很站得住脚："君王的年纪不算大，而且有很多妻妾，如果将来废黜太子，另立他人，会出乱子。楚国立太子往往选比较年轻的。而且商臣蜂目豺声，不宜立为太子。"但楚成王没听他的，仍立了商臣为太子。商臣深恨斗勃，后来抓住他与晋国对峙却不战而退的把柄，诬陷他收了晋国的贿赂，成王因此处死了斗勃。

斗勃虽死，他的预言却一件件都成了真。日渐老去的成王果然看商臣越来越不顺眼，想改立小儿子王子职。这件事不知道怎么走漏了风声，居然被商臣知道了，他不禁大急，跟师傅潘崇商量如何才能得到确切消息。潘崇想到一个突破口：请成王远嫁江国、回来省亲至今未归的妹妹江芈吃饭。江芈跟成王兄妹感情很好，如果成王有换太子的打算她一定知道。而且这位姑奶奶性如烈火，只要太子在席间有所失礼，激怒于她，很有可能就能得到想要的情报。商臣照办，席间故意怠慢，江芈果然被激怒，说出了让她后悔一辈子的话："不成器的东西，难怪你爸要杀了你改立王子职呢！"

得知确切消息的商臣面如死灰，看来自己当太子的日子已经进入倒计时了，很有可能连命都保不住。但他并不打算束手就擒，便拼命地求师傅潘崇，让潘崇想办法挽救。潘崇虽然早就成竹在胸，但有些话不方便从自己的口中说出来，否则以后可是要承担责任的，他便发问，让商臣回答。他先问："能事之乎？"意思是，如果商臣主动退让，把太子之位让给王子职，也不失为富家翁。商臣怒了："我做了这么多年太子，哪能侍奉一个小孩子？"潘崇又问："能亡去乎？"你既然不能侍奉弟弟，做他的臣子，那就出奔他国，等待机会卷土重来如何？商臣叹了口气："去别的国家是自取其辱，哪里还有杀回来的那一天？"潘崇此时图穷匕见，问道："能行大事乎？"商臣眼睛一亮："孤天生就是干大事的料，您看我像是干小事的人吗？"这个大事，便是教商臣弑父自立，真是"好"老师和"好"学生。

师徒计划已定，说干就干，二人带着东宫卫士围困了王宫，抓住了成王。生死攸关之际，成王要求吃一只熊掌再上路。潘崇不答应了："大王您现在的主要任务，是负责早早离开深爱的楚国和人民。熊掌这东西难熟得很，一晃几个时辰就过去了，这时间可耽误不起。"成王吃不着熊掌，被刀剑逼着自缢，商臣即位，是为楚穆王。成王死在了儿子手上。

楚成王得国不正，死在儿子手上，这使得后人对他的评价不高。可他无疑是一位有作为的君主，他的对手从齐桓到晋文，都是一时无二的英雄。成王带领楚国与他们抗衡，帮助楚国度过了争霸最艰难的岁月，为楚国建立了争霸的基础，这才有他的孙子楚庄王的"一飞冲天，一鸣惊人"。

若敖之殇

楚穆王商臣，在位十二年庸庸碌碌，乏善可陈，他对楚国最大的贡献是生了个好儿子——楚庄王熊旅。

早年的楚庄王并没有显现出一代霸主的潜质，相反他显得十分窝囊。大臣分成几派斗得不亦乐乎，完全不把年轻的庄王放在眼里。刚即位时，他甚至被叛乱的大臣斗克、公子燮绑架过。在《史记》里，他的表现比较像昏君："庄王即位三年，不出号令，日夜为乐，令国中曰：'有敢谏者死无赦！'"第一位进言的是伍举，他问庄王："高坡上有只鸟，三年不飞也不叫，这是什么鸟呢？"庄王用哑谜回应他："三年不飞，飞将冲天；三年不鸣，鸣将惊人。"看样子这位王要奋起了。可没想到庄王也就是说着玩儿，过了几个月，表现更加萎靡，毫无振作的迹象。另一位大臣苏从坐不住了，直言进谏。庄王面带杀机地问他："你没听说禁令吗？敢劝我者死！"这番杀气腾腾的话对苏从并没有什么威慑力，他理直气壮地回应："杀了我能让大王醒悟，我愿已足。"这下轮到庄王难办了，苏从违命进谏，君无戏言，苏从该杀。可真要杀了他，岂不是桀纣之行？

庄王最终选择了宁丢面子，不杀诤臣。而且他真的听取了苏从的建议，"於是乃罢淫乐，听政，所诛者数百人，所进者数百人，任伍举、苏从以政，国人大说。是岁灭庸。六年，伐宋，获五百乘"。这桩公案《史记》的记载太过于简略，戏剧性很强：为什么庄王突然就能奋发上进？又如何知道朝中哪些人该杀，哪些人该提拔？带兵灭掉心腹之间的庸国、大败宋国也不是多么简单的事情。当然，不光是《史记》，《韩非子》《吕氏春秋》《说苑》等许多典籍里都有这段故事的记载，其中进谏的大臣也各不相同。但共同点是楚庄王早期是不理朝政的，也确实有人进言，然后他就幡然醒悟、痛改前非了。事情的真实情况肯定不会如此简单，字里行间倒也不难推断出一些结论。

庄王隐藏在昏庸外表之下的是一双冷眼旁观的眼睛。三年内，他暗中观察，悄悄培养自己的班底，看似不理朝政、稀里糊涂，其实对形势已经了如指掌——什么人可用，什么人要铲除；谁对自己忠诚，谁在阳奉阴违；邻国哪家要团结，哪家可以打击。为了避免不明情况的臣子打乱自己的计划，他才下了"敢谏者死无赦"的死命令。伍举、苏从或许是眼光毒辣，敏锐地捕捉到庄王成竹在胸的时机，或许仅仅是运气好，赶上他即将出手前的时间窗口。

但这一切仍然不能解释，为什么楚庄王要扮猪吃虎。答案可能要从楚国连续几代君王与若敖氏之间或明或暗的争斗中去寻找。

楚国虽然经常出现强力君主，但它的集权程度在庄王之前一直不高，一方面是因为版图扩张太快，中央难以有效对远方的国土直接管理，遭遇了与灭商后周王室相类似的困局；另一方面，是由于若敖氏家族这个特殊存在。

若敖是楚国的第十四代君王，熊氏，名仪，是第一位有谥号的楚王，若敖氏便是他的后人。按照《左传》的说法，他的幼子斗伯比以若敖为氏，又因为封在斗地，故也称斗氏。不过对斗氏几代人的活动年岁详加考之，会发现如果斗伯比是熊仪的幼子，那么斗伯比、子文父子的寿命也太长了，因此大约在熊仪和斗伯比之间还有一代人。何况作为幼子，斗伯比的"伯"字殊不可解。按照春秋时期氏族建立的惯例，斗伯比作为从王室中分家的第一代，叫"王子比"更为合理，等到他的下一代方才以地为氏称斗氏。那如何理解《左传》所记载的"初，若敖娶于䢵，生斗伯比。"呢？可能若敖是一种称呼，熊仪称若敖，他的儿子也称若敖，生斗伯比的这个若敖是熊仪之子。

除了若敖，楚国还有霄敖、郏敖等国君。楚国是一个后发国家，在周人的封建贵族社会已经高度成熟时，它还处于部落首领的统治之下。所以所谓的"敖"，不排除就是楚国人对部落酋长的称呼。

原始社会中，贵族共治是普遍的国家治理形态，中央集权要等生产力发展到一定程度才会诞生。所以，大大小小的"敖"便应该是早期共治楚国的贵族头衔，直到楚武王称王，才算是在"敖"的上面加了一个大头领，初步展开集权尝试。《史记·楚世家第十》记载："子熊仪立，是为若敖。……二十七年，若敖卒，子熊坎立，是为霄敖。霄敖六年，卒，子熊徇立，是为蚡冒。"杜预在为《左传》作注解时，认为"不成君，无号谥者，楚皆谓之敖"，这种说法不能认为是错，但敖在楚武王前后，含义应当有所不同。楚武王之前，敖即是王，并无贬损的意思。楚武王之后，楚王既然称王，那敖就有"不成君之君"的意味了。

若敖氏的大兴，是以楚国版图的扩张和政治上的集权为大背景的。在这样的潮流下，贵族议事日渐式微，类似于后世丞相角色的"令尹"职位被发明出来。初代若敖（即熊仪之子）后若敖氏分化为斗氏和成氏两个家族，楚国的令尹便基本在这两个家族之间交替产生。国君后代家族把持令尹位置，当然不能算多么先进的制度，但比起贵族议事还是进了一大步。当人需要靠某个职位才能发号施令时，总强过于仅靠身份或者血统，哪怕是这个职位总是出自某个血统。因为一旦社会发展到某个阶段，职位与血统终究会脱钩，职业官僚制度便建立起来了。

楚国的政坛，波诡云谲，父子兄弟相残者层出不穷。若敖氏能长期屹立不倒，一方面因为家族能人辈出——不是治国有方的良相，便是用兵如神的良将，另一方面在于特别善于"站队"。成王弑兄夺位后，立刻发兵攻打郑国，却吃了一场败仗，国内的局面恐不是十分稳当。关键时刻，令尹子文"毁家纾难"，帮成王度过危机的同时，也给家族捞足了政治资本。子文坐上令尹宝座后，斗章、斗宜申、斗射师、斗般等人纷纷掌握楚国军政大权，一时间可谓是"众斗盈朝"。不过子文也不全是为门户私计提拔的这些人，诸斗大多是能力极强之辈。子文执政期间，楚国国力大张，其人可称是一位勤政恤民的政治家。

子文一生最大的问题是继承人的选择。他十分中意成氏家族的成得臣，培养他接任自己的令尹之职。《左传·僖公二十七年》记载："楚子将围宋，使子文治兵于睽，终朝而毕，不戮一人。子玉复治兵于蒍，终日而毕，鞭七人，贯三人耳。国老皆贺子文，子文饮之酒。"此时子文已经年老，不复当年的锐气，他为了衬托成得臣（子玉）治军之能，故意在阅兵时表现得昏聩不堪——"不戮一人"，一个人都没有处罚。等换了子玉，手段便刚猛无比，鞭打了七个士兵，用箭穿透了三个人的耳朵。目睹了子玉的强势，元老重臣们纷纷向子文祝贺，认为他选了一个优秀的接班人。

这件事也有不同意见者，年龄尚小的名臣蒍贾便很不看好成得臣："子玉刚而无礼，不可以治民，过三百乘，其不能以入矣。"子玉做事太猛太高调，刚而易折，让他带兵不能超过三百乘，超过了就回不来了。城濮之战果然验证了蒍贾的判断，子玉对退避三舍的晋军穷追不舍，在局面已经不利的情况下贪功恋战导致楚军惨败。于是子玉被楚成王勒令自尽。

但城濮之战验证了另一件事：若敖氏的私兵战斗力相当强悍。在左右两军都吃败仗的时候，以"若敖六卒"为核心的楚国中军依然维持着对晋中军的压制。城濮虽败，若敖氏的实力未损，所以若敖氏强盛崛起的势头，也没有因为成得臣的死而受挫。

楚成王四十四年（公元前628年），晋文公重耳去世，秦穆公试图打通东进路线，却在崤山中了晋国埋伏全军覆没。故而秦国选择联楚抗晋，楚国迎来了难得的发展机遇，若敖氏也在楚国争霸中原的过程中走向辉煌。成得臣死后，蒍贾的父亲蒍吕臣继任令尹，但此后连续五任令尹，都出身于若敖氏，分别为：斗勃、成大心（成得臣之子）、成嘉（成大心之弟）、斗般、斗越椒。而且蒍吕臣是个空壳令尹，完全无法与若敖氏抗衡，只干了一年就在斗勃、斗般、成大心、斗宜申等一众若敖氏的反对声中黯然下台，郁郁而终。

有道是"日中则昃，月满则亏"，若敖氏盛极一时的同时，自有人心中不满。强宗大族必定会侵夺君主的权利，晋国的桓庄之族、鲁国的三桓、郑国的七穆，莫不如此。区别是有的家族能够彻底架空国君，维持长久的兴盛局面，而有的家族则是被国君反杀，风流总被雨打风吹去。若敖氏辉煌的顶峰，恰恰是其走向衰落的起点，这个端倪，发迹于楚庄王三年（公元前611年）与庸国的战争。

庸国并非籍籍无名之辈，它地处楚国上游，称雄于巴、秦、楚之间。其势力范围最大的时候，北抵汉水，西跨巫江，南接长江，东越武当，是跟随周武王灭商的重要势力之一。庄王三年，楚国爆发了严重的饥荒，庸国认为机会来了，于是集结了从商朝开始就依附于自己的"百濮"（川南云贵等地的多个少数民族的总称），打算一举灭楚。楚国的应对非常丢人，满朝文武议来议去，结果居然是迁都到阪高（今湖北当阳）以避其锋芒。投降主义之所以大行其道，一方面固然是因为此时的楚庄王显得特别"不靠谱"，另一方面也因为执政的若敖家族（庄王三年时楚国令尹是子文之子斗般）失去了当年的锐气，变得暮气沉沉。

迁都之议抛出来以后，反对者只有芳贾一人。他尖锐地指出："我能往，寇亦可往，不如伐庸。"芳贾的意见无疑是正确的，庸国固然实力不弱，但楚国更强，只不过暂时受到灾荒影响。两强相持，有时候全凭一股气势，谁退让谁就输了。楚庄王采纳了芳贾的建议，力排众议，抢在庸之前干掉了庸国。

芳贾的老成谋国，与若敖氏的颟顸虚弱形成了强烈对比，庄王对其青睐有加。一方是王权力挺的新贵，一方是保守门户的世族，加上芳吕臣的旧恨，双方必然都视对方为眼中钉。二者的矛盾日渐激化，最终导致了芳贾被杀。《左传·宣公四年》记载："及令尹子文卒，斗般为令尹，子越为司马。芳贾为工正，谮子扬而杀之，子越为令尹，己为司马。子越又恶之，乃以若敖氏之族圈伯嬴于轑阳而杀之。"

他们之间不死不休的斗争，背后显然有王室暗中操纵的影子。斗越椒十分明白这里的关窍，所以杀掉芳贾后，便掉转枪口进攻庄王——"遂处烝野，将攻王"。楚庄王措手不及，情急之中宁愿以"三王之子"（当是楚文王、楚成王、楚穆王的王子）为人质换取若敖氏的息事宁人，却被断然拒绝。芳贾之死让若敖氏和庄王之间再无转圜的余地，只剩下杀掉庄王自立（或者扶持傀儡）

一条路可走了。若敖氏既然已经对楚王举兵相向，就不可能指望彼此还有重归于好的可能。庄王纵然签订了城下之盟，等他缓过劲儿来，难道不会找机会铲除叛臣吗？

这场战争的过程，《左传》描述了一些细节。战场上，斗越椒亲自张弓搭箭，两次射击庄王，都险些命中。他的箭势大力沉，钉在庄王的战车之上，箭羽尚且嗡嗡颤动。斗越椒的多力善射让王卒十分恐惧，楚庄王不得不撒谎骗他们："先王灭息时获得了三支利箭，被斗越椒偷走了两支，现在他已经用完了。"方才稳住了局面。度过了一开始的慌乱阶段，庄王大军压上，击溃了斗越椒的军队，若敖氏几乎被全灭，从此便从楚国政坛的中心消失了。

从战争的结果来看，若敖氏的实力可能是被高估了。不只是若敖氏自己高估了自己，庄王也高估了对手。他们错误地把"四世三公"的影响力想象成了实力：若敖氏在承平时节或许可以利用令尹的身份在楚国呼风唤雨，可一旦与王室公开翻脸，其声望必然一落千丈，在军事上自然也不是对手。

若敖氏主干被灭，只有两个小家族得以幸存。其中一人是子文之孙斗克黄，此前奉命出使齐国，斗越椒叛乱时他正在回楚国的路上。听说了若敖氏被灭的消息，手下纷纷劝他："不能再回去了啊。"斗克黄却说："如果我背弃国君的命令，哪个国家还会接纳我呢？大王好比是天，天是避得开的吗？"于是他就这么回了楚国，向庄王复命后便自己去监狱报到。斗克黄的忠诚打动了楚庄王，他追忆子文治楚的功绩，表示："子文这样的大功臣如果都绝后了，如何奖劝世人呢？"于是复了他的官，并赐名斗生，言其重获新生之意。

斗克黄"不逃死"的举动或许有点投机的成分，但在生死攸关的大事上敢搏一把，赌庄王不会杀自己，他也绝对称得上是一位勇士了。另一位幸存者斗贲皇却不可能这么赌，因为他是祸首斗越椒的儿子，身份决定了他连投降的机会都没有。天下之大，也只有晋国与楚国是死对头，且实力在楚国之上。斗贲皇战败后就亡命晋国，也不出意料地得到了晋景公的重用，被赐予苗邑，从此便称为苗贲皇，是中国苗姓人的始祖。苗贲皇对楚国的虚实了然于心，在鄢陵之战时献计献策，让晋国拿下了一场大胜。

若敖氏发萌于楚国早期夷夏之间的贵族大人的社会体制之中，崛起于楚国在江汉之间狂暴席卷的扩张进程之内，在楚国跨过汉水挑战中原各国旧秩序时攀上巅峰，并突然陨落。楚国的发展若敖氏做出了不可磨灭的贡献，但它也在同时过度壮大自身，过多地分走了王室的权力。它渐渐从楚国崛起的动力，变成了影响国家稳定的反作用力。当楚国的对手是汉阳诸姬或是江、黄、陈、蔡等小国时，它的分权状态尚无大碍。可现在楚国的对手已经变成了齐、晋等超级大国，每个都是楚国必须使出全力才能应付的劲敌。外部环境逼迫着它必须进行集权洗牌，垄断军政大权、视王室于无物的若敖氏，不亡何待？

随着若敖氏的覆灭，楚国的贵族政治走上正轨，蒍氏、屈氏等大族对朝局的影响力远不可与之同日而语。在楚庄王的操控下，楚国王室集权初步形成，随之步入了称霸四方的极盛时期。楚庄王是站在这个时代风口的弄潮儿，但很难说是庄王造就了楚国的霸业，还是楚国的霸业造就了庄王。

我们似乎可以做一些猜测：若敖氏早期的霸凌，是楚庄王"三年不飞不鸣"的根本原因。他隐忍潜伏，慢慢扶持亲近自己的力量，逐渐排挤若敖氏的势力。但不管庄王做得如何隐蔽，也不可能不被若敖氏察觉。双方的矛盾日渐激化，终于刀兵相见。庄王经过多年的经营，事实上已经稳操胜券。倘若不带感情色彩地看待若敖氏的兴衰史，其覆亡恰恰是楚国霸权降世前最后一道丰盛的祭品。一个时代已经过去，若敖氏血色的献祭，拉开了楚庄王问鼎中原大业的巨幕。

一飞冲天

楚成王一世英雄，可对手是齐桓公、晋文公这些猛人，可叹既生瑜何生亮，他的孙子楚庄王的运气就好得多了。他即位于公元前 613 年，此时晋国正值多事之秋：晋灵公在位已经八年，与专擅朝政的赵盾之间的矛盾越来越深，晋国的霸业在内斗中摇摇欲坠。晋国此后也将长期的陷入公室与卿族的拉锯中。楚国的事业，遇到了千载难逢的时间窗口。

庄王第一次制霸中原的尝试，尚在剿灭若敖氏之前。楚庄王八年（公元前606年），他亲自领军讨伐活动在伏牛山和熊耳山之间、伊水流域的陆浑之戎。然而伐陆浑之戎是假，向华夏诸侯炫耀武力是真。楚师渡过伊水，在洛水南岸，也就是雒邑的南郊举行了盛大的阅兵式。周王室被吓得不轻，派出了著名外交家王孙满前往应对。

二十年前王孙满还是个孩子的时候，就预言了穿越王畿的秦军必败，这支秦军果然在归途中被晋国在崤山埋伏，落了个全军覆没的下场。如今王室的日子越发艰难，南方的蛮夷已经把军队开到了周天子的眼皮底下，他临危受命，前去试探楚国的底牌。

《左传》和《史记》都记载了庄王向王孙满询问周朝镇国的九鼎之大小轻重的事。这几乎相当于公开宣布了自己的野心，将要取周王室而代之了。按照周人的说法，九鼎铸于夏，夏亡迁于商，商灭又归于周，是天命的象征（事实上，九鼎应当是周人自己铸造的，最多是从商纣王的府库里缴获了铸鼎的材料罢了）。庄王问这个话，即使不是威胁王室把九鼎献出，也有另起炉灶自己铸九鼎的意思。

周王室如今实力全无只剩名分，对涉及名分的事情分外敏感。王孙满回答如此尖锐的问题不敢掉以轻心，他说："在德不在鼎。"国家强大与否、是不是要改朝换代，鼎不重要，德行比较重要，所以九鼎的事儿你也就别问了。

这话说得言不由衷，如果鼎不重要，那把九鼎的参数告诉楚人又何妨呢？所以庄王步步紧逼："子无阻九鼎！楚国折钩之喙，足以为九鼎。"楚国人把戈的尖头折下来，足以铸出九鼎，这便是赤裸裸的武力威胁了。

王孙满不慌不忙，先用一声长叹稳住了局面："呜呼，君王其忘之乎？"接着，他仔细介绍了九鼎的来历，指出"德之休明，虽小必重；其奸回昏乱，虽大必轻"。言下之意，是楚国虽然实力是够了，但是德行尚缺，不足以为天下共主。

"德"这个东西很玄妙，比如周王室，虽然从实力上讲，如今已经比不上一个中等诸侯。但周天子又经常被拿来当作"尊王攘夷"的旗子，霸主们需要抬高自己的时候，也得借王室的排面。即使到春秋末年，赵、魏、韩事实上瓜分了晋国，也还是要通过从王室那里拿到一纸任命才算是名正言顺的诸侯，从此可以堂而皇之地与楚、燕、秦等老牌诸侯平起平坐。周王室统治天下的往事、周天子名义上天下共主的身份，这便是"德"。换个角度看，"德"包含了共识的惯性：即使王室是个空壳子，但暂时还没有哪个国家能让所有人心服口服。所以天下人仍然认可周天子至高无上的地位，这也是祖宗"遗德"的一种体现。在庄王的时代，楚国显然不可能凝聚出如此的共识，它不被当作蛮夷鄙视就不错了。

对话末尾，王孙满总结："昔成王定鼎于郏鄏，卜世三十，卜年七百，天所命也。周德虽衰，天命未改。鼎之轻重，未可问也。"他一再强调：周王室的"德"仅仅是衰微，并没有灭亡，天命犹在。庄王想必也意识到，虽然诸侯们并没有任何一个是真心忠于大周天子的，但如果自己有所动作，比如攻打王城、强夺九鼎，一定会招致中原其他诸侯全面的敌视，为晋国、齐国等联兵攻楚提供借口，那可真的是"慕虚名而处实祸"了。于是他不再纠缠九鼎的事，退兵而去。

这件事，人们往往将关注点放在王孙满的雄辩滔滔，而忽略了楚庄王的表现。理论上，楚国是有实力给周天子一点颜色看看的，中原诸侯也没有力量对楚国进行反制。特别是晋国，此前一年刚刚经历晋灵公被弑，自不具备与楚国正面作战的能力。但庄王遏制住了立即"问鼎周室"的冲动，接受了王孙满的劝说，这是需要容人之量和纳谏之勇的。当然也有一种可能——楚庄王本就无意于开战，而是计划将冲突控制在有限的范围内。这或许与楚国内部若敖氏的隐忧仍未消除有关。无论是哪种情形，楚庄王高高举起轻轻放下，既展现了实力，又没引发实质性冲突，不失为长袖善舞、能屈能伸的典范。

此番行动是庄王争霸的初试啼声之举，随后国内就爆发了若敖氏之乱。戡平祸乱之后，庄王正式踏上了霸业的征途。通过观兵周郊，问鼎周室，他发现中原诸侯的虚弱。庄王十三年（公元前601年），庄王对叛变的群舒大举用兵，兵锋直指吴越两国，逼迫二者与楚国结盟。这次征伐最大的意义在于安定了楚国的后方，保护了东部地区铜矿基地的安全。但庄王十三年和十四年（公元前600年），楚国与晋国在针对郑国的关键性争夺上都吃了败仗，这让庄王不得不仔细思考楚国未来的发展战略了。

如同王孙满所说，楚国威则威矣，于德则不足。德虽说是个玄幻的东西，但切切实实让楚国在与大国的争斗中处于下风。晋国、齐国总能团结一大拨"小弟"，在实力总量上压倒楚国。而楚国就只能单打独斗。想明白了这一点，庄王掌握了争霸成功的"钥匙"——高举大义旗帜，构造以楚国为中心的国际新秩序。

庄王十六年（公元前598年），庄王起兵伐陈。《左传·宣公十一年》记载："楚子为陈夏氏乱故，伐陈。谓陈人无动，将讨于少西氏。"与以往历次战争不同的是，此次楚国出兵打出了冠冕堂皇的旗号——陈国的夏徵舒弑君。他们事先布告陈国上下无须恐慌，征讨的对象仅仅是乱政的夏氏，不会伤及无辜。楚国的通告瓦解了陈国的斗志，楚师不费吹灰之力就攻破陈都，杀了夏徵舒。

其实夏徵舒并非十恶不赦之辈，他的人生是一个悲剧。被他杀掉的陈灵公为人十分荒淫，从夏徵舒还是个孩子的时候，就与其寡母夏姬私通。夏姬的情人不止国君，还有大臣公孙宁与仪行父。而且她公开与三位情人同时交往，他们经常在夏姬家中聚会，饮酒食肉，白日宣淫，完全不避开已经成年的夏徵舒。最后一次宴饮时，几个人都喝多了，互相戏谑，说夏徵舒这里长得像灵公，那里长得像仪行父。夏徵舒终于爆发了——辱及先父，孰不可忍！便召集家兵，杀掉了陈灵公。因此陈灵公被弑根本就是咎由自取。

庄王捕杀了夏徵舒，却宣布灭陈置县，将先前的承诺抛诸脑后了。庄王执政已久，灭若敖氏后威权日重，故而对于主君食言而肥的决策，群臣个个噤若寒蝉，不敢违背，反而纷纷道贺。唯有申叔时一人不贺，心中有愧的庄王忍不住责问他为何不道贺。申叔时举了一个精妙的例子："牵着牛踏坏了别人的田，这种行为当然是有错的。但若是因此就夺了别人的牛，是不是太过分了呢？我们召集诸侯攻陈，为的是讨伐弑君之罪。可现在却把陈给吞并了，诸侯难道不会觉得所谓伐罪不过是个借口，实质上是贪图陈国的富庶吗？"庄王大赞，当下接受了申叔时的劝谏，把逃亡到晋国的陈国太子迎接回来，复了陈国的社稷。

如何评价庄王的这番作为，《左传·宣公十一年》记载的是"冬十月，楚人杀陈夏徵舒"这件事，《公羊传·宣公十一年》间接予以了肯定：

> 此楚子也，其称人何？贬。曷为贬？不与外讨也。不与外讨者，因其讨乎外而不与也，虽内讨亦不与也。曷为不与？实与而文不与。文曷为不与？诸侯之义不得专讨也。诸侯之义不得专讨，则其曰实与之何？上无天子，下无方伯，天下诸侯有为无道者，臣弑君，子弑父，力能讨之，则讨之可也。

公羊高认为"楚人"这个称呼有问题，庄王是"楚子"，称之为"人"是一种贬斥。贬斥的原因很简单，因为孔子并不赞同"外讨"。但公羊高进一步解释：孔子是形式上反对，实质上支持。因为按照周王室的规矩，诸侯不得擅自讨伐其他诸侯，即使是诸侯有罪，也只有周天子有权征讨，所谓"天下有道，则礼乐征伐自天子出"。但当时的实际情况是天下无道，周天子早已名存实亡，无法履行维持四海秩序的义务。事急从权，在"上无天子，下无方伯"的时候，假如诸侯国内出现了弑君弑父的恶性事件，有能力的诸侯是可以"外讨"的。

公羊学作为官方意识形态大兴于汉初，"攘夷"是其最重要的经义之一，这与汉匈的对立有很大关系。《公羊传》中随处可见的是对楚国这个蛮夷之国的敌视，能让汉儒承认庄王伐陈是义举非常不容易。申叔时的道理其实很好懂，真正难以消解的是人的贪欲。楚庄王是性情中人，不可能对到手的土地不动心。但他克制住了自己，贯彻了立威更立德的新战略，在伐陈这件事上，大大树立了楚国的威望。

如果说过去人们对楚国的认识仅仅是强横霸道，那么庄王此举无疑给楚国在道义方面加了许多分。为了消除夷夏之辨，庄王舍弃眼前利益，选择伸张正义，换来的是列国的尊重和对楚国的重新审视，不能不说是非常有战略眼光的举措。按照孟子"以力假仁者霸"的定义，楚庄王此时已经登上了霸主的宝座。但通向王座之路永远不会平坦，在击败宿敌晋国之前，楚国的霸主地位还不够实至名归。

庄王十七年（公元前597年），庄王起兵伐郑，以惩戒对方在晋楚之间的首鼠两端。围城十七天后，新郑摇摇欲坠。郑人就是求和还是死战到底求神问卜，结论是当战不当降。郑国人或许是受够了在两大强国之间的夹板气，既然神明有指示，他们决心与城池共存亡。《左传》记载："国人大临，守陴者皆哭。""临"和"哭"在当时是送丧的仪式，表明举国上下都已经提前为自己举行了葬礼，活着的人都把自己当成死人看待，此后的战斗必将生死置之度外了。

看到对手如此硬气，楚庄王有点被震撼了，遂下令让楚师暂时后撤，等郑国人把城墙修好了再重新攻城。这一攻就是三个月时间，郑国人终于被打败，楚军鱼贯杀进新郑城中。郑襄公肉袒牵羊向庄王请降，表示郑国已势穷力竭，要杀要剐任凭胜利者处置。左右都撺掇庄王——既然郑国如此不识相，不如这次就把它灭了。但庄王不为所动，他说："郑国的国君能为保全人民而委屈自己，这样的国家气数未尽啊。"当即命令全军退后三十里，派人入城与郑国议和。

郑国在强大的楚军围攻下坚持了三个月城破而降，这段时间晋国在干什么呢？他们很可能在观望，这是春秋霸主的故技，救援盟友的时候总是姗姗来迟，等攻守两方都疲惫不堪的时候自己再出手。一来避开对手的锋芒，二来在最危急时刻才出现会让盟友加倍感激。当然，也有可能是晋国内部对是否出兵一直未能达成共识，耽误了事情。而且他们也没想到楚国的攻势如此强劲，要不是楚庄王特意要示人以德，连三个月都用不着，只用十七天就能拿下新郑。

晋国大军抵达黄河北岸的时候，郑国投降的消息刚好传到军中，引发了指挥员们的严重分歧。中军将荀林父认为，既然郑国已经臣服于楚，坚持原计划就失去了意义，如果继续进军，所谓救郑就变成了伐郑。不如这次暂且退兵，徐徐图之。上军将士会也支持荀林父的意见，他发表了一通极长的讲话，着重指出今天的楚国不是城濮之战时的楚国了，楚庄王、孙叔敖君明臣贤，国内大治，将士用命，这样的对手并不好惹。

荀林父、士会的意见无疑是老成谋国之言——不打无把握之仗，事实上，沉稳的栾书、荀首都反对与风头正劲的楚军交战。但晋国的国情特殊，此时卿族已经抬头，主帅荀林父缺乏统御全军的威望。各家卿族都有自己的想法，特别是先氏、魏氏、赵氏的几个后代，立刻就跳出来了。中军佐先縠反驳："不可。晋所以霸，师武臣力也。今失诸侯，不可谓力。有敌而不从，不可谓武。由我失霸，不如死。且成师以出，闻敌强而退，非夫也。命为军师，而卒以非夫，唯群子能，我弗为也。"他指责荀林父等人太猥琐，遇敌不敢战，晋国颜面何存？霸业在自己这些人手上衰落，谁担得起这个责任？仿佛其他人都是不爱国的人，只有他一个人爱国。

话说到这个份上，谁敢讲"霸业随它去"呢？在任何时候，抢占道德制高点总是一种稳胜不败的战术。别人讨论技术层面的问题，比如楚国实力强大不好对付，而你这边只需要高举旗帜、大谈主义，就足以让任何敢于反对者闭嘴。有恃无恐的先縠也不等主帅批准，就以中军佐的身份带领着一半中军南渡黄河，与楚军对垒去了。

这下荀林父就尴尬了：率领大军跟随渡河的话，等于是被先縠绑架，去打一场自己明明不想打的恶仗；可要是坐视不管的话，先縠孤军深入，战败是必然的，自己作为主帅也难辞其咎。荀林父最终选择了赌一把，全军渡河与楚国决战，指望着用一胜遮百丑。

晋国全师而来，楚庄王其实也有点慌，晋国多年霸主的威名、城濮之战惨败的阴影笼罩着他。对楚国来说，与晋国议和是上上之选。楚国已经收服了郑国，此次出兵的目的已经达到。万一和晋国交战败北，此前服郑的战果必将前功尽弃。即使是个赌徒，也懂得见好就收的道理。于是庄王派出使者，去晋国军中传达和平意愿，晋国的主和派也就坡下驴，做出了避免战争的努力。但是先縠再次出手，让赵家的后代赵括把同意和谈的回文改成了宣战书，两国的正面碰撞已在所难免。

大战在即，魏氏的魏锜和赵氏小宗邯郸氏的赵旃两个人请求当先锋，此时荀林父对和平仍然抱有幻想，不同意。他们立刻改口，申请去与楚军和谈，而荀林父居然就同意了。他们便打着和谈的旗号去楚营挑战，被楚国人打得屁滚尿流。这两个人的失败，带来了一连串的连锁反应，楚军乘胜进军，晋国大军措手不及，最终导致了全军雪崩般的溃败。

晋国的崩溃是必然的：主帅主和，副帅主战，全军上下无所适从；大战在即，却既没有统一思想，也没有形成合力。比如赵氏的赵婴齐，事先就在黄河岸边准备了船，一看势头不对就带着部下逃跑了。荀林父看楚军击破晋军前部，没有组织任何像样的抵抗就宣布"先渡河（撤退）者有赏"。统帅失去了斗志，下面的人便只可能是乌合之众。原本战力强大的晋国中军、下军为了争夺渡河的船只而自相残杀：先上船的人不等后面的人上来就赶紧划向对岸，岸上的人纷纷跳入水中，双手紧紧扒着船沿，想搭上逃出生天的末班车。船里的人担心翻船，便拔剑乱砍，许多人的手指都被砍断了，掉在船舱之中，"舟中之指可掬也"。

晋国有一队车马在逃亡中陷入泥潭，战马声嘶力竭也无法把战车拖出来。生死之际，耳边传来一个声音："为什么不把车前的横木抽掉呢？"士兵们抽掉横木，然而马匹依然是打转不前。有个声音又说："把车上的大旗伞盖丢掉，减重啊。"经过这一番操作，战车终于从泥潭里挣扎出来，晋国人得以逃生。刚回过头来想答谢救命恩人，才发现出言相助者，居然是疯狂追杀自己的楚国士兵。晋国人老脸发红，感谢的话无论如何也说不出口，憋了半天，总算冒出一句："吾不如大国之数奔也。"意思是，我们晋国屡战屡胜，对战败逃跑这件事一点也不在行。不像贵国，有着丰富的战败逃命经验，这件事你们果然专业，佩服佩服，向你们学习。楚国人却也没有因此恼羞成怒，他们好人做到底，依然很有风度地放了这帮晋国人逃命去了。

晋国人的"贫嘴"看似解气，但打了一场大败仗是事实。他们其实应该感谢楚庄王，正是因为庄王不想赶尽杀绝，楚国士兵才表现得如此有素质。事实上，这件事只是整场战役中楚国人高抬贵手的一个缩影。胜利的当晚，楚军在邲水岸边宿营，放任已经不成建制的晋军渡河溃退，这一整夜邲水边晋军败兵人喊马嘶，闹腾得很。楚军如果想要穷追猛打，这些人是逃不回去的。

为了庆祝邲之战空前的胜利，大臣潘党建议庄王将战死的晋军尸体堆积起来，筑成"京观"，以炫耀楚国的赫赫武功。庄王否决了这个提议，他指出——"武"字是一个"止"加一个"戈"，也就是说，"武"指的是能禁暴戢乱，而非穷兵黩武。武王克商，作《诗经·周颂·时迈》曰"载戢干戈，载橐弓矢。我求懿德，肆于时夏，允王保之"。武有七德：禁暴、戢兵、保大、定功、安民、和众、丰财。如今我们侥幸战胜了晋国，但两边损失都不小，晋国实力和威望仍在，将尸体筑为京观陈列只可能激怒对方，陷入不死不休的局面。其他诸侯也会认为楚国仍然是茹毛饮血的蛮人，对我们只畏威而不怀德，于楚国霸业又有何益？于是，他只是在河边草草筑造了一座先君的庙堂，向祖宗汇报了胜利便罢手。

庄王的性格在邲之战中显露无遗：豪放、豁达、理性、克制。如果没有并吞天下的气魄，他不会毅然决策与雄霸中原的晋国正面开战。如果没有豁达的胸襟和自我克制的能力，在战胜楚国多年的劲敌后，他也做不出放人一马的举动。楚庄王的一生，是霸气与宽容并举的，所以能将楚国带入巅峰时期。

但即便是庄王这般英雄人物，也有过托大误事的时候。庄王十九年（公元前595年），申舟出使齐国，公子冯出使晋国。楚到齐，宋国是必经之路；楚到晋，郑国是必经之路。按照春秋时期的国际惯例，使臣途经他国，需要向该国借道以示尊重，但庄王偏偏就不让申舟和公子冯借道，就这么大摇大摆地从两国境内穿越。公子冯领命而去，申舟死活不肯干。他说："郑昭宋聋，晋使不害，我则必死。"意思是，郑国人眼珠子活络，哪怕不借道，他们也不敢拿公子冯怎么样。但宋国人历来是榆木脑袋一根筋，他们要是觉得自己被侮辱了，做事可是不计后果的，我可就死定了。

但庄王这次明明就是要试探郑国和宋国对楚国的服从程度，所以他强逼着申舟去宋国，还承诺如果宋国杀了申舟，自己就兴兵为他复仇。但郑国才被楚国降服，而宋国却一直不买楚国的账，两位使者冒的风险差距很大。申舟感觉这次在劫难逃，于是带着儿子去见了庄王便启程了，是为托孤之意。

其实，申舟不敢去宋国，另有一层原因：他曾经狠狠地得罪了宋国。之前，庄王的父亲楚穆王兵临宋国，宋国服软，于是楚穆王组织了一场田猎，宋昭公、郑穆公都带队参与了。本来约定好，宋昭公带取火工具，结果不知道为什么没带。时任左司马的申舟大发雷霆，鞭笞了宋昭公的车夫，并遍示三军以儆效尤。宋昭公堂堂一国之君，被他国的臣子削了面子，只是碍于楚国势大不敢发作，内心的愤怒可想而知，对申舟更是恨之入骨。这次申舟出使齐国，倘若走正规渠道向宋国借道，宋国也未必敢杀他以泄私愤。可楚国无礼在先，跟申舟又是仇人相见，自然是不会放过他。不出所料，宋国人把申舟抓起来砍了脑袋。申舟的悲剧，警醒着每一个人：得意切莫忘形，做事当留三分余地。如果他当初不把事情做绝，也未必会丧命于宋人之手。

听说申舟被杀，楚庄王勃然大怒，《左传》记载他大袖一挥，猛地长身而立，冲出寝宫狂奔而去。侍臣们慌慌张张地跟在后面，在王官的通道里才给他穿上鞋，在寝宫门外才给他佩戴上剑，马车是在城里的市集上才追上了庄王。从他的愤怒与失态不难推断，庄王无意让申舟去赴必死之局，因为他内心中并不认为宋国敢杀掉自己的使臣。

但庄王毕竟是庄王，此前他夸下海口，如果申舟被杀则必兴兵伐宋，他也的确是说到做到。公元前595年九月，楚大军兵临城下，宋国首都被围了个水泄不通。到了第二年春天，宋人不支，向晋国求救。晋国邲之战才败给楚国，已经丧失了争霸的信心，讨论来讨论去，决定放弃宋国，任其自生自灭。但他们又不甘心，想了个出工不出力的歪主意，派了使臣解扬去忽悠宋国人，说晋国已经举国动员，援军马上就要到了。指望以此激发宋国死守的意志，让楚国知难而退。可解扬很倒霉，半道上被投靠了楚国的郑国抓住，送到了庄王面前。庄王重赏解扬，让他跟宋国人说晋国不会来救了。解扬佯装不肯，再三劝说后方才允诺。可等到他登上楼车向宋人喊话时，却说的是"晋国大军马上就要到了，你们死守待援就行"。

解扬欺骗了庄王，成功完成使命，但他的小命是保不住了。楚庄王在杀他之前，派人谴责道："你不讲信用，出尔反尔，那就别怪我痛下杀手了。"解扬回答："臣无二君，我对您讲信用，那不就是对晋君不讲信用吗？"这番对答，让庄王犹豫了。解扬确实欺骗了自己，但他是晋国的臣子，欺骗楚国大王似乎算不得什么罪过。此人舍生忘死，为了履行对本国国君的忠诚不惜性命，无疑是一位谋勇兼备的贤臣。权衡再三，庄王大气地释放了解扬。

义释解扬，折射的是庄王的价值观：他心中有着非常明确的善恶与对错标准，他认为对的事、善的人，哪怕是敌人，哪怕是极大地损害了自己的利益，也会网开一面。这恰恰是楚庄王的可爱之处，即使身处政治漩涡的中心，自身遭遇过阴谋与背叛，却仍然保留着纯真的是非观。

解扬帮宋国"画的饼"居然真的起了奇效，宋人矢志坚守，硬生生扛住了楚国大军的攻势，一直拖到了第二年五月。这正是一年里最重要的农忙时节，楚庄王挺不住了，打算撤军。申舟的儿子申犀哭着责备庄王："我父亲明知必死，却为了执行王命毅然去宋国，如今大王难道要食言吗？"庄王自知理亏，无言以对。侍奉在旁的申叔时想了一着妙棋，他建议楚军就地造房子，再派遣部分士卒归国种田，向宋国表示并无归意。围城接近十个月，宋国必然也在崩溃的边缘，见楚国人这个做派，肯定要投降。果然如申叔时所料，宋国城内已经弹尽粮绝，人们易子而食，城破就在眼前。重压之下，宋国向楚国乞和，庄王相信了宋国的诚意，退兵三十里与宋国盟誓，收服了这个从成王时代就坚决与楚国死抗的国家。

与这些惊天动地的大事相比，楚庄王流传最广的故事反倒是一件"香艳"的小事。根据《说苑》记载，庄王大宴群臣，时值深夜，大家都喝得东倒西歪。此时一阵风吹灭了堂中灯火，某个色胆包天的臣子居然暗中拉扯庄王侍妾的衣袖。这个女子反应极快，扯下了骚扰者帽子上的缨带，向夫君告状，让他点亮灯火把这个色狼揪出来。庄王却立刻制止了下面人点灯的举动，朗声说道："今天长夜之饮，大家都把帽子摘了再继续痛饮，一定要尽欢而散。"邲之战时，这位侥幸逃过惩罚的臣子屡屡击溃晋军，勇猛异于常人。庄王一问方知，这就是当初拉扯侍妾之人。《左传》中并未记载这件事，恐怕是汉朝人杜撰的，却与庄王一贯的言行相符。

收服宋国三年后，庄王为了休养民力，没有发动任何新的战争。他的霸业也就到此为止了，在四十多岁的盛年猝然逝去，留给后代楚王的是一座无法逾越的丰碑。他就是这样一位英武豪迈又雅量高致的霸主，永远充满着勃勃雄心，永远保留着一颗赤子之心。他神武睿哲、霸气天成，但又能虚怀纳谏、勇于改过。他有无比宽阔的胸襟，能容人之过，能得人死力。他聪慧而博学，宽容又理性，无愧一代明主。

在庄王执政生涯的最后几年，晋国、齐国、秦国噤若寒蝉，宋国、郑国匍匐在楚国的脚下不敢动弹，放眼四海已无对手。但盛世之下，必有隐忧。谁都没有料想到，东方一个并不在楚国眼里的部族将勃然而兴，成为楚国挥之不去的噩梦。

日暮途远

长时间以来，楚国在中原列国心目中仍然是蛮夷，顶多是实力足够强大的蛮夷罢了。毕竟几代人前，楚武王自己都亲口说"我蛮夷也"，即使楚国的文化已经非常先进，在交通和信息传递都极不发达的春秋时代，刻板印象也会长久持续下去。

但在庄王的曾孙昭王的晚期，楚国的风格切实发生了巨大的改变。昭王二十七年（公元前489年），吴国攻打楚国的附庸陈国。陈国就是庄王擒杀夏徵舒的那个陈国，当时就险些亡国，在申叔时的谏言下才得以保全，但最终被庄王的儿子共王灭掉。等到楚平王通过阴谋篡夺王位时，为了收买人心才得以复国，可以说是虚弱不堪了。昭王只得亲率大军前往救援，但在军中得了重病。偏偏老天爷凑趣，又弄出个"赤云如鸟，夹日而蜚"的异象来恐吓昭王。经过周王室太史的卜算（也搞不清为什么周太史会出现在这里），这是楚王命不久矣的征兆，但并非无药可救，能通过祷告把厄运转移到臣下身上。

楚国将相们纷纷请求"自以身祷于神"，愿意代大王一死。但昭王否决了这一提议，他说："将相，孤之股肱也，今移祸，庸去是身乎？"

古代，常常把臣子比作股肱也就是大腿和胳膊，而把君王比为元首也就是脑袋。昭王的意思是，如果一个人脑袋得了病，一通操作后把病移到了大腿胳膊之上，请问有什么意义呢？病不还是没有离开身体吗？

周太史还精准地占卜出，这次捣鬼的是黄河，想要活命最好向黄河祷告，求得它的宽恕。昭王就更不买账了："自吾先王受封，望不过江、汉，而河非所获罪也。"楚国是受封于江汉之间的国家，黄河哪里能祸祸到我呢？

楚昭王的言行，完全脱离了早年楚王们霸气蛮横又愚昧迷信的风格，完全是一副对鬼神"存而不论"的周人做派了。所以司马迁借孔子之口盛赞其："楚昭王通大道矣。其不失国，宜哉！"

不过疾病并不会因为你讲不讲道理而区别对待，昭王还是一病不起了。弥留之际，他回顾了执政的业绩，自认为是失败的二十七年，自己能死在病床上已属万幸，子孙着实不配再坐在大位之上，决定传位于弟弟公子申。公子申坚决推辞了，让给下一个弟弟公子结，公子结也固辞。昭王无奈，召来最小的弟弟公子闾，五次下令公子闾才勉强接受。等昭王病逝，公子闾就宣布："大王病得太重，已经糊涂了，天下哪里有不传位给儿子而传位给臣子的道理？我刚才之所以答应，是宽慰他的心。现在大王不在了，我们做臣子的怎能不遵从大王的本心，让他的儿子即位呢？"最后好歹从越国迎回公子章继位，是为楚惠王。

嫡长子继承制从何时开始也成了楚国王族的共识我们不得而知。回溯楚国的历史，有杀侄自立的武王熊通和灵王熊围，有杀兄自立的第八代楚王熊延和成王熊恽，有弑父自立的穆王熊商臣。甚至在成王打算立太子时，令尹斗勃理直气壮地指出："楚国之举，恒在少者。"意思是我大楚自有国情在此，年少的儿子比较有前途。唯独没有听说楚国人有嫡长子继承的传统（当然，楚惠王也未必是嫡长子）。但为何到楚昭王时，此前王室养蛊、力强者为王的"传统"都已经被遗忘，国君的兄弟们不但不争不抢，甚至连送到手的王位都不肯要了呢？

这并不是说中原诸侯就没有篡逆弑君之事，而是在正常状态下，一个约定俗成的共识便是嫡长子有着天然合法的继承权。但正如第一章所言，这种制度是有很大的弊端的，是牺牲了公平以换取效率的妥协之举，因为谁也不能保证嫡长子一定贤能。比如晋惠帝，国家交到他手中，前途不问可知。楚国在创业阶段有着非常旺盛的进取精神，与"强者为王"的传统是分不开的，楚国的臣民们并不在乎宫廷斗争的胜利者是谁，只要王足够强大即可。

昭王让位、兄弟不接受而选择拥立昭王之子，证明楚国已经走出野蛮拥抱文明，或者说"华夏化"了。随之而来的是文明化的弊端——进取精神的退化。

这当然不是说，谁接受了华夏文明，谁就会退化成弱者，更不能说华夏文明是弱者的文明。楚国的文明水平与中原并没有代际差距。其次，它们华夏化的进程是渐进的。楚国与中原的交流持续了几百年，在此期间逐步建立起有楚国特色的封建主义，但特色的程度有限，基本上是大篇幅照搬周人的礼仪典章。那么，必然它们也会受到周制弊端的困扰。

这个困扰，除了表现在进取能力衰退上，也表现为楚国的中央权力逐渐被群公子瓜分，变为类似众诸侯的群公子政治。但楚国的群公子政治相对不那么极端，不像鲁国的三桓、郑国的七穆完全架空国君，春秋时期历代楚王的集权程度都还能维持自身的威势。如果说鲁国、郑国是公室掌握权柄的极端，晋国是公室极度弱势的另一个极端，那么楚国便是介于二者之间的中庸形态。楚国的重要岗位既不是站满了"七大姑八大姨"，搞得朝堂一片乌烟瘴气，也不是"无畜群公子"，令国君独立于朝的凶险局面。

庄王的时代，楚国的版图已经扩张为列国之首，等到战国前期，更是几乎占了天下之半，说它是一只南国巨兽当之无愧。可楚国的隐忧也始于此，过于辽阔的版图，既是楚国强大实力的保障，也带来了高昂的治理成本。于是楚国选择了和周王室一样的路径——分封诸侯。前文提到，楚文王时代就设立了行政单位"县"。县的管理者称为县公，往往由王室宗亲担任。县孤悬海外，主要分布在北部边境和新征服的淮河流域，目的是解决遥远地区无法直接统治的难题。以楚国国土面积之大，一条信息从边境传递到首都的时间可能要以月计，任何问题都由中央政府直接发号施令显然没有可操作性。何况这些边境地区经常爆发战事，战场瞬息万变，如果不赋予县公充足的军政大权，守住土地都成问题，遑论有效治理了。

试想，县公手握边境一个县的民政、财政、军政之权，口含天宪，言出法随，那他和一国之君又有什么区别呢？本质区别是存在的：楚县的土地不赏赐给卿大夫家族世袭，而是由国君直接掌控，从中抽取赋税补贴军用。甚至县公有时候都会被调动，县公的位置也不能传给儿子。这就是楚国的分封制比周王室分封制强的地方了：县公体制加入了一点职业官僚的色彩（虽说县公们的权力比后世的县令要大得多），这使得大部分时刻，县公既有足够的权力以应对战争、灾害、暴乱等突发情况，又不至于尾大不掉，与楚国中央形成类似齐、秦、晋、楚跟周天子那种离心离德的关系。而且王室始终握有比较强的武力，足以对县公形成威慑，在必要的时刻有力量镇压县公。所以楚国的县公总体而言对国家是真正的屏藩，起到了积极的正面作用。

但《史记·楚世家》中，也有县公强大到几乎无法制约的例子。楚惠王即位的第二年，时任令尹子西（也就是前文提到的公子申）解决了楚国的一个历史遗留问题——将故太子建的儿子王孙胜从吴国召回，并封他为巢邑的县公，从此号称白公。太子建是楚惠王的大伯，被迫害而死，儿子王孙胜便一直流落在外与楚国为敌。这段公案我们在下一章再详细讲说，兹不赘述。

白公胜其人"好兵而下士"，一贯好勇斗狠。因为父亲太子建死在郑国人手里，所以他无时无刻不想着复仇。回归楚国后，便要求子西助他发兵伐郑。子西随口答应了。但不承想惠王八年（公元前481年）晋国伐郑，子西奉命带兵救郑，收了郑国许多好处，便结盟而回。这导致了白公胜的不满，认为子西欺骗了自己，便派遣刺客刺杀了子西，劫持了楚惠王，在一片混乱中自立为王。楚国上下束手无策，最后终结这场乱局的人是谁呢？是另一位县公沈诸梁。

沈诸梁这个名字或许让人感到陌生，但他的头衔"叶公"，恐怕无人不晓。

两千多年来，沈诸梁都因为"叶公好龙"而以滑稽人物的形象留存在后人心中，但他实际上是个深得人心的卓越政治家。为了证明叶公的伟大，《左传》中饶有兴致地给后人讲了一个有趣的故事。

沈诸梁带着叶县的军队出现在郢都北门之外时，他遇到一位首都群众。这名群众对叶公居然没有佩戴头盔表示了深深的忧虑："君胡不胄？国人望君如望慈父母焉。盗贼之矢若伤君，是绝民望也。"——叶公您是全村的希望，要是因为不戴头盔而被叛军的流失所伤，人民还有什么希望呢？沈诸梁觉得他说得很有道理，于是戴上头盔，指挥军队继续进发。

没走几步，又遇到第二位首都群众。与第一位相反的是，这名群众对叶公居然佩戴了头盔表示很不解："君胡胄？国人望君如望岁焉，日日以几。若见君面，是得艾也。民知不死，其亦夫又奋心，犹将旌君以徇于国，而又掩面以绝民望，不亦甚乎？"——叶公您是全村的希望，国人盼着您来就像盼望着丰年一样，只有见到你的面才能安心。一旦知道是您亲率大军前来，大家一定会打着你的旗号，把好消息传遍四处。如今头盔遮面，谁知道来的是不是真的叶公呢？沈诸梁觉得他说得同样很有道理，便摘下头盔，率领军队和国人，不费吹灰之力灭掉了白公胜。

这个故事是真是假，实在是无从考证了，但叶公沈诸梁在楚国的威望极高当是事实。一个地方官员，声势上盖过了楚王，实力上镇压了楚王都无法镇压的叛乱，说明什么问题？白公胜的倒行逆施、恩将仇报固不必言，这种人显然不能成大事。但是他在楚国毫无根基，归国六年后就能以一县之力杀令尹、囚楚王、霸占朝堂一个月时间，乱事必须靠着其他县公的力量才能平定，可见王室的孱弱和县公的强悍。更耐人寻味的是，白公之乱平定之后，沈诸梁兼任令尹和司马，独揽楚国军政大权。但他并没有在这个一人之下的位子上干多久，便匆匆交权回到了叶县，并终老于此。如果沈诸梁不是视权力如粪土，那只能说明做县公比做令尹、司马更让人愉快。

除了白公之乱，县公并没有给楚国的政局带来太多的动荡，证明这个体系仍然是利大于弊的。楚国的分封是一种有限的分封，没有完全照搬西周"授土授民"的分封，它应当是吸取了周王室衰微、诸侯各自为政的教训。楚国是一个"首都群公子政治"与"边境县公有限分封"的奇怪综合体，它的分封不彻底，集权也同样不彻底，楚国政治别扭的特质就在于此。但正是这种两头都不够强大的格局，让王权与封君形成了微妙的平衡，维系着这条大船沿着惯性前行。楚国从春秋早期的小而精悍，发展到春秋晚期的大而不强，背后的逻辑便在于此。到了战国早期，楚悼王支持外来户吴起搞法家改革，大面积打击封君贵族，才稍微缓解了楚国王权不张的窘境。然而随着楚悼王去世，失去靠山的吴起便立刻被"饱受迫害"的封君们清算，他的集权变法也就人亡政息了。

说到楚国的大，确实是大之极也，县公的存在便是为了解决国土过大无法治理的难题。楚国土地面积大，但人口少，人口密度极低。在农业时代，人口密度几乎是衡量发达程度的唯一标准，所以有理由相信楚国的大而不强，与过低的人口密度有关系。战国时的人口分布难有确切数字，但不妨用西汉的数据做定性的推断——西汉的人口分布，如果以秦岭、淮河为界，北方人口约八成，南方人口不足两成。

战国的人口分布，与西汉应当不会有特别大的出入。楚国占据了中国接近一半的地盘，人口却只占两成，人口的分散程度可想而知。它虽然地大物博，但境内山脉广布，江河纵横，人口分散，难以整合为一个整体。

观察春秋晚期到战国的楚国，会发现几个现象：

一、楚国扩张太快，强邻众多，国防压力大。

二、贵族势力强大，地方势力盘根错节，君权分散。

三、昏君频出。

这三个现象，看似并无关联，实则互为因果：

其一，楚国不是一般意义上的周人诸侯，并没有分封子弟的传统。如果不是因为扩张太快，树敌过多，边境距离首都过于遥远，本无须分封县公。恰恰是因为县公有存在的必要性，并且不得不授予巨大的权力，才造成地方势力尾大不掉。

其二，贵族势力的膨胀必定会制约王权的伸张，每一任楚王都面临着同样的局面：县公封君们骄横跋扈，自身实力不足无力约束。他们也面临着同样的选择：动手收权或者视若无睹。动手收权有可能成功也有可能失败——集雄心、智慧与气运于一身者有可能成功，如楚庄王，灭若敖氏、称霸中原，历史评价自然是一代明君。但正因为搞改革、挑战固有秩序从来都是成功率极低的事，所以楚庄王才是那凤毛麟角。收权失败者身死道消，不用说只能笑纳恶评，如楚灵王。剩下来的，便是平庸的其他楚王。他们缺乏斗争的勇气与毅力，选择"做二十年太平天子"，收获庸碌甚至昏聩的评价也就不足为奇了。昏庸的大王与晦暗的政治格局，与其说前者是导致后者的原因，不如说前者是后者塑造的结果。

任何事物都有两面性，楚国政治的贵族化也有积极意义。地方上的封君贵族，导致楚国的中央集权一直不强，但对外来的敌人，地方豪强捍卫自己土地的决心却是最强的。所以即使战国末期楚国为秦所灭，奋起亡秦者也还是楚人。这个坚毅倔强、浪漫不羁的南方部族，立国几近八百年，创造了辉煌灿烂的楚文化，在汉朝时终于彻底与中原文化合流，融为中华文明不可分割的一部分，这是后话了。

第七章

吴越春秋

季札挂剑

吴公子季札，是《左传》特别偏爱的一个人物。与之仿佛的，还有晋国的羊舌叔向、郑国的公孙子产。这三个人都是儒雅博学的谦谦君子，是完美的士大夫形象。《史记》中记载了季札的一段轶事：

> 季札之初使，北过徐君。徐君好季札剑，口弗敢言。季札心知之，为使上国，未献。还至徐，徐君已死，於是乃解其宝剑，系之徐君冢树而去。从者曰："徐君已死，尚谁予乎？"季子曰："不然。始吾心已许之，岂以死倍吾心哉！"

季札奉命出使中原诸国，途径徐国与徐君相会，宾主相谈甚欢，惺惺相惜。徐君特别喜欢季札身上所佩戴的宝剑，但又不好意思开口索要。季札看出了他的心思，却装了个糊涂，没有当场解剑相赠。因为身为大贵族，肩负的又是出使他国重大使命，不佩剑是很失礼的，他打算完成使命后，回国再次路过徐国时就把剑赠送与徐君。不幸的是，等季札归来，徐君已经去世。季札无比懊恼地前往拜祭，离开的时候把宝剑挂在了墓前，飘然而去。

季札挂剑，体现了那个时代贵族高贵守信、从容典雅的气质，不过他的优秀素养远不止于此。出使鲁国时，《左传》以很大的篇幅记载了"季札观周乐"的轶事。

作为周公之后，鲁国在文化方面是相当自信的。他们的乐官保留着完整的王室礼乐，在战乱的春秋，这实在是了不起的一件功德。季札请求欣赏王室礼乐，但这场音乐会的主角不是鲁国乐团，而是"闻弦歌而知雅意"的吴公子季札。

最先上演的是《诗经》（《诗经》最初是礼乐的歌词部分，曲已失传），分为风、雅、颂三部分次第歌唱。率先登场的《周南》《召南》，季札听完后，评价道："美妙啊，周室的荣耀已经奠基了，虽然还没到巅峰，但人民勤劳且没有怨恨呀。""周"和"召"，分别指的是封地在周原的周公旦和封地在召地的召公奭。兄弟二人在西周初年分陕而治，奠定了周室八百年基业，所以"始基之矣，犹未也"的评价是符合事实的。

接着，鲁国乐官团队演唱了《邶》《鄘》《卫》，季札给予了"美哉，渊乎！忧而不困者也。吾闻卫康叔、武公之德如是，是其《卫风》乎？"的评价。为什么这三个国家的风格是"渊乎，忧而不困"呢？这事说来话长。

康叔就是前文提过的卫国始封之君卫康叔，他获封在卫，参与了"三监"之乱的平定，肩负着安抚商人遗民、重建商人故地秩序的重任。康叔圆满地完成了使命，据说他"能和集其民，民大说"。卫武公，又称共伯和，是康叔的后代。他做卫国国君时，周厉王残忍无亲，国人暴动，将他逐出镐京流放到彘地。卫武公叔临危受命，入朝摄政，等厉王去世之后，将政权归还于成年的太子即周宣王，他摄政的这段时期史称"共和执政"（也有另一种说法，是共和为周公、召公共同执政，这里的周公、召公分别是周公旦、召公奭的后人）。卫康叔、卫武公这两代卫国国君，都身处混乱风暴的中心，然而能镇之以静、以德服人，当得起"忧而不困"的评价。

此后，季札依次欣赏了《王风》《齐风》《豳风》《大雅》《小雅》《颂》等一系列歌曲，都给予了非常精准的乐评。他指出有的国家的音乐风格欣欣向荣，前途无量，比如齐国；而有的国家则是靡靡之音，未来堪忧，比如郑国。战国七雄中，齐国确实是六国中最后一个被秦国消灭的，而郑国则在战国初期就亡于韩国之手。至于此前早已亡国的邶等国家，季札连评价都懒得给。

《诗经》之后，鲁国又表演了武王的乐舞《大武》、商汤的乐舞《韶濩》、禹的乐舞《大夏》，季札对它们的评价一个比一个高，到了舜的乐舞《韶箾》时他惊叹道："舜的德行已经到了极致啦！太伟大了，像天一样无所不覆盖，像地一样无所不承载。再伟大的德行，也不能再超越他一点点了！"接着表示：

"欣赏到这里就结束吧，再有其他的音乐，我也不敢再欣赏了。""叹为观止"成语的便出于此。

舜为什么是德行的极致？应该与他权力的"纯洁性"有很大关系。汤放桀、武王伐纣，虽说实质上可以认定为"吊民伐罪"，但毕竟程序上属于"以臣伐君"，故"犹有惭德"。尧禅让于舜，在权力的去向上可谓大公无私了，但权力的来源或许靠的是血缘。禹受禅于舜，权力的来源没有问题，但他最终把大位交给了儿子，这方面德行有亏。唯独舜，权力的来源与去向都完美无瑕，当之无愧是圣王中的圣王。

季札观乐，或许是中国历史上第一次音乐评论，却大概率并非史实。季札对列国的未来的预测过于精准。不仅仅是季札，《左传》中有大量十分精准的预言，而其中绝大多数是几乎不可能提前数百年加以预测的。只可能是事情已经发生后，作者将之附会为古人的远见。季札的预言，大抵也是这种情况。而且他的预言也不是没有算不准之处，比如对齐国的评价："地表东海的泱泱大国，前途不可限量，这是姜太公的国家吧？"但明明姜姓齐国在战国中期便被田氏所篡，齐国的确前途无量，姜姓却并没有。最大的可能是，《左传》成书的时候，作者只看到了齐国的兴盛，却还没有看到田氏代齐。再比如季札对舜极尽溢美之词的评价，其观点我们不予置评，但周人的历史中最古老的上古帝王是禹，舜、尧等人是后世才逐步"增补"的。所以这一段言论也应当是汉儒的附会。

《左传》之所以讲了这样一个故事，是为了突出季札的才华与素养。春秋列国，贵族中虽然也有齐庆封那样的粗鄙之人，但总体还是以谦谦君子为主的。他们中的大多数从小就受到良好的文学、音乐、礼仪、宗教等方面的教育，在任何场合都保持着优雅的贵族仪态，为何季札被如此推崇呢？这便要从吴国的来历、特殊地位和季札的身份说起了。

季札是吴国的公子，吴国按照他们自己的说法是姬姓，与周王是一家人。他们先祖的身份十分贵重，乃是周太王的长子和次子：太伯和虞仲（也叫仲雍）。《史记·吴太伯世家》记载："吴太伯，太伯弟仲雍，皆周太王之子，而王季历之兄也。季历贤，而有圣子昌，太王欲立季历以及昌，於是太伯、仲雍二人乃饹荆蛮，文身断发，示不同用，以避季历。季历果立，是为王季，而昌为文王。太伯饹荆蛮，自号句吴。荆蛮义之，从而归之者千馀家，立为吴太伯。"

太伯是如此识大体顾大局的人物，他揣摩到父亲想要立幼弟王季为继承人，便带着二弟虞仲悄悄逃走。为了断掉所有人的念想，他们干脆跑到天涯海角去，还剪发、文身，把自己打扮成荆蛮的样子。古人讲究身体发肤受之父母，太伯这么做，是为不孝之举，自然也就当不了继承人了。他如此行动的全部原因都是不让父亲和幼弟难做，是"我自己不想当、也当不了太子"，不怪父亲偏心，更不怪幼弟争位。因为太伯这番举动实在是太有德，把当地人感动得稀里哗啦，纷纷拥护他做自己的头领，这便是吴国的起源。

汉儒的故事里，总少不了道德圣人的身影，吴太伯便是其一。可这个传说没有哪怕百分之一的可能是事实，因为他们编故事的时候，很少会考虑客观条件。周太王"居岐之阳"，定居的地点大概是在今天的陕西省宝鸡市岐山县，而吴国的地盘总不出环太湖平原一带。这两个地方，遥远得超出周人的想象。

今天的人重走这段征程的话，如果走的是高速公路，那么总里程接近1500千米；如果是乘坐汽车加高铁，哪怕是中间无缝衔接，行程也超过10个小时。而且这条路还得跨过长江。如今可选的路线或在南京，或在马鞍山，或在镇江穿过长江大桥方可到达目的地。而周太王时，周人的势力刚到关中平原的边缘，天下对他们来说是未知的世界，太伯、虞仲怎么可能跑得那么远呢？横亘在关中平原与江东之间的，有在春秋早期仍然是"狐狸所居、豺狼所嚎"的崤函通道，有雄霸中原动辄杀人祭天的暴虐商王朝，有桀骜不驯的淮夷和虎方，还有大大小小的不臣服于任何势力的蛮族野人，和沿途森林、沼泽中潜伏的封豕长蛇。除非他们是嫌自己命长，否则他们为什么非要走一条十死无生的道路奔吴呢？

何况，太伯就算是再想让位给弟弟，他也完全可以就近找个山沟一钻，让所有人都找不到自己不就行了吗？跑那么远的意义何在？而吴地的原住民们，与周人文化不同、语言不通，也没有任何理由要奉两个外来户为自己的主子。难道仅仅因为他们有让国之美？吴地土著的道德观中，是否以谦让为美都不好说。

汉朝人按照自己所处世界的现状去揣测太伯，看不出自己编造的故事的瑕疵，然而掌握更多考古与文献知识的今人，却不难分析出其中的荒谬之处。按照《左传》的说法："太伯不从，是以不嗣。"太伯由于没有跟随在太王身边，所以没有继承君位。《诗经·大雅·皇矣》又说："帝作邦作对，自大伯王季。维此王季，因心则友。则友其兄，则笃其庆，载锡之光。"意思是王季与太伯关系十分友爱。倘若太伯因为王季逃亡到千里之外，兄弟从此再无见面的机会，哪里还谈得上什么"因心则友"呢？按照周人的做法，一个儿子继承家业，其他儿子带人去周边开疆拓土，与本家遥相呼应是很常见的操作。太伯奔吴的这个吴，大概率应该在距离岐山不远的地方。而古代称吴的地方，除了无锡梅里的东吴，尚有陕西宝鸡市的吴山。这里距离大本营只有几十公里，以当时的物质条件完全可以实现。

但春秋时的吴国人，言之凿凿地号称自己是太伯之后，这事儿总不会是空穴来风吧？要么，吴国作为新兴国家，需要有意识地攀附太伯作为自己的祖先。但太伯只不过是个连继承权都丢掉的王子，又不是什么顶天立地的英雄，名声不彰。吴国人倘若纯为攀亲，为何不号称自己是文武、成康之后呢？以太伯年代之久远，吴国人又是如何知道他的存在呢？

笔者以为，吴国人还是非常有可能是太伯之后的。按照字形，"吴"字是"娱"的本字，甲骨文的"吴"为"夨"上加"口"。"夨"是"妖"的本字，表示女子妖娆起舞。上方加"口"，表示唱歌跳舞，助兴娱乐。金文中，"夨"

字写作"矢"，表示侧首歌舞。金文的虞字，则是"虍"加"吴"，表示戴着虎头面具娱乐。"矢""吴""虞"都是周人发明的古老文字，意思几乎一致。偏偏在吴山脚下就有一个西周古国矢国，而在今天山西平陆县有一个虞国（假途灭虢说的就是它），他们都是姬姓国家，跟吴国的关系应当非同一般。

我们再发挥一点想象力：太伯奔吴，或许是时间跨度超过百年的几次大行动的拼凑。最初，太伯、虞仲自知继位无望（可能是不受太王的喜爱，或者是王季非常强势），便主动申请带人去岐山西边开拓，避免与弟弟王季正面冲突。太伯兄弟在那里建立了矢国，作为王室西边的屏藩。在此后的岁月中，矢国经常参与王室的军事政治行动，是贴心的自己人。

武王伐纣后，王室大规模分封诸侯，以求辟土服远，矢国的分支、虞仲的某位后人便被分封到了山西，建立了虞国。在此后周人体国经野的扩张中，虞国逐渐从桥头堡变成腹地，当他们前进到江淮之间乃至长江流域时，虞国的一支再次被改封到今天的无锡一带，便是吴国。

罗马不是一天建成的，太伯也不是一下子就跑到江南的，多少代人的努力，共同演绎了太伯奔吴的神奇传说。在时间长河的洗刷下，太伯、虞仲的后人遗忘了中间复杂的过程，唯一记住的是他们的祖先来自岐山脚下，是太王公亶父的长子，他们的国名是古老的周人文字——吴。

西周从中期开始衰落以后，王室自顾不暇，身为前线桥头堡的吴人便与大本营天各一方，音讯隔绝了。这是他们的黑暗岁月，文明不可避免地退化，科技、文化水平一落千丈，相关的历史记载一概阙如。吴人甚至遗忘了战车的建造使用方法，军队以步兵为主，当然，以江南水网密布的环境，战车的用武之地倒也不大。他们再一次回到主流历史舞台，要到吴王寿梦执政的时代了。公元前585年，吴王寿梦即位。他的年龄大概比楚庄王晚一代，季札便是寿梦的第四个儿子。

季札之所以能在《左传》中青史留名，除了因为他有极强的才华与魅力之外，更为关键的在于吴国的崛起。或者说，由于庄王打造的楚国过于强盛，逼得各诸侯——特别是晋国——急需在楚国背后扶持一个强有力的盟友。时势造英雄，不外如是。季札出使中原诸国，身负的是沟通吴国与其他诸侯国的重大使命。相信鲁国人最初是戴着有色眼镜看待这位来自落后地区的公子的，但一番试探后发现其修养完全不在华夏贵族之下，不由得刮目相看。这或许是季札观乐能够被史官记录下来的最大原因。

吴国崛起虽然是大势所趋，但契机却滥觞于楚庄王。当年庄王伐陈，杀夏徵舒复立了陈国太子，这件事按说已经画了句号。但夏徵舒的母亲，也就是那位与陈灵公君臣白昼宣淫的夏姬，却以其倾国倾城的美貌继续搅动着春秋中期的天下格局。作为俘虏，准确地说是战利品，她被随军押解回楚国，引起了申县县公巫臣的觊觎。楚庄王本来想纳夏姬为妾，巫臣以"天下人将以为大王是为了美色发兵陈国"为由，劝阻了庄王。楚庄王纳了巫臣的谏。但巫臣也没能得到夏姬，她被赐给了刚丧妻的连尹襄老为妻（楚国的许多官都叫某尹，连尹不知为何官）。

下一年邲之战爆发，晋国大败，下军大夫荀首的儿子荀罃被俘虏。本已脱险的荀首救子心切，率领少量亲兵杀回阵中。他知道，如果没有相当级别的俘虏与楚国交换，儿子估计就回不来了。所以他非常谨慎，身为神射手，他绝不随意张弓，避免引起楚国人的关注。然而，他却将夏姬的新丈夫连尹襄老一箭射死，把尸身装车带走。紧接着，又射伤并活捉了庄王之子公子榖臣。有这一死一活两名人质在手，荀首方才撤回。九年后，晋楚关系缓和，荀首终于用公子榖臣换回了儿子荀罃。后来荀罃平步青云，最终做到了中军将，辅佐晋悼公复兴了晋国的霸业，此是后话。

面对再次守寡的夏姬，巫臣得手了吗？并没有。不得不说楚国此时的风气还比较野蛮粗暴——夏姬被襄老的儿子黑要"烝"了（儿子淫乱父亲的妻妾叫"烝"）。同朝为臣，巫臣总不能从黑要手里硬抢。垂涎已久的美人三番五次与自己擦肩而过，每次谋划都是为人作嫁，这种痛苦啃噬着巫臣的内心，让他最终痛下决心——干一票大的。

巫臣的计划是这样的：先让夏姬找个借口回娘家郑国，自己再伺机去郑国与她相会，二人从此比翼双飞、远走天涯。功夫不负有心人，他想方设法捞到一个出使齐国的差事，中途在郑国歇脚时让副使先走，自己则留下来，终于娶到了魂牵梦萦的美人。但楚国他也就待不下去了，只能投奔当今世上唯一能对楚国不假辞色的国家——晋国。巫臣的行为虽然谈不上高尚，但他对夏姬的爱是真心的。这恐怕也是夏姬愿意嫁给他的原因吧。

作为地位显赫的县公，巫臣的叛逃对楚国朝廷震撼很大，他的族人跟着倒霉，被全部诛杀。其中推波助澜最起劲的是令尹子重和司马子反，巫臣家族的财产也被这两个人瓜分。巫臣发誓要为族人报仇，主动请缨代表晋国出使吴国。他给吴国带来的不仅是晋国的盟约，还有几十辆战车，以及战车的制造技术和配套的车兵战术。先进装备与战术的导入，让吴国改头换面，开始有能力在楚国的东方搞事情了。

这里有必要梳理的是吴楚的地缘关系。吴国与楚国，可算是"君住长江头，我住长江尾，日日思君不见君，共饮长江水"。但长江并非平直的自西向东流，从江西九江段开始转向，穿过大别山与黄山的交界处向东北方前进。途经安庆、铜陵、芜湖、马鞍山，直到南京水流才逐渐转回向东。向东前进100千米左右，长江在扬中市再次转向东南方直至入海。春秋时的海岸线比今天要更靠近内陆，长江入海口就是扬中的转折点处，现在从扬中到上海的长江江面在当时还是海洋。吴国的势力范围，便是由长江、两条海岸线、黄山和浙闽山地围绕起来的不太规则的四边形。这个四边形的中间是太湖，大片平原环绕着太湖分布，这便是丰饶的江南鱼米之乡。环太湖平原上，如今矗立着上海、苏州、无锡、常州、嘉兴、湖州等富庶的城市，是如今中国的经济重心所在。

东南方和东北方的大海无须布置防守，西南方的黄山和浙闽山地也极难跨越。吴国的主要对手有两个，一个是在吴国南方、今天浙江会稽山一带的越国，其核心农业区是杭州湾南侧的宁绍平原。这片平原极其逼仄，规模远不能与环太湖平原相比，国力自然也被吴国拉开了一大截。但越国立国于山地，民风强悍，遇到不利局面随时可以退守山区，吴国想把它犁庭扫穴也很困难。两国便因此形成了长期对峙但谁都干不掉谁的僵局。

吴国更大的威胁，便来自西北方长江的对岸。楚国此时已经拓地至长江以北淮河以南的江淮地区，这里是一片平原，分布着群舒等淮夷小国，基本都是楚国的"小弟"。虽然这一段的长江江面极其宽阔，难以逾越，但楚国地处上游，完全可以顺流而下直捣黄龙。如果吴国能在江北有一块牢固的根据地，楚国便不敢在两岸都是敌土的情形下顺江而下——万一战败，既不可能逆流而上撤回去，北渡长江也是自寻死路。

自古以来，"守江必守淮"是割据江东的铁律。所以吴国国家安全的重中之重便是跨过长江占据两淮，方能与楚国抗衡。

于是，江淮平原便成了吴楚争衡的焦点。环太湖平原遍布水网，不利于战车施展，故而吴国军队以步兵和水军为主。但江淮平原则更有利于战车驰骋，巫臣带来的战车和战法算是解了吴人的燃眉之急。所谓"敌人的敌人就是朋友"，晋国和吴国既然是盟友，此时重申一下彼此的渊源就相当有意义。吴国自认是太伯之后，与晋国五百年前本是一家。出使中原联晋抗楚的浊世佳公子季札，也就在鲁国人的史书里熠熠生辉了。

即便没有晋国的支持，吴国与楚国的地缘摩擦也已是箭在弦上不得不发。由于巫臣指导了吴国人车战，大大增强了他们在平地作战的能，吴国便以淮河流域为主要争夺目标。寿梦屡屡出兵骚扰楚国在淮河两岸建立的坚固据点潜（今安徽霍山县）、六（今安徽六安市）、州来（今安徽凤台县）、夷（今安徽涡阳县），以及徐、钟吾等楚国的附庸国。每次楚国出动大军来救时，吴军又迅速转变方向攻击其他方向，或者干脆龟缩回国。据说令尹子重和司马子反一年之内居然救火七次，却觅不到一次与吴国决战的机会。"疲楚"战术出自巫臣的计谋，由于举族被楚国诛杀，巫臣发誓要报仇雪恨。他逃亡吴国后，给子重、子反去信说，要让他们在道路上因疲于奔命而死。

楚国的国境线太过于漫长，不可能处处设防，何况他们最大的敌人终究是北方的霸主晋国，不可能不在北部边境屯驻重兵，面对吴国的侵扰，他们只能是被动应付，头痛医头脚痛医脚。楚吴之争，就像一个身形魁梧的巨汉与一个瘦小灵活的刺客间的比武。后者虽然力量不强，却总能靠灵动的身法出其不意地给壮汉放血。吴国这套"敌进我退，敌疲我扰"的聪明战术搞得对手苦不堪言，也成功动摇了群舒等臣服于楚国的淮夷小国。他们中的一些渐渐倒向吴国，楚国在江淮流域的战事便由优势转入了下风。

终于，楚国想明白了一件事，与其四处救火，不如主动出击。寿梦十六年（公元前570年），楚国大军顺流而下，连克吴国的重镇鸠兹（今安徽芜湖）和衡山（今安徽马鞍山）。长江之险已失，吴国几乎陷入了亡国的危机之中。然而，由于前面的胜利来得太容易，楚军轻敌冒进，在吴国都城附近中了埋伏，先胜后败。吴军乘势收复了全部失地，还掠走了楚国一些地盘。领导这场战争的楚国主帅子重，回国后饱受责难，这让他羞愤交加，不久后就"遇心病而卒"。古人认为心脏是用来思考的器官，所以心病指的是精神方面的疾病，比如发疯、呆傻，都称为"心疾"。子重此前被吴国牵着鼻子走，频繁奔赴前线却一无所得，身心已经极度疲惫；这次虽然有所斩获，但所失远大于所得，背了一身的骂名，精神和身体便彻底垮了下去。

不能回避的是，吴国这一战赢得侥幸。因为此时它的战略纵深还不够，实力跟楚国相比尚有差距。所以它能做到的只是骚扰楚国的边境城池，而楚国却可以一记重拳直捣黄龙。但在不久的将来，随着楚国接连的内乱，吴国将成为楚国人最大的梦魇。

兄终弟及

在位二十五年，吴王寿梦走到了人生的尽头。他有四个儿子：长子诸樊、次子余祭、三子夷昧、四子季札。始终困扰他的是继承人的问题，但让人头痛的并不是儿子们争得厉害，相反他们都很谦让。寿梦最为中意的继承人是四子季札（季札年少才高，风度翩翩），但季札坚决不肯做下一任吴国大王。寿梦无法，只好传位于长子诸樊，但他宣布了一道遗命："几个儿子次第为君，最终一定要传位给季札。"

太伯的后人似乎很有让位于弟弟的觉悟，长子诸樊始终没有忘记父亲的遗训。他喋喋不休地劝说季札，要把王位让给季札。但季札铁了心不接受，最后干脆逃到延陵，以证明自己对王位毫无想法。诸樊没辙，便把延陵封给季札做他的采邑，所以季札又被称为"延陵季子"。

诸樊是一个猛人。他一即位就主动出兵攻楚，却遭遇了上次楚国攻吴时同样的失败。楚国反攻吴国，又被吴国伏兵击败。吴楚两国不愧是一对冤家，赢了就飘飘然，接着被对手伏兵打败，同样的坑，双方非得各自跳一次。据说诸樊为了能早点传位给弟弟季札，打仗从来都亲冒矢石，只求速死。最终，他死于侵略楚国巢邑的战斗之中。巢邑兵力单薄，诸樊轻信了守臣的诈降，一马当先冲进城门，遭遇埋伏中箭身亡，吴国大军也随之溃散。

诸樊在世的时候，就常常宣扬寿梦兄终弟及的遗命，所以二弟余祭顺理成章的接班。余祭跟诸樊一样勇猛不要命，在位三年便被沦为奴隶的越国战俘刺杀，三弟夷昧接过了吴国的权杖。此时，楚国与吴国的大王都换了几轮。寿梦的宿敌楚共王只比寿梦多活了一年，跟诸樊打得有来有回的楚康王和余祭也接连去世，夷昧的对手换成了楚康王年轻的儿子郏敖。郏敖既然没有被谥为"楚某王"，就证明肯定是出了点问题，这个问题就是独掌大权的令尹公子围。公子围是楚共王的次子，楚康王的弟弟，野心勃勃的他不甘心只做令尹，便杀了侄子自立为王，是为楚灵王。

楚灵王的风格可以用四个字形容：简单粗暴。杀掉侄子郏敖后，楚国理应向列国通报大王去世、新王即位的消息，赴郑国的使者伍举请示："郑国问楚国继任的大王是谁，应该怎么措辞？"灵王大手一挥："寡大夫围！"用现在的话翻译便是"是老子我！"伍举实在看不过眼，把这句话改成了："共王在世的儿子里，以王子围年龄最长。"算是勉强给弑君者找到了一点合法性。

长期敌对的邻国新上任的大王居然是这样一个毫无底线的人，对吴国来说肯定不是一件好事。不出预料，灵王联合一众小国出兵伐吴，目标是朱方城。也不知道他是怎么想的，本次军事行动的旗号，居然是讨伐弑君之贼。

原来早些年，吴国收留了齐国的叛臣庆封。庆封与另一位大臣崔杼弑了齐庄公，后来庆封坑死崔杼，自己也在众多世家大族的围攻下仓皇逃出齐国，投奔了吴国先王余祭。余祭把朱方城赠予庆封，他便在此聚族而居，继续过着荣华富贵的生活。楚灵王自己得国不正，便想通过讨伐庆封来洗白自己。但难道他消灭了别国的弑君之臣，自己弑君自立的事情就可以当作不存在了吗？这种自欺欺人的事情，也只有"寡大夫围"才做得出来。

朱方城没能挡住楚国大军的围攻，庆封被活捉，绑到了楚灵王面前。灵王突发奇想，决定在杀掉庆封之前"废物利用"，以庆封之口做一次警示教育。他逼着庆封在诸侯联军面前真诚悔过，说出帮他编好的台词："各国臣子不要学我庆封——弑杀国君、欺压幼主，还恬不知耻地跟大夫们结盟！"庆封心想横竖都是死，我还配合你演什么演，于是假意应承，等真的被押解到诸侯大会现场时，他喊的却是："各国臣子不要学楚国的王子围——弑君篡位，还恬不知耻地跟诸侯们会盟！"楚灵王弄巧成拙，出了个大丑，气得脸色发青，赶紧让人把庆封的嘴堵住拖出去杀了了事。

朱方之战灵王似乎是取得了胜利，但他对吴国的武运也就到此为止了。此后，虽然他屡屡兴兵伐吴，却总是被夷昧轻松击败。此时的吴国国力日张，已经不是楚国随随便便就能压制的对手了。从这个角度来说，有勇无谋的灵王肆意挥霍国力，恰恰给吴国打开了成长壮大的时间窗口。

普通人如果像楚灵王这样做事，最多成为旁人的笑柄。但灵王是一国之君，他随意的一个举措，都涉及千万人的身家性命。在位期间，灵王的简单粗暴给自己招来了无数祸端：对外穷兵黩武，灭掉了陈、蔡（蔡国几次被灭亡，又屡屡复国，这次被灭后又侥幸复国了）等附庸国，导致小国离心，与吴国连战连败；对内残暴不仁，屡屡诛杀重臣，盘剥百姓，大兴宫室。但他最大的失策，其实还是对贵族们动手。

无论哪个朝代，剪除成气候的藩王都需要小心翼翼。但"寡大夫围"哪里有这种手腕呢？简单粗暴是他的本色。他大肆招降纳叛，凡是大臣们家里逃亡出来的奴仆一概收留，这便坏了规矩，打破了王室与贵族之间的默契。他又屡屡改封县公，迁徙百姓，搞得举国上下无一刻安宁。最终，灵王被弟弟蔡县县公、著名阴谋家弃疾算计，在众叛亲离中绝望自尽。弃疾紧接着干掉了与自己同谋的两个王兄，然后即位为王，是为楚平王。弃疾的封邑是蔡县，便是此前被灭的蔡国的故土。这次夺位行动中，得到了原蔡国谋臣朝吴和属地蔡国军民的支持，所以即位后楚平王投桃报李，让蔡国重新立国。

从楚庄王之后，楚国的大王可谓是"一年不如一年"。楚共王尚有些作为，楚康王就比较平庸。楚灵王虽混，但楚平王更甚。楚平王弃疾的一生，是无耻的一生，是罪恶的一生，是遗臭万年的一生。在他的领导下，楚国衰弱到差一点儿被吴人灭国。这件事，要从他的儿子，太子建说起。

楚平王最为宠幸的臣子是一个叫费无极（也有说叫费无忌）的小人。费无极一辈子唯一的本事就是无底线的逢君之恶，自己上下其手从中弄权。加上楚平王本就是个三观扭曲道德败坏的人渣，所以他与费无极气味相投，君臣十分相得。

一国之君或许不能决定国内小人和君子的比例，但是可以决定让谁更有市场。楚平王治下豺狼当道，小人得志，说明费无极也是同等货色。但这种小人也有致命伤——他只有楚平王这个唯一的靠山，一旦靠山倒了，自己必然是死无葬身之地。于是，当年轻缺少城府的太子建对他的种种恶行流露出反感之色时，费无极不由得脊背发凉。哪天平王去世太子即位，自己还能有命在吗？为求自保，他开始暗中策划针对太子的阴谋。

平王二年（公元前 527 年），费无极奉命前往秦国，为时年十五岁的太子建迎娶秦国公主孟嬴。这桩婚姻的政治色彩很浓，谋求的是共抗霸主晋国。在晋国的压力下，楚国和秦国长期通婚，以求在彼此共同的敌人面前能够齐心协力。发现孟嬴生得国色天香，费无极心中涌现出一个大胆、一箭双雕的计划。回国后，他在平王面前不遗余力地吹嘘孟嬴的美貌。平王本是酒色之徒，被准儿媳的容颜迷倒，一通操作将孟嬴收为己用，另给太子娶了一位齐国公主。第二年，孟嬴生下了一个男婴，就是未来的楚昭王。

这件事干得十分隐秘，以至于太子建很久都被蒙在鼓里。至于孟嬴为什么会答应，原因也很简单：费无极必定以"废太子建，立你的儿子为太子"作为谈判条件。

平王夺了儿子的聘妻，虽说别人拿他没什么办法，毕竟良心难昧。可人性的特点是如果自己对不起某人，最好的办法是把这个人干掉，让他永远消失，从此就再也不用背负良心的谴责了。费无极利用的便是这一点，他开始频繁地在平王面前说太子的坏话，让平王产生"太子本就该死，我抢儿媳妇又有什么错呢"这样自欺欺人的想法。在费无极的建议下，太子建被以"出镇边境重镇"的名义赶出了首都。

事情发展到这一步，再没有政治头脑的人也看得出来，太子被废被逐被杀只是时间问题了。太子者，君之贰也，任何时候都应该留在国君身边。否则万一国君意外去世，继承人远在天边，如何保证权力平稳正常交接？所以太子远离身边，意味着储君即将换人。

后面的"剧情"毫无新意，无非是太子建被诬谋反，与太子相关者纷纷下狱，严刑拷打取得"铁证"，把案子办成"铁案"的常规操作。但太子的老师伍奢并不配合，坚决不承认太子联合晋、齐发动叛乱的诬告，反而劝平王不要疏远骨肉。但太子的"谋反"，与其说是费无极的构陷，不如说是平王的期望。事情的真假已不重要，除掉太子、扶持幼子上位才是根本目的。于是伍奢被下狱等待处死，费无极又向平王献了一条绝后计："伍奢的两个儿子伍尚、伍员（即伍子胥）都很优秀，一定要一并杀掉，永绝后患。"平王便欺骗伍奢，说："你让两个儿子来郢都，孤就饶你不死。"伍奢沉痛地回答："伍尚仁慈，为了救父亲他会来。但伍员足智多谋又杀伐果断，他是不会来的，他会是楚国最大的祸患。"果不其然，伍尚明知是死局却毅然前来，伍员则激烈反抗，得以逃脱。诱骗伍员未果的楚平王恼羞成怒，悍然杀掉了伍奢与伍尚。

春秋时的贵族子弟，其出仕时一般会选择一位主君，把自己的名字书写在他臣子的简策之上，意味着将终身追随，即所谓"策名委质"。伍奢是太子的老师，他的两个儿子与太子建的关系便是如此。这种从属关系是高度个人化的，父子兄弟追随不同的君主是十分常见的事情。

所以，平王与太子反目时，伍员并不会因为平王是楚国大王、是太子的父亲，就选择与太子划清界限。彼时的人们，"忠于国家"的观念尚未形成。他逃跑的第一目标，不消说是追随自己的主君前往郑国。可太子建被晋国欺骗，对接纳自己的郑国恩将仇报，打算协助晋国做内应，灭掉郑国。晋国许诺，灭郑后将郑地封给他。不料事情败露，太子建被郑国人杀了，伍员只能带着太子建年幼的儿子王孙胜继续逃亡。

思前想后，下一步应当去哪里避难呢？晋国坑害了太子建，伍员不愿意再与晋国人打交道。可其他国家迫于楚国的威势，恐不敢收留自己，他只能选择逃往一贯与楚国作对的吴国。这段逃亡颇具传奇色彩，有"伍子胥过昭关，一夜白了少年头"的奇迹；也有将伍员渡过大江的渔夫和施舍饭菜于他的漂女，为安其心以死明志的侠义之行。总之，冲破艰难险阻，他最终逃到了吴国，开始为自己的复仇大业磨刀霍霍。

不过吴国暂时是不可能为这位楚国叛臣复仇的，因为它终于品尝到"兄终弟及"体系的恶果了。吴国王位从诸樊到余祭再到夷昧，最终的指向是寿梦钦定的继承人季札。可季札既然拒绝了父亲的传位，他就铁了心不做这个大王了，又怎么可能会"按顺序"第四个即位为君呢？夷昧去世后，季札继续固辞君位，表示大王他绝对不会当，这辈子都不可能当。季札的不贪权恋栈、高风亮节，固然成就了个人极高的名望，却带来了一个严重的问题：应当由谁做下一任吴王呢？是诸樊的儿子，还是余祭的儿子，抑或是夷昧的儿子呢？

理论上讲，似乎应该由诸樊的儿子继位。这样，王位从弟弟们手上循环一圈后，又回归到长子一系，确实合乎情理、争议最小。但在他之后又该谁来当这个吴国大王呢？是诸樊的其他儿子们轮流再兄终弟及一遍，还是传给余祭或夷昧的儿子们？

兄终弟及的传承方式把吴国的继承权搞得特别乱。从实际操作来讲，诸樊的儿子继位难度却是最大的。因为他的父亲早已不在，王位已经传承了几次，父亲当年重用的人，恐怕早就物是人非。反倒是夷昧的儿子机会要大得多——朝堂上大多是他父亲提拔上来的人，自己也可以借机多培植势力。果不其然，由于"法定接班人"季札不愿接位，夷昧的儿子僚堂而皇之地加冕为王了。

对王僚上位最不爽的人，无疑是诸樊的长子公子光。他认为，如果季札不肯接班，那王位理所当然应当轮到自己。父亲如果不是为了执行爷爷遗命，一路把王位传到王僚的父亲夷昧手上，哪里轮得到这个小子登基呢？然而王僚已经接班，自己也只能强颜欢笑，与他虚与委蛇。

王僚心里也清楚，自己的上位并不那么让人信服，身边有无数双觊觎的眼睛。他便加紧培养自己的嫡系，让两个弟弟掩余、烛庸领兵，儿子庆忌更是有万夫不当之勇。公子光纵然有万般不满，暂时也奈何王僚不得。伍员的到来，让他看到了机会。

伍员带着王孙胜向王僚哭诉太子建和自家的冤情，控诉楚平王这个无道昏君。伍员打动王僚的，主要还在于他是个有用之人：这样一位才华横溢的前楚国臣子，有可能会动摇吴楚争霸的格局，让胜利的天平倒向吴国这边。伍员对楚国的了解和对吴楚形式的精准分析，让王僚怦然心动，便当真打算封他为大夫，专门筹划伐楚之事。

在座的公子光敏锐地意识到，如果伍员倾力襄助，是有可能真的建立巨大功业的。那样的话，王僚的声望也将扶摇而上，想要撼动其地位就几乎不可能了。为了自己，他决不能让伍员在王僚手上得志。所以他当场反对，指出"吴国不能为一个楚国的逃臣贸然出兵，被人当枪使"。王僚才能平平耳根子又软，公子光又把自己的野心隐藏得很好，于是他暂且熄了重用伍员的心思。

换作是普通人，最关键时刻被人打岔，一定会恨公子光入骨。可伍员是个智商绝高之人，他立刻就猜到了公子光的用意，不禁对他产生了一种英雄相惜的情感。本来，对吴国内部王位到底该谁来坐，伍员是不关心的。只要在台上的吴王愿意支持自己复仇，那他是王僚也好还是公子光也罢都不重要。既然王僚这条路走不通，那干脆把公子光扶上王位，借他的手完成复仇又何尝不是一个选择呢？

公子光内心的不满与勃勃野心，伍员自认为看得一清二楚，便积极向公子光投靠，为他制定了夺位的方案。伍员认为，王僚执政的合法性并不牢靠，只要一次暴然而起的刺杀足以让其统治体系崩塌。他物色了一名优秀的刺客，名叫专诸。

专诸与伍子胥的相识颇为传奇，《吴越春秋》记载："伍胥之亡楚如吴时，遇之于途。专诸方与人斗，将就敌，其怒有万人之气，甚不可当。其妻一呼即还。"伍子胥觉得很奇怪，这个男人与人打架时一副不要命的样子，可老婆一声呼唤他就乖乖回家了，为什么会有这么大的反差呢？专诸回答："你看我的样子像个白痴吗？我既然能屈居于一人之下，必然也能凌驾于万人之上。"伍子胥定睛一看，这个专诸"碓颡而深目，虎膺而熊背"，显然是个力敌万夫的猛士，说话又如此有条理，看来绝非一勇之夫。便和他深相接纳，以为后用。

现在公子光需要刺客杀王僚，他就推荐了专诸。专诸是吴国棠邑（今南京市六合区）人，可吴国从王僚到公子光都不知晓这号人物；伍子胥一个外国逃亡者，居然在半道上能与之结识。子胥看人眼光之毒辣、与人交往能力之强可见一斑。

专诸见到公子光后，并没有因为对方是堂堂王兄就奴颜婢膝。他理直气壮地质问："先王夷昧去世，王僚即位理所当然，公子想要杀他，有什么理由呢？"公子光就把从寿梦传位到当下的事情跟专诸梳理了一遍，证明自己确实是最合法的吴王，而王僚只不过是个无耻的僭主。专诸也觉得公子光说得有理，但他接着提了个建议："为什么不让人对王僚晓之以理、陈以先王遗命，让他幡然醒悟？这不强过兄弟之间刀兵相见吗？"公子光不禁苦笑："王僚要是这种人，我还至于要弄死他吗？何况那个位置，只有坐在上面的人才知道有何等美妙的风景。权力这个东西，一旦到了自己手上，谁又甘心拱手让出呢？"

这番提问，让公子光对他刮目相看，委以腹心，专诸便一心一意替公子光谋划刺杀王僚的大计。专诸的经验是，要想接近一个人，最好从他的兴趣爱好下手。公子光了解自己的堂弟，这人是个吃货，最爱的是烤鱼。专诸就去太湖学习烤鱼，用了三个月时间，烤鱼的水平得到了质的提升。凭这手艺，接触王僚的机会便有了。

然而，不管公子光、伍子胥、专诸的准备工作做得有多么充分，都需要等待时机。王僚在位第十二年，楚平王去世。他此时执政已久，自认为地位稳固，无人敢觊觎，便动了趁楚国国丧期间去占点便宜的心思。他派两个弟弟掩余、烛庸带兵攻楚，又派季札出使晋国，以寻求他国的支持。

王僚身边的重要人物都走光了，公子光终于捕捉到了动手的机会。他先征求了专诸的意见，得到"僚可杀也"的肯定答复后，就在自己家里安排了一场鸿门宴。王僚对公子光倒也不是毫无戒备之心，他身披三重棠铁铠甲，带着大批卫兵前来赴宴。信臣、精卒从王宫一路排到公子光家门口，"阶席左右皆王僚之亲戚，使坐立侍，皆操长戟交轵"，也可谓是戒备森严了。唯一的疏漏，是没太在意扮成厨师上菜的专诸。

专诸拿来刺王僚的，是一柄名叫"鱼肠"的短剑。他把剑藏在整条烤鱼的肚子里，在两名持戟卫士的挟持下托着盘子、佝偻着走向王僚的案台。行至面前，他暴然而起，从鱼腹中抽出匕首直刺王僚。卫士反应极快，两把长戟闪电般捅进了专诸的胸腹。但专诸强忍撕心裂肺的痛苦，匕首速度不减，以奔雷之势刺入王僚心窝，力道直贯三重铠甲、透出脊背。王僚当场气绝身亡，专诸也被护主的卫士们砍成肉泥。此前以足痛为由离席的公子光见大事已成，立刻指挥躲藏在地下室的死士们杀出来。卫兵人数虽多，但王僚已死，群龙无首，被士气大振的公子光部下们杀得精光。公子光在这个血色的黄昏登基为王，是为吴王阖闾。

事后，阖闾封专诸之子专毅为大夫。专诸用自己的命，换来了家族的阶级提升。在那个时代，普通人的选择委实不多，而且专诸还不算是真正意义上的普通人。他有勇有谋，心思缜密，绝非普通刺客可比，因此在《史记·刺客列传》中也有了一席之地。

听闻王僚身死，带兵攻打楚国的掩余、烛庸大惊失色，情知回国一定没有好下场。两人考量一番，抛下军队分头逃命。王僚的儿子庆忌逃去了卫国避难，在卫国招降纳叛，日夜谋划着反攻回吴国报仇雪恨，并夺回本属于自己的王位。庆忌骁勇无比，阖闾对他非常忌惮，便找伍子胥商量。伍子胥给他推荐了第二名刺客——要离。

要离的勇敢事迹比较多，最著名的是他曾经当面折辱过齐国勇士椒丘䜣。知道对方不会善罢甘休，要离回家就告诫妻子说："我在大庭广众之下让椒丘䜣丢脸，他晚上一定会来杀我泄愤，你记得一定不要关门。"当夜椒丘䜣果然来了，见要离大马金刀地躺在床上，觉得就这么一剑杀了，未免太便宜了他。于是一手持剑，一手抓住要离，数落他："你在众人面前羞辱我，回家不关门闭户，躺在床上不防备我，这三条都是你该死之处！"要离哈哈大笑："我如果有三条取死之道，那你就有三件出丑之事。你被我当众羞辱，却不敢现场报仇，这是第一件丑事；像个贼一样偷偷摸摸来我家暗杀我，这是第二件丑事；把剑架在我脖子上，又不敢下手，还在这里大言不惭，这是第三件丑事。你如此胆小无能，实在是让人瞧不起啊！"椒丘䜣大惭，投剑于地，感慨道："以我的勇敢，从来没人敢这么跟我说话，要离的勇气却凌驾于我之上，岂不是天下少有的壮士吗？"

听说要离如此出众，阖闾大喜，让伍子胥将他召来。让他大失所望的是，要离是一个短小精瘦的汉子，身上没有半点"天下壮士"的气势。阖闾心想，专诸毕竟难得，这次伍子胥怕是荐举非人了。要离说："我知道大王看不上我，但是我有办法除掉庆忌。请大王杀掉我的老婆孩子，砍断我的右手。我假意投奔庆忌，他一定会收留我这种苦大仇深之人，到时候就能伺机刺杀他。"阖闾尚且有些不忍，在要离的坚持下，砍了他的右手，又杀了他的妻子儿女，焚弃于市。要离因而跑到卫国请求庆忌收留。庆忌不疑有他，将要离留在身边做贴身侍卫。

虽然获得了接近庆忌的机会，可要离身材短小，膂力有限，加上右臂被砍，想要刺杀勇冠三军的庆忌并不简单。但他很有耐心，始终在寻觅机会，终于借着一次陪同庆忌乘船出行的时候，从背后借助风力，用矛刺向了庆忌。见庆忌遇刺，手下人一拥而上把要离控制住，要杀了他给主君报仇。没想到生命垂危的庆忌却命令他们释放了要离，因为他十分欣赏要离，居然胆敢只身一人刺杀武力绝伦的自己，可以说是大勇之辈了。既然承认了要离的勇敢，那就不可一天之内让天下失去两位勇者。然而要离却并不在意生死，确信庆忌已死后，他拔剑先砍断了自己的双腿，继而抹了脖子，一命呜呼。

要离的性格中有着极强的反社会属性，他没有规则意识，也没有亲情爱情，心目中没有什么人是必须保护的，没有什么利益是不可以牺牲的，甚至包括自己的性命。由于其行事过于乖张离奇，性格过于残忍无亲，所以《史记》中没有他的位置，

王僚余党还不是阖闾最大的隐患，他心中最怕的是叔叔季札的反对。季札的声望太高，多少年前就是第一顺位继承人。如果他登高一呼，自己的王位是不可能坐得稳的。季札出使中原归国后，阖闾假意谦让了一番，说自己杀王僚是路见不平，王位是季札的。但季札连父亲、长兄传位尚且不肯接受，如何肯戴上这顶染血的王冠呢？他语气沉痛，对阖闾说："只要你不抛弃先王之道，不废弃对先王的祭祀，你就是吴国的大王了，我听你的就是。"季札越是表现得心灰意冷，阖闾的心里就越高兴。他满口答应叔父的要求，表示吴国一定会在自己的带领下走向辉煌。从此，吴国的历史进入阖闾时代，当然，还有伍子胥的时代。

吴国"兄终弟及"的传位体系，以兄友弟恭开头，最终却以兄弟相残结尾。早些年的楚国，叔杀侄、弟杀兄的血案层出不穷，也是同样的缘故。随着吴国与中原诸侯的接触越来越深，必然受到中原文化的浸染，在阖闾、伍子胥等一世之雄的带领下，吴国快步走向短暂而辉煌的顶点。

破楚拔郢

阖闾的人生跟楚成王有点类似，他们都是靠流血政变上位的野心家，在位期间也都励精图治，把国家带到了崭新的高度。但因为一个是"荆蛮"，一个是"吴蛮"，加之楚成王被儿子弑杀，吴国在阖闾的儿子夫差手上灭亡，所以这两位的历史评价与实际成就并不匹配。阖闾实为一代英主，他胸怀大志，雄才大略，在与楚国的竞争中占据上风，为吴国短暂的霸业奠定了基础；他知人善任，重用伍子胥、孙武等一干贤臣，君臣相得有始有终。

辅佐阖闾登基为王后，伍子胥终于可以启动复仇计划了。可最让他痛苦的是，楚平王在阖闾夺位前一年已经身死，他再也无法手刃仇人。《吴越春秋》记载，听到楚平王死讯，伍子胥哭着对王孙胜说："楚平王已死，我的心愿还怎么实现呢？"王孙胜默然不答，他的立场比伍子胥更纠结——他的杀父仇人虽然同样是楚平王，但楚平王同时又是他的爷爷，他到底应该为平王的死感到悲伤还是快乐呢？伍子胥接着又安慰自己道："楚国还在，仇一样能报！"

报仇心切的伍子胥，用近乎威胁的手段试图逼迫阖闾就范。有一次在阖闾垂询他强国之道时，他垂泪说道："我不过是楚国的一个亡命之人，父亲、哥哥无辜被杀，骸骨无处安葬，魂灵不得血食，我哪里还敢谋划什么国家大事呢？"他话中隐含的意思是，阖闾你现在心愿已经实现，也该考虑一下我的事情了。

作为一国之君，阖闾有自己的立场。从爷爷寿梦到自己，吴楚之间虽然屡屡交战，互有胜负且吴国略占上风，但距离压倒强大的楚国还很遥远，甚至看不到什么希望。如果仅仅为了报答伍子胥在夺位阴谋中的功勋就贸然与楚国决战，无异于用整个吴国的未来当赌注。对阖闾来说，当务之急是富国强兵、积蓄实力，等到楚国有机可乘时再毕其功于一役。但是如果断然拒绝，岂不是寒了功臣的心？所以他好言相劝，委婉指出"吴国位置偏远，实力不足"，意在提醒伍子胥现在还不是报仇的时候。

伍子胥是何等人，他听完立刻冷静了下来。沉默了很长一段时间，他想通了——阖闾是对的。于是他回答："我听说治国之道，安定君王、抚慰民众是最重要的。"并且提出了"立城郭，设守备，实仓廪，治兵库"四条方略。这几条方略在如今看来稀松平常，难道吴国人连城池都没有吗？实情还真就是如此，落后的吴国此时甚至还没有一座真正意义上的城池。由于缺少城池作为据守的支点，所以在此前与楚国的交战中，经常被对方深入吴国境内，兵锋直指首都附近的核心区域。幸好吴国擅长野战，屡屡挫败楚国，才保住了江山。假如吴国人每次都能据城坚守，楚国人是不可能动辄孤军深入的。而他们之所以迟迟没有筑城，大概率是因为科技比较落后，还没有掌握营建的技术。伍子胥恰恰是吴国急需的、能设计并建造大型工程的稀缺人才，这也是阖闾一定要牢牢笼络伍子胥的原因之一。

伍子胥深知，如果不能确保吴国本土的安全，阖闾也不敢贸然出兵帮自己复仇。虽说攻打楚国本也符合吴国自身的利益，但主动发起战争的一方好歹要先立于不败之地。所以在战争之前，必须先有一番建设工作作为铺垫。建设强大吴国，先要从建设坚固的首都开始。伍子胥发挥胸中丘壑，"相土尝水，象天法地"，建造起宏伟的苏州古城（又称阖闾城）。这座城池，据说方圆达到四十七里，有八座陆门、八座水门。大城中还套有小城，小城关闭了东门，表示与东方的越国不共戴天。因楚国在吴国的西方，因此西门被命名为破楚门。

今天的苏州城密集出土的都是汉代以后的文物，只零星分布了一些汉代以前的器物，所以今天的苏州当是汉代才兴建的。阖闾城大约建立在今天苏州城以西的灵岩山下，准确位置是灵岩山东南方的木渎镇。木渎镇四面环山，中间河流纵横，符合"八陆门、八水门"的设置，也确实是一块位置险要的宝地。21世纪初木渎镇的考古活动中，一座规模宏大的古城重见天日。它周长一万八千六百八十米，折合约三十七里。虽然规模比《吴越春秋》记载的四十七里要小，但在当时也是屈指可数的巨城，应当出自阖闾和伍子胥的手笔。之所以产生这种误差，或许是因为阖闾城的形制是曲折的、不规则的。

仅仅是首都有着坚固的守备能力，最多只能在楚国人打过来的时候不那么被动。御敌于国门之外，甚至保持足够的反击能力才是吴国兵家首选。必须让江南的水网成为吴国强大的水军的通衢，那么建设直通前线的水路干线就迫在眉睫了。阖闾大城位于太湖东侧，抗楚前线则在太湖西边的鸠兹。楚国来攻，吴国的水军自东向西穿越太湖后，就只能下船沿着陆路赶到鸠兹，效率低下。

伍子胥因地制宜，主持挖通了从太湖西北角延伸到芜湖的运河，史称胥溪。而太湖东侧向南直达杭州湾，可以让水军直扑越国地界的胥浦也应运而生。吴国两线作战有很大风险，但如果一切顺利，扩张的速度也是最快的。

除了建筑都城、打通两条水上干线，阖闾还郑重其事地搞了一些武备，其中最有名的莫过于干将铸剑的传说。据说阖闾委托吴国最有名的铸剑师干将为自己打造神兵利器，干将采集最优质的的金属，"采五山之铁精，六合之金英"，巨大的熔炉熊熊燃烧了三个月，居然无法融化这些金属，自然也就铸不成剑。他的妻子莫邪剪下自己的头发和指甲投入炉中，让三百童男童女全力鼓风，金属得以融化，神兵利器就此成型。出炉的是两把神剑，一名干将、一名莫邪，就是夫妻二人的名字。干将将莫邪剑献上，藏匿了干将剑。

此后这个故事越传越玄乎，有的版本中，莫邪为了铸剑成功，直接跳进熔炉做了催化剂。还有的版本中，吴王换成了楚王，干将、莫邪造出神兵利器后被楚王杀死，目的是不希望再有后人再得到与自己媲美的名剑。干将、莫邪的儿子成年后，在一位无名刺客的帮助下与楚王同归于尽。又有一名铸钩师，因阖闾重金求器，不惜杀了自己的两个儿子吴鸿和扈稽，用他们的血为钩子开光。当吴王要求验证他所造器的神奇之处时，他大吼一声："吴鸿，扈稽，还不现身！"刹那间，一堆钩子中的两把铜钩突然跃起，贴在铸钩师的胸前嗡嗡作响。阖闾叹服不已，重赏了铸钩师，从此人们就把锋利的宝剑称为吴钩。这些故事都过于离奇，荒诞不经。但吴越之地原本就盛产锋利的青铜剑无疑是事实，这应该与当地富藏铜、锡资源有关。

遗憾的是，恐怕连最初版本的干将莫邪的故事都是后人杜撰的。吴地又称干，而将应当是匠的谐音，故而干将本意当是"吴国的工匠"。传说中干将有个师兄叫欧冶子，是春秋时期最著名的铸剑大师，造出过湛卢、纯钧、胜邪、鱼肠、巨阙五把名剑，又与干将夫妇合作为楚王铸龙渊、泰阿、工布三剑。可欧冶子大约也是个虚构的人物，越古称区或者瓯，又叫瓯越。所以欧冶子大概是"越国冶金大师"的意思，并不太可能是某个人的名字。干将、欧冶子，应当是吴越铸剑师的总称，代表了那个时代最高的青铜兵器锻造水准。1965 年出土的越王勾践剑、1983 年出土的吴王夫差矛，两千年后仍然寒光闪闪，无声地宣示着吴越工匠的精湛技艺。

筑城、锻兵，这都是硬件方面的战备，但打仗不仅仅是拼国力强弱和装备优劣，卓越的军事指挥官也不可或缺。俗话说"千军易得，一将难求"，虽说伍子胥是个文武双全的通才，但吴国军政大事他已经承担了太多，物色一位专业的军事家便成了当务之急。后伍子胥"刚好"在吴国结识了一位卓越的兵法大家，此人便是被后世誉为"兵圣"的孙武。

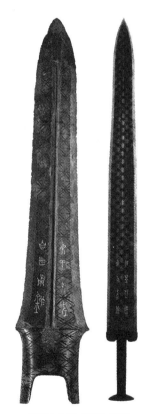

∧ 吴王夫差矛、越王勾践剑。
湖北省博物馆藏。

孙武据说是齐国人，为了躲避内乱逃亡到了吴国。在这里，他远离政治斗争的漩涡，潜心著书立说，完成了世界军事史上的不朽名篇《孙子兵法》。他虽然是伟大的军事家，但绝非穷兵黩武之人，《孙子兵法》开宗明义就提出："兵者，国之大事，死生之地，存亡之道，不可不察也。"孙武用最严肃审慎的态度对待战争，他认为："夫未战而庙算胜者，得算多也；未战而庙算不胜者，得算少也。"在暴力摧毁敌人和不战而屈人之兵之间，他的选择永远是后者。而且，孙武极其重视战争背后的经济账："凡用兵之法，驰车千驷，革车千乘，带甲十万，千里馈粮，则内外之费，宾客之用，胶漆之材，车甲之奉，日费千金，然后十万之师举矣。"战争，比的不光是谁厉害，还要比谁的钱袋子鼓，后勤工作在孙武看来如何强调都不过分。

孙武对待战争的核心思想，便是"战前做好万全的准备工作，用闪电般的速度打垮对手"。所谓"兵贵胜，不贵久"，他很忌讳旷日持久的消耗战，追求用各种战争之外的手段迫使对手屈服。打赢是最重要的，同时要让己方的损失尽可能小。为了达到目的，他强烈推荐使用诈术，这种思路与周人列堂堂之阵、约好日期光明正大开打的战争规则大相径庭。但战场上使用诈术，效果却不是一般的好。因此，此后孙武"兵者诡道"的卓见便被后世兵家奉为圭臬。

阖闾对孙武的兵书大加赞赏，但内心深处也不免添了一重担忧：孙武的军事理论水平确实没话说，但是实操效果到底行不行？见吴王犹豫，孙武露出了自信的笑容，他从容地回答道："哪怕是大王宫中的美女，我也能将她们训练成一支强军。"阖闾不由得冷笑一声："这些女眷寡人都拿她们没辙，你一个外人能让她们听话吗？"孙武正色道："君前奏对，岂有戏言？如所言不效，甘当军法。"阖闾被勾起了兴致，决定看看他如何训练这帮女眷。

孙武的军训搞得相当正规，他让宫女们顶盔贯甲、佩剑持戈，就跟一般的吴国战士无二，还特意让阖闾派出他宠爱的两名妃子做队长。孙武跟她们重申了军法："既然现在你们已经是军队了，就要按照军队的规矩来。是立是坐、前进后退、左传右转，都要听我将令，违抗者军法从事，绝不姑息！"

这些女眷常年侍奉于君王之前，阖闾尚且呵护有加，她们哪里会把这话当回事。因此一个个笑得花枝乱颤，存心要看孙武的笑话。果然，一通号令下，这帮女眷的表现用乌合之众来形容也绝不过分。再一通号令，她们依然不成样子，全然没有军队令行禁止的风范。孙武恼了，叫出军法官问不听号令当如何处置，军法官回答"当斩"。孙武面如寒霜，严令执法的军士，把两名宠妃绑了，申斥道："军令不行，是将领之过。你们约束下属不利，于法当斩！推出去，斩了！"士兵一声得令，将她们拖出去便要行刑。

阖闾大惊，赶紧派人求情："寡人知道孙将军的能耐了，吴国大军的统帅非你莫属。且看在寡人面上刀下留人吧。"可孙武将令已出，坚决不肯收回，须臾，原本如花似玉的两位美女成了刀下亡魂。看着摆在面前的血淋淋的头颅，其他宫女们吓破了胆，小心翼翼地服从着孙武的军令，生怕自己成为下一个牺牲品。一通操练之后，女眷们表现出的气势，与真正的军队无二。孙武收队后，向阖闾汇报："兵已练成，现在让她们赴汤蹈火，也没有二话了！"

阖闾痛惜两位宠妃的死，本不欲再用孙武为将，但最终，理智战胜了情感，阖闾任命孙武为吴军统帅，练兵讲武，择机伐楚。

阖闾城筑了，武器造了，统兵大将也物色好了，真可谓是软、硬件齐备，只欠东风。这东风，便是伐楚的契机。吴国虽然崛起的势头凶猛，但综合国力还无法与纵横江汉数百年、树大根深的楚国相比。要想打倒这头南国巨兽，必须事先给它"放点血"。阖闾拾起了当年巫臣疲楚的故技，将吴军一分为三，自己统率一军，孙武、伍子胥各统率一军。三军轮番出击，神出鬼没地骚扰着楚国漫长的国境线。这么多年过去了，楚国人依然没有找到应对这种游击战术的好办法，被吴国人折腾得死去活来。

为吴国奉上天赐良机的并非别人，而是楚国内部隐藏的定时炸弹——贪婪无耻的令尹囊瓦。公元前 509 年，蔡国国君蔡昭侯前来朝见，带了两套名贵的玉佩和皮衣，蔡昭侯自己穿戴了一套，把另一套进献给了楚王。囊瓦对这套宝物万分眼馋，便拐弯抹角地索要。蔡昭侯身为一国之君，纵然蔡弱楚强，也弯不下腰来向一个臣子行贿，他因此没有搭理。想不到囊瓦因为这件事怀恨在心，找了个借口把蔡昭侯扣留在楚国长达三年。跟蔡昭侯遭遇同样事情的还有唐国国君唐成公，他有两匹名为肃霜的千里马，也被囊瓦看上了。唐成公不肯给，结果一样在楚国坐了三年牢。

蔡昭侯和唐成公的手下见这么拖着也不是个办法，也不管昭侯和成公是怎么想的，私下把东西送给了囊瓦，求他释放自家国君。囊瓦在收钱办事这方面倒是很有诚信，玉璧、名马到手后立刻放人。

蔡昭侯渡过汉水北返故国时，将一对玉璧丢入水中，发誓："大河为证——

我要是再南渡汉水往南，就不得好死（除非南下是带兵来伐楚）！"他一开始对同姓的中原霸主晋国给予厚望，送去许多财物请求晋国出兵。然而此时的晋国六卿之间已经势同水火，迟早要爆发激烈的火并，压根儿无暇外顾。蔡昭侯只能寻找新的盟友，向来与楚国不对付的吴国便成了首选。吴、蔡两国迅速勾搭在一起，还拉了同样苦大仇深的唐成公入伙。

从表面上看，蔡国与楚国的仇恨是吴国与之结盟的原因，但这绝不是全部原因，甚至不是最主要的。展开地图，从吴国的核心区域环太湖平原到楚国的核心区域江汉平原，中间并非一马平川。可供吴国选择的进攻路线是有限的，基本上要么沿着长江，要么沿着淮河逆流而上，等到水路无法通行时再换陆路前进。如果从太湖出发沿江西进，会途径彭蠡泽和云梦泽，它们分别是鄱阳湖和洞庭湖的前身，但面积要大上许多。长江从西侧、汉水从西北注入云梦泽，楚国都城郢都便矗立在云梦泽西岸，在长江与汉水之间。对于擅长舟楫的吴国人来说，自然是水路越多越有利，他们似乎应当沿着全是水路的长江出击，但这并非最好的选择。原因在于吴国水师从太湖出发后不远，就会进入安徽省西南、江西省北部这片古称"吴头楚尾"的区域。楚国在这里层层布防，水上的力量并不弱。而这片区域的东方是吴国的宿敌越国，走这条路很容易陷入两方面敌人的夹击。

前文已经分析过，吴楚争霸的焦点，实则落在长江以北淮河以南，如果江淮不稳，则江南不安。吴国此前既然已经在江淮之间取得了一定的优势，那么将这个优势进一步扩大，沿着淮河进击便是更为合理的路线选择。而蔡国和唐国恰好就在这条路线上的关键位置。更准确地说，吴国军队逆淮河而上，蔡国是最好的登陆点。吴军从这里上岸，西南方便是大别山与桐柏山之间的缺口，突破这里便进入了楚国的核心势力范围，这里地处汉水东北岸，恰是从楚武王时期便遭受楚国蚕食的"汉阳诸姬"的故地，他们面对的第一个国家便是唐国。蔡国、唐国的反水，对楚国来说是致命的特洛伊木马，对吴国来说就相当于双手奉上了进攻的桥头堡。

蔡国在晋国的指使下伐灭楚国附庸小国沈国，吴楚决战就此拉开了序幕。楚国闻讯大怒，起兵伐蔡，蔡国居然没有寻求晋国的帮助，而是向早就暗通款曲的吴国求救。吴国等待已久的大军旋即出动，一改过去游击战的传统，大军集结之后发动致命一击。阖闾、伍子胥、孙武亲自领兵，水陆并进，向着楚国浩浩荡荡杀奔而去。由于此前的骚扰战术过于成功，淮河沿线的重镇猝不及防，纷纷陷落。吴军顺利推进到蔡国境内，并在唐国的引领下，从桐柏山以东、大别山以西的缺口处进入了汉水北岸的平原地带，与郢都隔汉水相望，兵锋直指楚国的心脏——江汉平原。

不过楚国也并不过于畏惧。吴国由于从淮河上游登岸，船只自然都留在淮河之中，此时应当全是陆军。想要渡过汉水，只能就地伐木造船，工程浩大姑且不说，楚国在汉水之上严阵以待的水军是否给吴军船队下水的机会都很难讲。吴国全军不过三万人，楚国举国动员，聚集二十万兵力也在指日之间。只不过吴国人士气正盛，楚军贸然渡河寻求决战绝不是一个好主意。因此，楚国只要据守汉水，慢慢耗着，求个平局并非难事。

但楚国的野心并不止于此，既然吴军暂时被阻击在汉水东岸，那么是否可以设计出更大胆的计划，将他们一举全歼呢？事实上这样的可能性是存在的。楚国副帅左司马沈尹戍提出了一个"守正出奇"的方案：鉴于楚军有兵力优势，主帅囊瓦带领主力兵团在汉水一线拖住吴军；自己则率领奇兵向北迂回，北渡汉水进入南阳盆地，再向东直扑吴军登陆的地点，毁其战船、关门打狗，彻底封死吴国人的退路；然后南北夹击，将吴军彻底歼灭。

倘若沈尹戍的策略能够得到不折不扣的执行，留给吴国人的时间就不多了。他们基本上只有三种选择：其一，用最快的速度击溃正面的楚军，突破汉水防线，深入江汉平原肆虐横行，让楚国奇兵白迂回一场。但对没有战船的吴国来说，如何能够打败楚国汉水上的水军呢？如果不能取得水战的胜利，又如何在楚国水军的眼皮底下搭建浮桥或者乘船渡过汉水呢？只要楚国人不打算决战，就老老实实龟缩在汉水后方和水上航道上防守，吴国人就没有机会。其二，围点打援，将楚国迂回的偏师一口吞下，再掉头与楚军主力周旋。问题是吴军兵力单薄，如果再分兵，正面战场可能就扛不住楚国主力的反扑了。如果全师进攻沈尹戌，更要时刻防备囊瓦在背后袭击，这个战术也过于冒险。其三，趁着楚军合围之前退回登陆地，放弃突袭楚国腹地的行动。但这样一来，楚国吃了个大亏，将来势必会在淮河沿线严防死守，再想来这样一次突然袭击就是妄想了。

战争形势发展到这个阶段，胜败就在一线之间，是双方统帅智谋的极限比拼。楚国一旦分兵吴国就将陷入被动，这是双方都能看到的阳谋。然而吴国拥有对楚国情况了如指掌的智囊伍子胥和兵圣孙武，他们制定出了一个极其有针对性的应对方略——撤退，引诱楚军主力追击，先击败正面敌军，再收拾迂回后方的敌人。

于是，楚军主帅囊瓦惊喜地发现，正面的吴军向东方撤退了。吴国人为什么撤退？答案不言自明：他们已经侦查到楚国包抄后路的偏师，担心陷入前后夹击之中，所以不敢继续在汉水与楚军主力对峙。此时囊瓦也面临艰难的抉择：其一，按照既定计划，等到沈尹戌包抄到位，再前后夹击吴军。这当然是最稳妥的，但有一点他却不得不顾虑——这个方案是沈尹戌提出的，最大的功劳也将落在沈尹戌头上。其二，趁沈尹戌还没赶到，自己抢先东渡汉水击溃吴军，将战胜的功劳全部据为己有。最终，贪婪战胜了理性，囊瓦选择主动出击，与沈尹戌争功。

吴军摆出一副仓皇撤退的姿态，目的就是引诱楚军主力出击。而囊瓦的贪婪，很可能本就在计划范围之内。何况，如果囊瓦按兵不动，吴军就干脆缓缓退回蔡国，此前攻略下来的大片淮河沿岸的土地，也足够他们笑掉大牙了。现在囊瓦主动来送人头，伍子胥、孙武怎能不大方笑纳？他们安排了几道埋伏，让追击过来的楚军吃尽了苦头。但打赢了以后却并不追击，而是收拾行装继续东撤，囊瓦不由得产生了"再赌一把一定能赢"的心态，全军出动追击到了大别山脚下的柏举（今湖北麻城境内）。

在这里，背靠大别山、退无可退的吴军终于露出了獠牙。阖闾的弟弟、先锋夫概率先发难，率领五千先锋直冲楚阵，楚军如波开浪裂，在夫概的勇猛突击下一触即溃。阖闾大军随即跟上，将楚军打得土崩瓦解，囊瓦在乱军之中侥幸逃出生天，抛下军队逃亡去了郑国。群龙无首的楚军陷入全面溃败，被吴国人追得上天无路、入地无门，死伤过半。

夫概追得过于急切，于是遭遇了小小的挫折。原来楚国的偏师此时已经迂回到了既定位置，却传来了前方主力惨败的消息。沈尹戍立刻领兵救援，夫概猝不及防，被其击败。但孙武指挥吴军主力随即赶到，将沈尹戍团团包围。刚刚取得全胜的吴军士气冲天，沈尹戍寡不敌众，战死当场，楚国最后的希望就此破灭。

柏举之战，吴国看似取得全胜，真实情况却异常凶险。如果囊瓦不是贪功冒进，或者最后一战稍微多拖延一点时间，将吴国人拖入拉锯战、消耗战中，后路被断的吴军定难全身而退，遑论大获全胜。这是阖闾、孙武、伍子胥战场指挥能力的巅峰之战，孙武在理论和实践上都无愧于兵家之圣的称号。

得知前线战败的消息，年轻的楚昭王乱了方寸。他不顾大臣的反对，坚决不肯坚守都城，而是仓皇西逃。其实，楚国都城郢都（纪南城）规模宏大，东西长 4.5 千米，南北宽 3.5 千米，总面积约为 16 平方千米。城墙周长 15.5 千米，有的地段现在还存有高达 6.7 米的城墙遗迹，都是由夯土筑成的，十分坚固。吴国人轻师上阵，不可能携带重型攻城器械，补给线也过于漫长，必定无法长久屯兵于坚城之下。只要首都不陷落，只要大王依然在坚守，楚国各地的勤王兵马一定会逐渐聚拢，在自己经营数百年的腹地击退客军，并非天方夜谭。而昭王这么一逃，楚人的信心就彻底崩溃了。十天后，郢都陷落，楚国踏入了至暗时刻。

进了郢都的吴军，无恶不作。自阖闾以下，吴国君臣按照级别高低，分别入驻了楚王的宫室和大臣的官邸，掠夺其财物，杀伤其人民，淫掠其妻女，抢不走、搬不完的，便一把大火烧光。甚至发生了阖闾之子公子山与夫概争夺囊瓦府第，差点自相火并之事。一时间郢都沦为人间地狱，吴国大军在楚国人的血泪中狂欢，唯有伍子胥没有参与。这不是因为他有多么仁慈，而是还有最重要的大事没有做成。

自从父兄被无辜冤杀，伍子胥对楚国就只剩下刻骨的仇恨。杀父仇人楚平王虽然已经身死，但伍子胥也并不打算放过他。由于楚昭王逃得太快，追之不及，伍子胥把注意力转了回来。经过细细查访，他找到了楚平王的墓，按照《淮南子》和《吕氏春秋》的记载，伍子胥鞭打了墓碑，宣泄胸中无尽的怒火。《史记》的说法更为解恨，伍子胥发掘了平王墓，破开棺椁，将早已朽烂的尸首拖出来，挥舞钢鞭鞭打三百下，把平王打成了一摊烂泥。纵然不能手刃仇人，这番报复也算是差强人意了。

楚昭王逃出郢都，被云梦的野人射伤，逃窜到郧国，又险些被跟楚平王有杀父之仇的郧公斗辛之弟斗怀杀害。走投无路之下，最终落脚在随国。前文提过，随国本是汉阳诸姬之首，是周王室制衡南蛮的重要棋子。但随着楚国多年的扩张，随国风光不再，早已沦为楚国的附庸。昭王在这里得到了隆重的礼遇和坚定的庇护，听闻楚昭王逃到随国，吴国大军进逼随都，与随国交涉要他们交出楚昭王。吴国的说法是："周之子孙封于江汉之间者，楚尽灭之。"意思是，你随国是姬姓，我吴国也是姬姓，咱们应该是一家。但随国拒绝了吴国的要求，吴国也没有继续追究这件事，楚昭王侥幸逃出生天。

吴人在郢都的这段时间，楚国的其他人又在做什么呢？伍子胥有一个朋友叫申包胥，他一心一意谋求光复都城。当年伍子胥逃出楚国时，咬牙切齿地跟申包胥发誓："我一定要灭亡楚国！"申包胥回答道："那我就一定能让楚国亡而复存。"听说伍子胥攻破郢都，将平王鞭尸，申包胥派人跟伍子胥说："你报仇就报仇，可这件事也做得太过分了吧。毕竟你曾经是平王的臣子，如今却连他的尸首都不放过，岂不是无道至极吗？"伍子胥的回应十分晦涩："吾日暮途远，吾故倒行而逆施之。"这段话暮气沉沉，不像是正值壮年的人口中所言，但也相当符合伍子胥当时的心境。自从他父兄被杀，自己只身逃亡到吴国，支撑他活下去并努力奋斗的，就只剩下复仇一件事。如今大仇得报，人生突然陷入迷茫。

伍子胥实现了"我必覆楚"的豪语，他的好朋友申包胥也践行了"我必存之"的诺言。申包胥向秦国告急，请求秦哀公发兵援助楚国。秦哀公不肯蹚这趟浑水。申包胥就站在秦国朝堂上，哭了七天七夜，摆出一副不达目的决不罢休的姿态。秦哀公终于被打动，派出五百辆战车救援，打败了骄横不可一世的吴国军队。偏偏吴国也出了内乱，夫概偷偷摸摸跑回国自立为王，阖闾兵无战心，火速归国平叛，击败了夫概。楚昭王借机收复郢都，重新做起了他的楚国大王来。

不过，光复楚国的功劳倒也不能完全归于申包胥。其一，秦楚有共同的敌人——晋国，为了能与之相抗衡，秦楚经常联手。其二，楚昭王的母亲孟嬴本应嫁给太子建，后来被楚平王强娶，这恐怕也是秦哀公看不上楚平王的原因之一。三者，从吴国在郢都的所作所为——能抢的尽量抢，能破坏的尽量破坏——来看，他们并没有长期占领楚国都城的打算，目的只是在有限的时间里对楚国造成尽可能大的破坏。因为吴国与楚国文化差异很大，吴国的人力资源也非常有限，既不可能把楚国人全杀了，也无法迁徙足够的移民来消化这片土地。吴国对郢都的占领，注定只能是个短期行为，迟早要在楚国人的反击下打道回府。申包胥请来的秦国救兵，也不过是加速了吴国人撤兵的进程罢了。昭王复国后要封赏申包胥，他坚持不受，带一家老小退入山中隐居，这又是难能可贵的高尚情操了。

阖闾以小小的吴国大败强大的楚国，率领三万之师逆流而上直捣黄龙。在柏举击溃楚军主力后又横扫沈尹戌的偏师，攻下郢都、肆虐江汉平原长达半年之久，功业不可谓不大，战果不可谓不辉煌。究其原因，恰如两百年前楚武王侵略随国时季梁对随侯说的话："臣闻小之能敌大者，小道大淫。"小国并非没有战胜大国的机会，前提是小国治理有方而大国荒淫无道。

阖闾对内励精图治、讲兵练武，重用伍子胥、孙武等一世之杰；对外善于把握楚国的弱点，积极拉拢战略要道上的蔡、唐等国家；在战略上出其不意，避开楚国重兵布防的长江沿线；在战术上天马行空，充分利用楚军主帅的贪功情绪，引诱其主动出击，不但化解了被前后夹击的被动局面，反而成功的各个击破，取得了超出想象的胜利。反观楚国，国君年幼胆略不足，奸臣当政上下离心，对外还得罪了地位重要的属国，岂不是标准的"小道大淫"吗？吴国的胜利，当之无愧。

诗仙李白有一首传世名篇《登金陵凤凰台》，诗云：

> 凤凰台上凤凰游，凤去台空江自流。
> 吴宫花草埋幽径，晋代衣冠成古丘。
> 三山半落青天外，二水中分白鹭洲。
> 总为浮云能蔽日，长安不见使人愁。

"凤凰台"在金陵凤凰山上，相传南朝刘宋永嘉年间有凤凰集于此山，乃筑台，山和台也由此得名。凤凰是瑞鸟，周太王时"凤鸣岐山"，周人自此强盛；吴人是太伯之后，吴地的兴旺也饱含凤凰元素。这首诗道尽了世事无常。吴国击败楚国，迈入了极盛的发展时期，可谁也不知道强盛的吴国未来是再创新高，还是"其兴也勃，其亡也忽"。日中则昃，月满则亏，在与同根同源的越国交锋时，胜利女神却又站到了对手那一边，终将"吴宫花草埋幽径"。吴王阖闾、伍子胥也各自走向自己命运的终点，这又是一篇新的故事了。

馆娃遗恨

打败楚国、威震中原的阖闾，环顾四境，已经没有值得与之对抗的对手。志得意满之余，他大治宫室，颇事游乐。在首都建设了长乐宫，又筑高台于姑苏山。此时一个危险的消息传到了阖闾的耳中——齐国与楚国互派使节来往，似乎是要对吴国不利。

这其实是破楚的必然结果——吴国在江淮之间攻略了大片土地，与齐国的势力范围已经接壤，齐国不得不担忧。但两大势力甫一接触就立刻大打出手的可能性并不大，于是阖闾采纳了伍子胥的建议，为刚刚丧妻的太子终累向齐国求婚。名义上是吴国追求与齐国的婚姻之好，实则是对齐国态度的试探，逼迫齐国表态：齐国要是接受了，证明对吴国有所畏惧，与楚国的关系也不那么紧密；可假如齐国拒绝这桩亲事，那就是明摆着要联合楚国与吴国作对了。执掌齐国半个世纪的齐景公此时年已老耄，不复年轻时的壮志凌云。他不敢公开与阖闾翻脸，只得忍气吞声地接受了吴国的求亲，将年幼的爱女许配给吴国太子终累，换得双方暂时的和平。

或许是年龄过于幼小，或许是这桩毫无感情基础的婚姻让齐景公之女万分痛苦，这位齐国小公主到了吴国后整日以泪洗面，凄凄惨惨。她无比思念父母与家乡，即使阖闾给她修建了一座可以北望、聊以寄托乡情的高台也没能改变什么。齐姜没过多久便一病不起、呜呼哀哉了。太子终累人到中年连续遭遇丧偶之痛，终于受不住打击，也随妻子而去。阖闾老年丧子，悲痛是一方面，关键丧的还是国之储贰，国本动摇，继承人问题便摆上了台面。对其余的儿子，阖闾或多或少都有不满意之处，但无论如何都要从中选一个当新太子，次子夫差凭借着年龄优势和伍子胥的力挺最终胜出，他在不久的将来会登基为王，成为这个强大国家的最高统治者。

阖闾已经年老，但他决心在离开人世之前，为子孙再做一件大事——攻灭越国。此前吴国攻楚，越国在背后捣鬼，这个仇不能不报。碰巧越王允常去世，太子勾践新即位，阖闾趁着越国人心不稳之际，兴兵三万直奔越国而去。越王勾践率军迎战，在檇李（今浙江嘉兴西南）与吴军相持。

吴国这些年国力增长迅速，远超破楚之时，小小越国岂能抵挡。勾践面对阖闾的坚甲利兵毫无办法，强攻不成反而被步步紧逼，陷入困境。勾践出了个奇招，试图挽回败局：他让三百死囚犯步出阵前，排成三行，赤裸着上身将青铜宝剑横在自己的脖子上。囚犯们一起朝着越国军阵大叫："我们国君不自量力，得罪了吴国大王，招致贵国讨伐。我们愿意献上自己的性命，用死换取大王赦免我们家越王。"言毕，一个个都抹了脖子，血流喷溅横死当场。这些人为何心甘情愿地去死？其一，他们本就是死囚，迟早要挨上一刀，早就有必死的心理准备。其二，勾践向这些人许诺了诸多好处，只要他们肯赴死，家人可得到抚恤。其三，越国大军在后，他们就算想跑也跑不掉，纵然侥幸逃掉，家人也势必受到牵连。

越国人不要命的战术让吴国人为之一愣，他们还从来没见过战场上不杀敌人杀自己的打法。纵然吴国军队是百战之师，也被如此残忍血腥的场面震慑了。勾践要的就是这个效果，他趁着吴军没回过神的当口挥军掩杀，出其不意，打散了对手的阵形。吴军的四散奔逃更加让越军勇气百倍，他们的进攻如潮水一般汹涌澎湃，吴国大军陷入加倍的混乱之中。

大将灵姑浮单车冲阵，狼奔豕突杀到了阖闾跟前。年迈的阖闾早已不复当年之勇，被灵姑浮的长戈砍断了一个脚趾，幸亏有身边卫士拼死掩护，阖闾才摆脱追杀。但他的生命也不过延长了一两天。吴王衰老的身躯已经无法承受如此重的伤势，彼时的医疗水平对于创伤引起的感染也完全束手无策（宋襄公的死因跟阖闾一样）。在撤军的半道上，吴王阖闾撒手人寰。弥留之际命令随军的太子夫差继位，问他："你会忘记勾践杀你父亲的仇恨吗？"夫差含泪回答："绝不敢忘！"

平心而论，阖闾恐怕是吴国有记载的君主里最有才能、成就最大的一位。

他有屈居王僚之下耐心寻找机会的隐忍、有破釜沉舟弑君夺位的狠劲、有对孙武伍子胥等用人不疑的雅量、有励精图治发展生产的政治远见、有柏举背水一战的勇敢，文治武功无一不是上上之选。之所以名声不彰，与下一代夫差就亡国有很大关系。可无论阖闾如何强大、如何不甘，一代新人换旧人的自然规律无可违逆，属于儿子夫差的时代到来了。他的去世，将彻底改变他最得力的助手——"外托君臣之义，内结骨肉之恩"、亦臣亦友的伍子胥的未来。

阖闾在世的时，大事小事无一不与伍子胥商议。加上对夫差的拥立之功，伍子胥的地位看似仍然相当稳固。但从前面怒鞭楚平王尸体的行为分析，他的性格聪明而刚直，但也有"长于谋国，短于谋身"的弱点。伍子胥常年位高权重，深得阖闾信任，对夫差这个刚刚上位的毛头小伙子能有多少敬重，恐怕只有天知道。

在这种形势下，最容易钻到空子的就是谗佞之臣。对夫差来说，这个特别"识时务"的人叫伯嚭。

伯嚭前半生的经历跟伍子胥很相似，他的父亲伯郤宛是被费无极进谗害死的，他只身一人逃难到吴国，期望得到阖闾的庇护和已经混得风生水起的伍子胥的照应。伍子胥见到伯嚭，同仇敌忾、同病相怜的情绪不能自已，立刻向阖闾举荐。即便有人提醒伯嚭獐头鼠目不像个好人，也没能改变他的态度。伍子胥认为，与自己同受楚国迫害的伯嚭，一定会成为自己的得力助手，共襄反击楚国的复仇大业。

但伯嚭是个聪明的野心家，他很清楚在阖闾掌权的时代，自己无论如何都不可能跳到伍子胥的前面，他的机会将着落在下一代吴王身上。

伯嚭究竟是怎么攀上夫差的高枝属于宫闱秘事，今人已无从知晓。但夫差甫一即位，伯嚭就被提拔为掌管王室内务的总管大臣"太宰"，可见他早已"简在帝心"。攀附权贵好像是伯嚭家的"祖传技能"。伯嚭的爷爷伯州犁，就以拍马术为后人"贡献"了"上下其手"这个成语，事情是这样的。

楚康王侵郑，大夫穿封戌俘虏了郑将皇颉，康王之弟王子围（就是前文中的楚灵王）一如既往的简单粗暴，硬跟穿封戌抢功，强说皇颉是自己俘虏的。穿封戌也是个较真的猛人，坚决不向"寡大夫围"屈服。两人吵到了康王面前，康王也无法决断。此时太宰伯州犁出了个主意："皇颉在郑国也是有头有脸的人物，不如让他自己指认是谁捉住他的。"

他便让皇颉立于庭中，让王子围和穿封戌立于皇颉对面。伯州犁把手心向上高高抬起，先介绍了王子围："夫子为王子围，寡君之贵介弟也。"然后把手心朝下压低，再介绍穿封戌："此子为穿封戌，方城外之县尹也。谁获子？"面对如此明显的暗示，傻子才不知道该怎么回答。方城外的一县之长，如何与显赫的楚王之弟抗衡？自己如果将实情说出，得罪了王子围，恐怕今夜就会暴死在牢狱之中。皇颉于是朗声答道："我在战场上遇到这位英勇无敌的王子，不是对手，被他擒获。"穿封戌大怒，抽出长戈就要杀了王子围，遗憾的是没追上，只能罢手。从这也能看出穿封戌是个粗人，要杀也应该杀暗中捣鬼、以求讨好王子围的伯州犁不是吗？后来"寡大夫围"杀侄自立，顺便也杀掉了康王的心腹伯州犁。

夫差最初还是很以杀父之仇为意的，他让一个手下站在王宫的庭院里，每当自己出入时，便大喊一声："夫差！你忘了越王杀你父亲的仇吗？"夫差便恭恭敬敬地回应："明白，不敢忘记。"他命令伯嚭配合伍子胥操练兵马，磨刀霍霍以求荡平越国，弄死越王勾践。公元前494年，夫差尽起精兵伐越，以报杀父之仇。

面对实力碾压、恨意滔天的吴国大军，这次越国再玩阵前自杀也不好使了，不出意料地在夫椒（今江苏无锡太湖马山）这个地方被打得大败，最后只剩下五千残兵驻扎在会稽山上苟延残喘。战场上打不赢，勾践赶紧转变策略，派遣大夫文种前往吴营求和，"请委国为臣妾"。文种和范蠡是勾践的左膀右臂，却并非越国人，而是楚国为了制约吴国而派来的。越国地处偏远，文化落后，有这两位足智多谋、见多识广的大臣辅佐，可谓是旱苗得雨、雪中送炭。

文种的说辞很有意思，他一方面表示知错认怂，开出了非常有诚意的谈判条件："寡君之师徒不足以辱君矣；愿以金玉、子女赂君之辱。请勾践女女于王，大夫女女于大夫，士女女于士；越国之宝器毕从！寡君率越国之众以从君之师徒，唯君左右之。"越国愿意缴纳罚金、将从国君到大臣到士人的女儿都嫁到吴国为仆妾，从此追随吴国左右不敢有二心。另一方面又语带威胁："若以越国之罪为不可赦也，将焚宗庙，系妻孥，沈金玉于江；有带甲五千人，将以致死，乃必有偶，是以带甲万人事君也，无乃即伤君王之所爱乎？"要是楚国不接受越国的投降，那么越国就将毁灭一切财物、把妻子儿女全部杀死，剩下五千将士跟你吴国玩命。当人失去活的希望而只剩下必死的信念时，五千人就可以当一万人用。夫差居然真的被文种说动了，答应了越国的求和。

伍子胥立刻表示反对，他指出："除恶务尽！当年有过氏灭掉夏朝，只漏放了帝相怀孕将生的妃子后缗。后缗生下了少康，少康长大后收服了众多心怀故国的夏人，最后反杀了有过氏，复兴了夏朝。如今大王你并无有过氏的强盛，而勾践的实力又大过少康，不如趁他走投无路的时候将越国彻底灭亡，否则将来一定会后悔的。"

伍子胥说的自然是正论，但做决策的是英武的先王阖闾，文种的威胁只可能适得其反——当年面对楚国二十万大军前后夹击尚且敢背水一战，而且赢了个彻底，你区区越国就剩下五千残兵，有什么资本威胁我大吴？至于什么五千人当一万人用更是笑话，搞得好像被包围的是我们吴国似的。可是文种敢这么说是有原因的——他在面见夫差之前就已经走了伯嚭的门路，想必已经拿钱把他给喂饱了。伯嚭了解夫差，文种的说辞应当是经过了伯嚭的点拨。

果不其然，伍子胥反对无果，越王勾践侥幸逃得一命。伍子胥叹曰："越十年生聚，而十年教训，二十年之外，吴其为沼乎！"夫差似乎已经忘记了父亲死前的重托，更忘记了杀父之仇不共戴天。伍子胥与伯嚭在与越国是战是和的问题上意见相左，夫差听信后者而否定前者，这是第一次，但绝不是最后一次。一朝天子一朝臣，吴国朝堂上掌握话语权的人，将渐渐从直臣伍子胥，变为佞臣伯嚭，吴国看似鲜花着锦、烈火烹油的国运，也将迎来转折点。

夫差是否仅仅是因为个人的昏庸，抑或是被伯嚭的谗言忽悠而放过勾践呢？答案可能同样是否定的。越国虽然与吴国接壤，但地理环境差异巨大。吴国的核心区是环太湖平原，这是一片鱼米之乡，物产丰富，人民殷实。越国则以山地为主，国力与富裕的吴国自然无法比拟，但想彻底征服山地族群，又是非常困难的。

数百年以后的三国时期，东吴在与山越的战争中，也同样是互有胜败且旷日持久。孙权从建安五年（公元 200 年）掌权伊始即分遣诸将镇抚山越。但等到建安八年（公元 203 年），孙权西征黄祖，即将破城之时山越复起，逼得他不得不撤军镇压。直到吴嘉禾三年（公元 234 年），诸葛恪出动大军，以举国之力封锁山越，才逼迫其中的大部分人出降。前后历经三十余年，孙吴屡屡出兵征讨，才将这个桀骜不驯的族群纳入统治。齐国征服盘踞在胶东半岛山地丘陵的莱夷，从姜太公立国开始到齐灵公灭莱，时间跨度几近五百年。此时的吴国，显然没有精力和越族打持久战、消耗战。因此，与其说夫差是在"放掉杀父仇人"和"原谅杀父仇人"之间做选择，不如说是在"留下一个臣服的越国"和"陷入和山地越族无休止的战争"中做出抉择。

按照一些野史的说法，勾践在和议之后与妻子一起被带到吴国，做了夫差的跟班。夫差每逢出行，就让他在大驾之前步行先导，让世人都知道越王现在是吴王的小厮。夫妻二人穿得破破烂烂，住在石头屋子里，生活水平连一般的奴隶都不如。但勾践特别能忍，不但毫无怨色，还把夫差伺候得无比舒服。夫差有一次生病，卧床很久病情都不见好转。勾践号称自己能通过大便的味道判断病情，吃了夫差的屎后喜笑颜开地汇报："大王的病就要好了。"没过多久夫差果然病愈，看勾践越发顺眼，便将他释放归国。勾践归国后，恨夫差入骨髓，日夜谋划伐吴，以报自己多年来所受的屈辱。为了激励自己不忘仇怨，他睡在柴草之上，饭前还要尝一口苦胆，花了十年的时间治理越国，最终灭吴复仇成功。

正史中，无论是《左传》还是《史记》，都没有提到勾践遭受夫差羞辱荼毒的事情，"卧薪尝胆"大约也不是真事。《史记》里只见尝胆未见卧薪，《左传》则未提卧薪尝胆。吴越本是世仇，夫差虽然放过了越国，但割地赔款是跑不掉的。

《史记》记载，勾践"身自耕作，夫人自织，食不加肉，衣不重采，折节下贤人，厚遇宾客，振贫吊死，与百姓同其劳"。一国之君能够放下眼前的享受，与民同甘共苦，又能放下身段吸引人才，国家兴旺也是必然结果。夫差自认为已经解决了越国问题（当然他也没有时间和精力去彻底解决越国），他的目光转向了北方的齐国。

吴国为什么非要攻击齐国，如果仅仅从地理因素考虑，确实很难找到一个有说服力的理由。彼时的中国，从南到北被四条东西流向、独自入海的大河分割成了五条宽阔的带状区域。这四条河分别是江、河、淮、济，即长江、黄河、淮河、济水。吴国核心区环太湖平原地处长江以南，是四个带状区域里最靠南方的。但他们打败楚国后，将势力蔓延到江淮之间，算是占领了第二个带状区域的东侧。再跨过淮河向北，则进入了介于淮河与济水之间最宽阔的一条带状区域。齐国与吴国之间相隔如此遥远，夫差居然想要跨过千山万水与之抗衡，不得不说他的志向还是非常远大的。

可奔袭千里攻打称雄已久的齐国，到底有什么必要性呢？从南向北逐渐蚕食难道不是上上之选吗？这或许要从发源于春秋早期的"争霸"思想入手。吴国地处偏远，纵然打败了楚国，在其他诸侯眼中，也不过是蛮夷之间的争斗而已。所以阖闾虽然功业极盛，在主流的春秋五霸版本里也没有位置。吴国唯有击败一个真正有分量的对手，才能真正实现称霸天下，为其他诸侯所承认。放眼海内，够格的只剩下齐国和晋国。

但晋国暂时不能作为敌人：其一，它过于强大，并没有打赢的把握；其次，晋国太过于遥远，缺乏行之有效的伐晋路径；再者，晋国与吴国一直是盟友，双方有共同的敌人楚国，与晋翻脸，不利于吴国对上游楚国的制衡。再加上吴国号称太伯之后，两国同出一源、同气连枝，征伐同姓有悖于吴国立威立德的初衷。反观齐国，虽在春秋早期一度强盛，但现在国内权臣当道、矛盾横生，正是用来立威的好对象。

然而，吴国人擅长的是水战，其军事行动高度依赖舟楫，它必须让水路的利用达到最大化。为此，吴国第一次进攻走的是海路，结果在齐国这个老牌"海洋强国"的强力反击下输的灰头土脸，不得不再寻找新的出路，那便是开凿运河。

首先，吴人在长江北岸筑了一座城，名为邗，就是今天的扬州。然后他们以邗城为起点，将自然河道、湖泊、沼泽串联起来，一路向北挖通了一条连接长江和淮河的运河，命名它为邗沟。此前，由太湖北上至长江的运河已经竣工。那么，现在吴国的水军从太湖的港口出发，一路可以畅通无阻的抵达淮河一线。到了淮河吴国人就不怕了，因为淮河有一条著名支流泗水。泗水发源于泰沂山脉中段的蒙山，从这里向北四十公里左右，便是长勺之战的战场所在地，未来吴国与齐国将在此处打一场惊天动地的战争。泗水从蒙山向西南方流淌，在今济宁市东转而向东南，至此汇入淮河。泗水与淮河的交汇点，几乎就是邗沟汇入淮河的终点。沿着泗水逆流而上，吴国水军可以轻松抵达齐鲁大地。

交通路线解决了，吴国仍然需要得到行军路线上诸多势力的支持，大军下船上岸处更是要有一个帮助自己的"地头蛇"。但这依然不是问题——在济水和淮河之间，在泗水两岸，自古以来分布着众多东夷小国。从周公体国经野的扩张行动开始直到春秋晚期，这些小国的生存空间被诸夏一再挤压，其中给予他们最大压力的便是北方齐国，其次便是在江南崛起的新贵吴国。

吴国在打败楚国之前，已经扫灭了泗水下游的徐（徐国当年可是威名赫赫，在西周初期能够与周王室掰一掰手腕）、钟吾等国家。如今吴国要北上伐齐，对这些小国纵然不是天大的福音，至少也不算是个坏消息——好歹吴国要打的不是自己。所以他们沿途箪食壶浆地供奉着吴军，生怕得罪了这只彪悍的江东猛虎。当然，倘若齐国兴兵南下伐吴，这些小国也会立刻转而支持齐国。大争之世，实力为王，没有实力的，可不就只能做强者的"背景板"吗？有时候，能有机会做一棵"墙头草"就已经是天大的造化了。

泗水的尽头又是谁呢？是鲁国。鲁国立国之初与齐国实力不相上下，但如今早已经被齐国远远甩在身后，大片国土也被齐国蚕食而去。相同的地缘环境造就了一致的政治立场，本是最正宗诸夏的鲁国，渐渐与同样日薄西山的宋国以及其他十个东夷小国沦为同等地位，被合称为"泗上十二诸侯"。与伐楚之战时的蔡、唐一样，鲁国痛恨齐国，苦于自身实力不济不敢与之正面叫板，但做个带路者还是不成问题的。早在季札出使中原列国时，鲁国就与吴国眉来眼去了。在鲁国的支持下，吴军顺利抵达泗水上游，登岸后跟鲁国军队会师，与齐国的核心区域仅隔着一座泰山而已。

对夫差远征齐国争霸天下的勃勃野心，伍子胥十分忧虑。这位饱经沧桑的老臣以为，即使打赢齐国也不过为吴国赢得一点虚名，却将空虚的后方暴露给了暗中磨刀霍霍的越国。虽然勾践在吴国出兵之前主动带队来访，将吴国从夫差到一般将士都大大贿赂了一番，还主动请缨要求一同出战，算是表足了忠心。但精明的伍子胥向夫差指出，这不过是勾践迷惑他们的伎俩罢了。伍子胥的逆耳忠言，夫差早已经听得耳朵起茧，草草打发他出使齐国以观动向。

伍子胥失望至极，在出使的过程中将儿子托付给了齐国大臣鲍牧。可这件事不知道为何传到了夫差那里，对伍子胥多有不满的他终于抓住了可以发挥的题目，他赐给伍子胥一把名为属镂的宝剑逼迫他自杀。死前，伍子胥叹曰："我死不出三年，吴国怕就要灭亡了吧。"一代英豪就此谢幕，而吴国也将加速奔向它的终点，只不过在灭亡之前，它还会短暂地"辉煌"几次。

听闻夫差亲自率领十万大军前来，齐国不敢怠慢，起倾国之师与吴、鲁联军决战，战场在艾陵（今山东省莱芜市东北）。艾陵还有个更响亮的名字，叫长勺。此处是齐国人的伤心地，两百年前曹刿在此指挥鲁军大败齐人。当年，鲁国之所以选择在长勺阻击齐军，正是因为这里是鲁国的北部边境，他们不想放任齐人深入自己国家境内。两百年过去了，沧海桑田，艾陵此时已经是齐国的地盘。齐人的想法与当年的鲁庄公一样，打算将吴国人挡在国门之外。但这一次，齐国人注定要遭遇更惨烈的失败，因为吴国人发明了此前战场上从未出现过的新战术——预备队。

齐国军队依然秉承着几百年来的老传统，以战车和配合战车作战的步兵为主。而吴国乘船远道而来，不可能携带大批重武器，军队主要是擅长在复杂地形作战的轻步兵。泰沂山脉南麓绵延不绝的丘陵地貌给吴军提供了最好的发挥空间。

留存下的古籍对战争过程惜墨如金，我们只知道，齐国一开始就投入了全部力量，而吴国却保留了大约三万精锐屯驻于战场的制高点。即便拥有兵力优势，齐军也没有占到强悍的吴军的任何便宜。夫差在高处观望，发现大将展如的右军击溃了齐国命卿高无丕的上军，但大将胥门巢的下军却被齐国另一位命卿国书所率的中军打败。他当机立断，亲自带领预备队加入战团横击齐国中军，将其一分为三。首尾不能兼顾的齐军瞬间崩溃。吴国的战果大到难以置信："获国书、公孙夏、闾丘明、陈书、东郭书，革车八百乘，甲首三千，以献于公"。甲首并不是普通士兵，而是军官；八百乘战车，则几乎是齐军的全部。这意味着艾陵之战是一场歼灭战，齐军基本全军覆没。

齐军的覆灭，一方面因为吴国战力的确强大，但也有他们自身的原因。齐国上下对吴人的实力缺乏了解，战前被一股盲目乐观的情绪笼罩。大将公孙夏命令手下的士兵唱着《虞殡》这首送葬的歌曲出战；陈书命令士兵都口含玉石，死人入殓时才口中含玉，这是抱了必死之心；公孙挥给下面人下命令："每人都带条八尺长的绳子，吴国人断发文身，头发短不好系他们的脑袋！"东郭书说："一个人一辈子如果参加三场战争，就必定会战死，这就是（我的）第三战！"陈书说："这一战，我只听得到进军的鼓声，听不见撤退的锣声！"这帮人口口声声说自己必死，或者摆出一副必死的架势，并不是说他们真的认为自己会被干掉，而是互相激励、鼓舞士气的手段，所谓哀兵必胜。但齐国也不是没有清醒者，权臣陈乞对弟弟陈书说："你会死于这场战争，但我将得志。"果然，由于精锐丧尽，朝堂为之一空，陈乞后得以执掌齐国大权，是为"田氏代齐"的起点。

楚国、齐国先后倒在了吴国面前，距离称霸中原，只剩下晋国了。无论他们此前的关系如何，霸主只能有一个，谁也不可能拱手相让。但吴国对楚、齐、晋的态度，却又不完全一样。楚国地处长江上游，对吴国形成了压制的态势。吴楚之争，你死我活，事关生存权，出手必不容情。齐国对吴国的本土没有威胁，只需要将之击败，让吴国得以将触手延伸到淮河与济水之间即可。而晋国与吴国之间相隔万水千山，不要说攻略对方本土，就是找到双方都能接受、愿意交战的地点都很难。故而两者的争斗甚至无须通过战争，只需要形成一定的武力威慑即可。谁将对手吓倒了，谁就将加冕为诸侯之长，成为号令天下的霸主。在这样的背景下，处于挑战者位置的吴国主动发起了竞争。

想要撼动晋国霸主的地位，吴国的影响力仅仅辐射到在江南、江淮之间是不够的。哪怕艾陵之战全歼齐军，也仅仅是"威震淮济下游"而已，与"威震华夏"尚有距离。所以吴人继续发挥他们修建运河的长处，从泗水由西向东南拐弯处开挖河道，向西北方一直通到济水，路线大约相当于从今天的济宁市到菏泽市。这条运河修通后，吴国的军事投放能力就覆盖到了济水两岸。如果历史再给吴国多一点时间，他们恐怕还会进一步向北开凿运河，把影响力扩散到黄河流域。

艾陵之战后的第三年，吴人终于挖通了泗水到济水的运河——深沟。夫差领着吴国大军从太湖出发沿着运河进入长江，再一路北上，经邗沟入淮河，再下泗水、穿深沟，浩浩荡荡地抵达了"黄池"地界（今河南省封丘县）。这里已经非常靠近黄河与济水的交汇之处，在这里与老牌霸主晋国会盟，决定谁才是未来天下的主宰。

有道是宴无好宴、会无好会，这次会盟意义重大，气氛实则剑拔弩张。吴国人在黄池之会上率先发难："于周室，我为长。"意思是吴国为太伯之后，太伯身为周太王的长子，算是晋国祖先王季的老大哥啊。晋国人则反击："于姬姓，我为伯。"意思是太伯那都是老皇历，晋国可是做了姬姓诸侯的伯（霸主）许多年了。

谈判桌上的讨价还价，最终还是要用实力来落实。为了壮大声势，增强自己在谈判时的话语权，夫差命令三军每万人列成一个方阵，分别穿着不同的纯色衣甲，搞了一场大型军事"时装秀"给晋国人看。《国语·吴语》记载："万人以为方阵，皆白裳、白旂、素甲、白羽之矰，望之如荼。王亲秉钺，载白旗以中陈而立。左军亦如之，皆赤裳、赤旂、丹甲、朱羽之矰，望之如火。右军亦如之，皆玄裳、玄旗、黑甲、乌羽之矰，望之如墨。"中军一身全白，左军全红，右军全黑。白色的中军方阵一眼望去就像是开满白花的茅草地——"望之如荼"，红色的左军方阵则"望之如火"，如火如荼的成语便是从此而来。

三个服饰整齐划一的万人队带来了极佳的视觉效果，虽说穿得再漂亮也不能直接增加战斗力，却能大大鼓舞士气，增强将士们的信心，还可以震撼对手。晋国人果真被夫差华丽的军容震慑了，他们忍气吞声地同意这次会盟由吴国主持。力压强横无匹的晋国，坐上霸主宝座的夫差志气充盈，这一刻他走上了人生巅峰，天下第一强国舍吴国其谁，天下第一人舍夫差其谁？但下一刻，命运便跟夫差开了一个巨大的玩笑，大后方传来了惊人的噩耗：趁着吴军主力北上争霸，越王勾践兴兵伐吴，形势危在旦夕。

勉强吓住晋国，让吴国得以全师回救首都，但归途过于漫长，让勾践得以从容布局。他先是攻破了吴国都城，俘虏了太子友，然后严阵以待，等夫差归师。事已至此，扳回局面的可能性其实已经不大了，这点夫差心里也十分清楚。所以他途经宋国的时候，甚至萌生了攻灭宋国易地而居的想法。伯嚭指出："打赢宋国没问题，但是我们不可能在这里重新立国。"他的判断无疑是正确的，吴国一支孤军在外，如果任由后方沦陷不管，大军的士气马上就会崩溃。而且宋国地处中原四战之地，环境与江南水乡大相径庭，绝不能长期逗留。吴国全部的希望，只能寄托在回军故乡打败越国，虽然这个希望十分渺茫。

但吴国毕竟是曾经破楚、摧齐、压晋的强横存在，勾践也没有把握一口吃成个胖子。所以当夫差回到本国提出议和的时候，他欣然接受了。可想而知，和吴国打破郢都一样，既然勾践没准备在这里久待，那就一定会尽可能的掠夺资源、制造破坏。就算把首都还给吴国，也必然是一座残破的血泪之城。临走的时候，还没忘记狠狠地敲了一记竹杠，让吴国的复兴之路更加艰难。

吴国自此一蹶不振，公元前 478 年，遭到了越国的第二次打击，在自己的腹地太湖再次遭到惨败。又过了两年，勾践认为灭吴的时机已经成熟，起倾国之兵围困了吴国都城。经过两年的围城战，阖闾大城终于顶不住攻势陷落。本着春秋"灭国不绝祀"的传统，勾践提议让夫差迁到"甬东"（今舟山市，在海中）这个小地方，奉以百家之祀，以示不灭亡吴国宗庙社稷。夫差拒绝了勾践，自刎而死。临死前，他想到了被他冤杀的老臣伍子胥："吾悔不用子胥之言，自令陷此。"然而悔之晚矣。太宰伯嚭曾经帮勾践脱困，自以为能保有荣华富贵。但勾践是何等人？他以不忠为由诛杀了伯嚭。至此，如流星般划过天际、爆发出无比绚烂的光彩的吴国，彻底宣告灭亡。

吴越之间，经历了数次反转，其变化之快、情节之突兀，古往今来都难有可比的例子。天下兴亡是大事，可在文人墨客的笔下又怎能少了可歌可泣的爱情故事？据说勾践为了瓦解夫差的斗志，分散他关注越国的精力，向夫差进献了一位绝色尤物名叫西施。吴王得到西施后，果然不再理会朝政，与贤臣伍子胥渐行渐远，最终导致亡国。吴王夫差渐渐被描绘成被美色迷惑，不爱江山爱美人的末世君王了。然而，"大王城头竖降旗，妾在深宫哪得知？"将亡国之祸扣给一介弱女子，终究只是无知者的附会罢了。

传说夫差为西施在太湖岸边修筑了一座华美绝伦的宫室，名曰馆娃宫。多年以后，红颜不再，社稷为丘，连灭吴的越国也成了往事。这里变成了楚国大臣，战国四公子之一的春申君的封地。再往后，传说秦国大将王翦统率六十万大军灭楚，在他击溃楚军主力深入到"无锡"的时候，发现这里盛产锡的矿山已经枯竭，矿坑中挖出一块石碑，碑文言："有锡兵，天下争。无锡宁，天下清。"遂命名此地为"无锡"。

无论传说是什么样子，吴越争衡，最终的胜利者是秦，世事无常莫过于此，只剩下亘古不变的太湖依旧波光粼粼，吸引着无数骚人墨客吟风弄月、伤春悲秋的诗兴。笔者才疏学浅，文笔有限，凑趣聊赋一首。

无锡太湖怀古

馆娃犹恨纵吴囚，千里湖光万里愁。

专诸炙鱼神技在，伍员拜将鬼谋留。

两江地理通鼋渚，一省人文荟具瓯。

锡尽碑生天下定，春申故邑起名州。

第八章

周虽旧邦

聚散离合

春秋战国是"古今一大变革之际"，所谓的变革之大到底体现在什么方面呢？由商到西周，由西周到春秋，由春秋到战国，再归于秦汉一统，其中的变化非三言两语可以说清。其中的兴亡更替、爱恨情仇更是多如恒河沙数。要从其中梳理出一条脉络，方能真正看懂这个时代，看清楚后世的走向。

从春秋到战国，是旧体制的衰亡和新体制诞生的过程，并且这个旧体制除了在魏晋南北朝时短暂存在，此后再也不曾回到历史的舞台之上，这个旧体制便是分权制的贵族社会向集权制的帝制社会的变迁。

春秋以前的社会，其基本单元是以血缘为纽带的氏族。无论在诸如《左传》《国语》等传世文献中出现过多少熠熠生辉的人物，他们本质上都是归属于自身氏族的一分子。

贵族分权体制下的国家有自然的分裂倾向——以周天子为例，当王室的对外扩张达到物理空间上的极限时，它就不可避免地走向衰败，而很难维持一种长期平稳的格局。因为在外围扩张的成果被边地诸侯占有，而王畿内又被大大小小的氏族分割。所以总的趋势是王室与诸侯的力量越来越此消彼长，周的天下越来越外重内轻，导致边远地区的诸侯必定会产生越来越强的离心力。大周王朝与其说是一个统一的政权，不如说是由一系列主权国家所组成的联邦政权。周天子的地位，一方面取决于亲自掌控的王畿的生产力和战争潜力，另一方面取决于四方诸侯名义上的尊奉。这两者之间也有着明显的因果关系：如果王室强悍有力，则各路诸侯必然俯首听命；一旦王室遭遇危机陷于式微，诸侯们则大有可能自行其是。

然而分封又势在必行。周人面对的是一个地广人稀、开发程度很低的世界，何况他们本不过是个弱小的西方部族，骤得天下之后想稳固统治以及征服远方的反抗势力，必须赋予一线的诸侯们足够的权柄。但显然，周王室只有放权行动而缺乏收权机制，所以它的衰亡是不可逆的过程。

诸侯们也同样面对着分封子弟所导致的自我削弱，所以郑庄公处心积虑地算计弟弟，晋献公则把叔伯们的家族屠戮一空。郑国终究被七家大贵族掌控，而晋国则在六卿内斗中分崩离析，最终被赵、魏、韩三个家族瓜分。

任何上层建筑都离不开的是经济基础。倘若商鞅生在西周或是春秋时代，不管他有何等的豪情壮志，也绝不可能变法成功。西周的生产力极度落后，人们如果不以血缘氏族团结在一起，连基本的农业生产都无从谈起。彼时，劳动工具的落后，让人们必须"千耦其耘"，成千上万的人的集体劳动，方可战胜大自然。所谓的氏族、族姓、家族，其本质上是生产性的组织，这些大大小小的组织的顶端，便是在史书中出现的贵族。如果连最基础的农业生产行为都必须在家长的领导下集体行动，氏族成员之间在经济上存在着不可分割的彼此依赖性，那么个体的价值就不那么重要了，族群的利益才是高于一切的。氏族中的每个个体，都以"某氏族的某某"面目出现，整个族群是一荣俱荣，一损俱损的。

前文中所提的"祁奚请免叔向"就是很典型的例子。羊舌肸因为弟弟羊舌虎与栾氏家族勾结谋反而被下了大牢。栾氏的谋反，就是跟当权的范氏家族对抗，属于卿族之间的互相倾轧。但羊舌肸是羊舌肸，羊舌虎是羊舌虎，凭什么弟弟谋反，哥哥也要被抓起来呢？因为，在彼时人们的观念中，羊舌肸首先是"羊舌家族的羊舌肸"，其次才是"羊舌肸本人"。如果你的家族惹了事，那么家族里的每个人都不可能独善其身。

哪怕是一族之长，有必要时也需要为族群的存续而牺牲自己，且看"一场斗鸡引发的血案"。昭公时，鲁国的两个大贵族季平子与郈昭伯进行了一场斗鸡比赛，本来并不是什么大事，但他们一个比一个罔顾游戏规则：季平子给鸡穿上了一套护甲，而郈昭伯给鸡套上了锋利的金属爪子，最终季平子战败。由于季平子的地位比郈昭伯高，输了斗鸡让他觉得十分没面子，便以势压人，在郈氏的院子里强行扩建自己的宫殿。郈昭伯不能忍，联合对季孙氏不满的臧氏，一起去向鲁昭公告发季平子。

鲁昭公对季孙、叔孙、孟孙"三桓"的专政早已忍无可忍，特别是三桓之首季孙氏，更是他要除之而后快的第一目标。所以他带兵攻入季孙氏家中，试图借这个机会将季孙氏连根拔起。季平子猝不及防，被团团包围，选择对形势低头，向鲁昭公求情。他最开始提出的方案是"请待于沂上以察罪"，也就是主动待罪接受审查，被鲁昭公断然拒绝——季孙氏把持朝政多年，怎么可能指望调查出什么有价值的结果？大概率是"事出有因，查无实据"，最后不了了之。季平子又"请囚于费"，自己申请去费邑坐牢，仍然没有得到准许。考虑到费邑本就是季孙氏自己的封地，所谓坐牢恐怕跟度假差不多，鲁昭公当然不会同意。季平子又"请以五乘亡"，即驾着五辆车带着少数随从出奔，这算是十分严重的处罚了，但鲁昭公好不容易逮到一个把季孙氏往死里整的机会，死活不肯松口，一心"必杀之"。

鲁昭公不依不饶的态度，除了激起季孙氏同仇敌忾之心以外，也让与季孙氏一荣俱荣的叔孙氏产生了唇亡齿寒的担忧。叔孙氏的司马鬷戾问底下人："这件事该怎么办？"底下人面面相觑，不知道该如何应对。鬷戾指出："我，家臣也，不敢知国。凡有季氏与无，于我孰利？"意思是，我们是叔孙氏的家臣，应该效忠的是叔孙家族而不是鲁国。眼前的事，唯一值得考虑的是季孙氏的灭亡对我叔孙氏有利还是不利。底下人轰然回应："无季氏，是无叔孙氏也。"达成一致后，叔孙氏的军队临场倒戈，击败了鲁昭公的军队，季平子获救。孟孙氏听说这件事后，也抓住了郈昭伯，并且与季孙氏、叔孙氏联合起来讨伐鲁昭公，昭公战败出奔齐国。

这个事件中我们可以看到，季平子可以接受自己下台被流放出国外，只要季氏家族可以保全。换句话说，倘若鲁昭公表现出的目的仅仅是除掉季平子而非季氏家族，那么季平子很可能就不得不为家族牺牲了（哪怕他是一家之主、一族之长）。但一旦鲁昭公摆出一副要将季孙氏一网打尽的姿态，他们立刻就露出獠牙，选择跟国君"死磕"到底。而叔孙氏、孟孙氏两个家族的政治立场，也完全是从门户私计出发。如果家族的核心利益受到威胁，这些人是不惜与国君兵戎相见的。叔孙氏家臣駟庚赤裸裸地表达"我只效忠于叔孙氏，国家跟我没关系"，也说明了当时人们普遍的价值观。

贵族制的分权社会便是这样，人们对氏族的认同感高而对国家的认同感低。究其实质，就是前文所说的，氏族是一个紧密的生产型组织，是一个荣辱与共的经济共同体、利益共同体，它是先于国家出现的社会组织。周天子的天下是各个诸侯国组成的联邦，而诸侯国内部实则也是许多氏族组成的联邦。人的利益，首先来自他所属的氏族，而非国家。

所以氏族成员首先效忠的对象也就是氏族而不是国家，当氏族利益与国家利益相冲突时，每个人几乎都会选择站在自己的氏族一方。也正是因为此，在政治斗争中失败的家族往往都会遭到灭族或是举族流放，以防止他们死灰复燃。这也就是为什么古人对"氏"看得更重，而对"姓"比较无所谓。"姓"代表的是族群的源流，是不变的；"氏"往往因封地而来，同是某姓的氏族，改封到异地，便是其他氏了。居住在同一片土地的人，其利益是深度捆绑的，氏族是西周社会最紧密的共同体。即便到了如此发达的现代社会，人们对于"同乡""邻里"仍然有着特殊的感情，遑论当时了。

西周和春秋时的一国之君统治的便是大大小小的氏族，每个氏族都有自己的利益诉求，甚至都有自己的城邑、官员、军队，所以他们也都有跟国君讨价还价的资本。我们在史书上看到各种被臣子或者所谓国人驱逐的大王和诸侯时，不必感到诧异，这就是西周体制的必然结果。无论初建国时王室拥有的实力优势有多大，都无法抵消制度性的权力分散进程。

在这个权力分散以及下移的进程中，王室衰落，诸侯崛起；诸侯衰落，卿大夫崛起；卿大夫衰落，家臣崛起——上陵下替的趋势十分明显。这个进程，在传统守旧的人眼中，便是乱臣贼子频出的末世景象。于是，春秋晚期的孔子哀叹人心不古、礼崩乐坏，他心目中的理想国大约是西周初年的样子。然而，孔子不能理解的是，旧世界的衰落不可避免，新世界正在旧世界枯萎的遗体上孕育。贯穿整个春秋时期的第一条脉络，便是旧体制的不断崩解和新体制的悄然萌生，这个新体制，就是中央集权的政体。

贵族分权体制的消亡，归根结底是建立在科技进步的基础之上的。唯有劳动工具进化到可以支撑小家庭的独立生产，人们无须再以社会化大生产便能对抗自然界，封君、贵族、父家长的存在才变得可有可无，甚至变成社会进步的阻碍力量。春秋恰恰是铁质农具和牛耕开始应用的时代，人们可以运用锋利的农具轻松搞定农业生产，五口之家也能够自给自足，氏族就此走向瓦解，个体小农将成为社会的基本单元。这恰恰是国君们希望看到的——自此，国家可以从民众身上吸取到更多的资源，来支撑更大规模的兼并战争。但传统的力量仍然不可忽略，社会的演进总是呈现螺旋上升、进三退二的模样。

春秋的第二条脉络，是诸侯之间的互相兼并。春秋早期，华夏大地上有数百个国家。这些所谓的国家，放在今天或许连一个县城的面积都不到，人口稀少，城池简陋。并非是诸侯们不愿意做大做强，而是根本不具备做大做强的客观条件。一来，整个天下的开发度都还很低，大量的原始森林、河流、湖泊都还处于原生状态。光是征服自然界，就需要耗费几代人的精力。二来，交通等基础设施建设还极度落后，稍微远一点的地方很难直接统治。虽然周人自我吹嘘"周道如砥，其直如矢"，最多也不过是在雒邑周边修建了几条大路而已，绝不可能有遍布全国的路网系统。那么，周天子对诸侯的统治只能是间接的，诸侯对首都以外的城邑的统治也只能是间接的。每一位被派出去开疆拓土的贵族子弟，最后都会成为他所征服的地盘的领主，以及一个新族的始祖。

所以，一个诸侯国纵然是从一个城邑扩张到多个城邑，但是国君调动资源乃至"举全国之力"去做某件事的难度都是很大的。国君不得不与大小封君贵族们谈判，符合他们利益的事情才有可能往下推行。当国君与贵族们产生分歧时，甚至无法通过对贵族的肉体消灭而压制反对意见——贵族的封地内部也存在着更小级别的分封与分权，他同样不能违背氏族成员的意见擅自做主。

尽管有着诸多客观条件的约束，由于地缘潜力、资源潜力等天然禀赋的不同，加上国君贤明与否的随机因素，时间久了必然有的国家衰亡、有的国家兴旺发达。总体而言，边地诸侯的发展潜力相较于中原诸侯要大。当然，前提是他们背后没有强大的异族敌人。所以，秦、楚、齐、晋等地理环境优越的边地诸侯在春秋期间始终在扩张，吞噬了最多的小国。达到兼并他人壮大自己的目的。

但由于贵族分权体系的阻碍，这种兼并行动放在春秋三百多年的时间跨度来看，速度其实非常缓慢。从几百个小国兼并到只剩战国七雄（当然，战国实际上不止七个国家，尚有宋、卫、中山以及泗上十二诸侯等小国存在）居然用了三百多年。

除了前文提到的"贵族分权社会内在的分裂倾向"导致"分久必合"的效率被严重拖累，"华夏文明圈的扩张"是春秋时代的第三条主线也是重要原因。大周王朝并非后世的大一统王朝，无论是它所掌控的"天下"的地理范畴还是对"宇内"的开发程度，都尚处于华夷杂居的状态。周人发源于黄土高原，兴旺于渭河谷地，剪商后影响力散布到商人故地。但归根到底，核心领土不出黄河中游和下游。

以关中平原为原点，向西，还要等几百年河西走廊才被霍去病发现，甘肃西南已经是犬戎的地盘；向西南，古蜀国依然是化外之民；正南方，长江流域的楚国正在逐渐华夏化，珠江流域更不用提；东南方吴越争衡，要到战国时才能成为华夏文明圈的一分子；正东方，淮河流域依然盘踞着诸多东夷小国，齐国也是在春秋晚期才终于一统山东半岛，打造出"地表东海"的泱泱大国；东北方的燕国算是个特例，但国土也局限在今北京周边和辽宁南部；正北方，河套一带要等赵武灵王胡服骑射后才被纳入版图。

在周王室的王土之上，也并非太平世界。即使到了春秋中期，周天子居住的雒邑周边也散布着诸多异族部落，如伊水和洛水一带的陆浑戎。王室北边的晋国长期与各路狄人时战时和；齐国与东夷打得不可开交；楚国自身就是蛮夷，是华夏诸姬的心头大患；其他诸侯，多多少少都需要跟国境内的土著们反复交锋，以求将他们真正纳入统治。华夏文明的扩张，既体现在"普天之下"外部边界的扩大，也体现在"率土之滨"内部消化度的提升，所消耗的时间长达数百年就不足为奇。反观后世的王朝更迭，只是对各个割据势力的消灭，将物理空间统一即可，不像周人面临的环境这样复杂。

文明的扩张与地理上的扩张并不是一回事。如果仅仅将某个地区武力征服而不能在文化上实现统一，那么这种征服就是不牢靠的。一旦统治者国力衰落，则反抗必然此起彼伏。华夏文明的影响力，在春秋时大大得到提升，《国语》记载的春秋晚期的一个故事"王孙圉论楚宝"多少能说明一点问题。

楚国的王孙圉出使晋国，在宴会上，晋国大夫赵简子"鸣玉以相"。什么叫"鸣玉以相"？这要从古人的用玉传统说起。最迟从商代开始，贵族们就有在身上佩戴各种玉器的习惯了。随着上层建筑的构筑，不同等级的人佩戴不同档次的玉器（包括发饰、耳饰、肩饰、玉组佩），并随以有节奏的步伐让玉器互相撞击，产生清脆悦耳的声音，也成了贵族子弟的必修课。赵简子身佩五光十色的玉器，晃晃悠悠地做宴会上的司仪，每一步都带动着玉器的鸣响，身上的每一个毛孔都流淌着文化自豪。此时他问了王孙圉一个关于玉器的问题："楚国的国宝白珩，还在吗？"

换任何人在王孙圉的位置，这样的问题都要谨慎对待。晋国和楚国长期争霸，双方敌视情绪严重。晋国自认为是华夏正统，对蛮夷之邦楚国极尽贬低之能事。这次赵简子抖着浑身的珠光宝气发问，谁知道他又在打什么歪主意呢？本着少说少错的精神，王孙圉谨慎地用客观事实回答："然。"等着对手继续出招。果然，赵简子不依不饶地追问："这个宝贝，价值几何呀？"

赵简子提出第一个问题时，王孙圉的脑子就开始飞快地旋转："他到底要干什么？"不管对方是怎么想的，王孙圉都有理由相信他一定不安好心。所以他也要思考对策，思考怎么先声夺人让对方陷入被动。现在赵简子问出了"宝贝值多少钱"这种问题，他发挥的机会来了。王孙圉朗声对曰："我们楚国，可从来没把白珩这种东西当作宝贝啊。"他补充道："在我大楚，人才才是宝贝，比如观射父，这位先生口才好、出口成章，出使其他国家从来没给咱们大王丢过脸。还有位左史官倚相，饱读诗书，能时刻提醒寡君以史为鉴。我们广阔的云梦泽，物产丰富，青铜矿、木材竹材、动物皮毛，种种战略资源取之不尽。有这些人的辅佐、这些军国重器的支撑，我大楚对外的政策，那叫朋友来了有好酒，豺狼来了有猎枪啊。至于白珩，不过是先王的一件玩物而已，算什么宝贝呢？你们晋国，怕不是只有这点格局吧？"说完哈哈大笑。

王孙圉说的道理有错吗？当然是对的。但这也不过是外交场合的套话罢了。哪个国家的国策是重视财物超过人才呢？笔者高度怀疑楚国此时在用玉的套路上不如晋国，跟赵简子讨论这种特别贵族范儿的事情是自取其辱，王孙圉才换话题的。庄子讲过战国时一个燕国人去赵国首都邯郸学走路的故事，赵国步伐没学会还把自己原来的步态忘了，最后只好爬着回去，"邯郸学步"由此而来。这个故事的真假不必深究，但燕国人要学的恐怕不是普通人的正常走路姿态——那本身也没什么学习价值——而是赵简子传给后人的盛装舞步。这种步态，与身佩的玉器必须高度协同，融为一体，确实不是一般

∧ 西周晋侯夫人玉组佩，
长逾 1.5 米。山西博物院藏。

人简简单单就能学会的。优雅、繁杂而没什么实际作用，这不就是贵族风范吗？

但王孙围实际上是多虑了。今天的考古发现可以证明，春秋晚期的楚国早已不是蛮夷之国，其青铜器、玉器的精美程度与华夏诸姬并无二致。曾经的"我蛮夷也"，在数百年的交流通婚中，已经被深深的同化，彻底融入了华夏文明圈。所谓的落后、野蛮，不过是对楚国的偏见罢了。这种地域歧视，在信息、交通、物流已经高度发达的现代社会仍然存在，遑论两千多年前了。

战国时的许多寓言里，都有着地域歧视的影子。例如，宋国人喜欢死磕，这恐怕跟他们宁可易子而食也要死抗楚庄王的事迹有关。于是，诸如揠苗助长、守株待兔等成语，主角都是宋国人。郑国三天两头在晋楚两大国之间摇摆不定，小聪明十足。于是，"买椟还珠""郑人买履"里的"聪明人"就都是郑国人。当时的人们，普遍认为"郑昭宋聋"，意思是郑国人眼睛亮、懂得见风使舵，而宋国人一根筋、不知道变通。不管他们彼此之间有着怎样的"鄙视链"，周人的后代、商人的后代、蛮夷的后代，他们终究在同样的世界观和交流频道里共存了，华夏文明的大一统即将到来。

所以，春秋是华夏文明外延和内生扩张的时代，也是诸侯内部自相兼并强国日渐壮大的时代，同时又是在贵族分封体系下，从周天子到列国纷纷自我削弱的时代。春秋的几百年里，几种作用力共同影响着社会——王权的崩坏解放了诸侯上方的压制力量，所以这是个列国林立攻战不休的乱世；宗法制、分封制的惯性和兼并战争的偶然性，让诸侯们强的衰落、弱的变强，国运捉摸不定，因此霸权迭兴却没有一统天下者；科技力量的进步瓦解了贵族分权制度的根基，旧贵族便挨个跌落神坛，卿族、陪臣、士人崛起，孕育了中央集权帝制社会的胚胎；而华夏文明辐射范围的大幅扩张，为天下一统做好了意识层面的准备。

这四种作用力中，扩张和兼并的向心力是时代主流，终将压倒离心力，催生出大一统的秦汉帝国

立法成文

如今人们津津乐道于春秋时贵族的典雅风范，被他们高尚的道德情操、优雅的言谈举止折服。但仪态从容、出口成章只是贵族社会的表面现象，是上层建筑而非全貌。青史留名的贵族，也不过是金字塔顶层的一小部分，绝大多数人仅仅是个数字而已。

那么，贵族们到底是用什么方式管理他们的国家或封地的呢？简而言之，靠的是"礼"。彼时，"礼"的范畴远超今天的礼节、礼仪、礼貌，而是指约束言行、治理国家的一整套规则。《左传》里有一百多次"礼也""非礼也"的内容评价，涵盖范围巨大，包括郊禘、告庙、视朔、禳灾；荒灾患难之恤吊、丧葬吊赠；军事之征伐、献捷、表功、任免、建制、部署、田猎、治兵，盟会、朝聘、宴飨馈劳、大国小国之交往、婚冠、相见；赏罚、赋税、土功、历法、职官及天子、诸侯、卿大夫的个人行为等。一切政治、经济、军事、外交行为及贵族所有个人行为都在以"礼"评判的范围之内，礼几乎是衡量一切的标准规范和价值原则。举个例子，鲁庄公跑到邻国齐国观看"社祭"，就遭到了"非礼也"的评价——身为一国之君随随便便跑到别的国家看热闹，如此轻佻的举动把老百姓带坏了怎么办？

贵族们建立出一套崇高的"礼"作为社会的规范，却不可能做到非常严密，"礼"与"非礼"的界限往往由他们随机掌握。许多"非礼"事件都说不清楚到底哪里不符合礼仪制度，或许"礼"本身就是一种相对主观的东西，它主要以道德为羁绊，而非以规则为准绳，"礼"与"法"最直观的区别便在于此。

春秋社会治理规则的演变，恰恰是"礼"不断被破坏，而"法"逐步建立起来的进程。《左传》中"非礼也"出现的次数两倍于"礼也"，证明了这确实是个传统被打破的时代。模糊而又主观的"礼"，越来越不能适应社会发展的需要，于是便有越来越多的人不再遵循所谓的"礼"。在传统的卫道士眼里，这就叫"世风日下，人心不古"，是让人痛心疾首的"礼崩乐坏"。出生、活跃在春秋晚期的儒家先师孔子，就有过许多过赞颂、怀念西周体制和礼制的言论和行动：

> 人而不仁，如礼何？人而不仁，如乐何？（《论语·八佾》）
>
> 殷因于夏礼，所损益，可知也；周因于殷礼，所损益，可知也。其或继周者，虽百世，可知也。（《论语·为政》）
>
> 郁郁乎文哉，吾从周。（《论语·八佾》）
>
> 兴于诗，立于礼，成于乐。（《论语·泰伯》）
>
> 道之以德，齐之以礼，有耻且格。（《论语·为政》）
>
> 孔子为兒嬉戏，常陈俎豆，设礼容。（《史记·孔子世家》）

《左传·昭公二十九年》记载了孔子对晋国赵简子"铸刑鼎"这一重大"非礼"事件的强烈反对："冬，晋赵鞅、荀寅帅师城汝滨，遂赋晋国一鼓铁，以铸刑鼎，著范宣子所为刑书焉。仲尼曰：'晋其亡乎，失其度矣。夫晋国将守唐叔之所受法度，以经纬其民，卿大夫以序守之。民是以能尊其贵，贵是以能守其业。贵贱不愆，所谓度也。文公是以作执秩之官，为被庐之法，以为盟主。今弃是度也，而为刑鼎，民在鼎矣，何以尊贵？'"

晋国执政大臣赵鞅、荀寅在一个大铁鼎上镂刻了范宣子订立的法律条文，并公之于众。孔子认为此事非常不妥，晋国恐将因此灭亡。法律这个东西，只应该掌握在上位者手里，而不应当让所有人都知道。老百姓如果都清楚什么是犯法什么是合法，那统治者还有什么威严呢？统治者必须保持神秘感，拥有对法律、规则的最终解释权，才能够牢牢地控制住被统治者。否则，民众只需要畏惧法律即可，无须畏惧贵族，上位者的尊贵还从何谈起呢？

无独有偶，对成文法恐惧的并不止孔子一人。晋国贤人叔向也对郑国名臣子产的"铸刑书"颇有微词："叔向使诒子产书,曰:'……昔先王议事以制,不为刑辟,惧民之有争心也……民知有辟,则不忌于上,并有争心,以征于书,而徼幸以成之,弗可为矣……今吾子相郑国,作封洫,立谤政,制参辟,铸刑书,将以靖民,不亦难乎? ……民知争端矣,将弃礼而征于书。锥刀之末,将尽争之。乱狱滋丰,贿赂并行,终子之世,郑其败乎! 肸闻之,国将亡,必多制,其此之谓乎! '"

叔向的态度和孔子惊人的一致,他们都将"法律"和"礼制"看成对立的两个概念。叔向认为民众如果知道法律的规定,就将抛弃"礼",而在"法"上面斤斤计较,就会全部变成刁民,世道人心就完了。所以绝不能制定公开的成文法,而应该永远以带有强烈主观色彩的"礼"来治国、来驭民。贵族从小学习礼仪典章,既是民众道德上的楷模,也是行为上的导师,更是一切"非礼"行为的裁决者。他们拥有随意裁决的权力,却绝不需要向民众清楚地解释他裁决的标准。所谓"刑不可知,则威不可测",所谓"刑不上大夫,礼不下庶人",体现的就是这个思路。

儒家信奉贤人政治,坚信于上位者拥有更高尚的情操、更丰富的学识,所以下位者只需要遵守他们制定的规则即可。普通人不要说违反规则,连议论规则甚至知晓规则的权力都没有,"民可使由之,不可使知之"。规则的制定者与规则的遵循者始终是两个互不相交的群体,如此国家则必定长治久安,民风则必定淳厚朴实。这,便是孔子、叔向心目中"郁郁乎文哉"的理想国。

这种看法,在今天的人们看来无疑是不公平甚至可笑的,却有它存在的合理性。如前文所言,春秋以前社会的基本单元是血缘氏族,人们聚族而居,在父家长的领导下集体生产、集体生活,是典型的熟人社会。熟人社会中,人与人的关系是约定俗成的,彼此之间有着强烈的默契。一旦出现纠纷,所有人凭着经验很容易分出谁是谁非。并且每个氏族的首领,也就是封君贵族,凭借其经济和政治上的绝对优势地位,也毋庸置疑是一切纠纷的最高仲裁者。有这两点,还需要什么成文的法律呢？

这种社会关系非常类似家庭内部关系，任何一个家庭都无须制定、张贴"家法"，明确诸如"小孩不能直呼父母的名字""见到父母的朋友要问好"之类的规矩。

那为什么到了春秋晚期，列国纷纷颁布成文法，而将"礼"扫进了故纸堆呢？难道贵族们不希望永远"刑不可知，威不可测"吗？如果做得到，他们当然想永远保持这样的治国模式，但形势已经不允许了。正如前文所分析，春秋的世界正在向着陌生人社会转变。由于科技的进步，小家庭正在取代大氏族，成为国家和社会的基本单元，统治整个氏族的封君贵族正在走向没落。当人们不再以氏族为整体而是以家庭个体直面国家的统治时，除了家庭内部成员之间，人与人、家庭与家庭的竞争关系要大于合作关系，这便是陌生人社会了。

春秋几百年的兼并，这片土地上诞生了战国七雄这样此前从来没有出现过的庞然大物，这是建立在国家跨过了封君贵族这一"中间商"而直接向民间吸取资源的基础之上的。"职业"官僚应运而生，他们帮助国君以编户齐民的方式从管理社会，官僚与民众之间同样是陌生人关系，甚至是对立关系。幅员辽阔的国家内部，政治、经济、文化空前统一，交通更加便利，商业更加发达，异地的人们交往更加密切，在四方辐辏之地诞生了大型商业城市，城市更加是陌生人社会。以上的种种，都决定了用以约束熟人之间关系的"礼"已经不再适用，用以约束陌生人之间关系的"法"将成为主流规则。

《左传·襄公三十年》的记载，很能说明从"礼制"到"法制"的变迁中传统与现实的碰撞。子产在郑国搞改革，丈量土地面积，按照公开的税率征税。这其实并非子产的发明，早些年鲁国已经进行了被称为"税亩"（即按亩征税，因为鲁国第一个搞，所以史称"初税亩"）的操作，遭到《左传》的强烈抨击，说辞也是毫无新意的"非礼也"。

子产的改革一开始同样没得到群众的理解，大家编了一首歌骂他："又征收我们的纺织税，又征收我们的田亩税，谁能杀了子产，我一定助他一臂之力！"可三年以后，老百姓尝到甜头了，又编了一首新歌赞扬他："我们家的子弟，子产教育他；我们家的土地，子产领着耕种。子产要是死了，谁能继承他的事业啊！"群众的眼睛是雪亮的，毕竟跟说不清楚利益如何分配的井田制大锅饭相比，算清楚土地面积、讲明白征税比例的政策无疑是先进且更符合人民利益的。对被统治者来说，"刑不可知"，终究还是不如"法无禁止即可行"。但即便如此，人民的态度也经历了"孰杀子产，吾其与之"到"子产而死，谁其嗣之"的转变，可见改革之难、移风易俗之难。

《吕氏春秋·离谓》里就收录了"最早的律师"——邓析的事迹。据说，子产法令以后，郑国的老百姓开始明白什么是犯法、什么是合法行为了。随之而来的便是针对各种违法行为的疯狂举报。大家纷纷在公共场所悬挂揭露、指责他人违法的信笺，以求舆论的支持。这点让首倡立法成文的子产都感到非常不适应：那么多举报信，到底要不要一件件彻查呢？舆论沸腾，也不利于政局的稳定。于是他颁布了新的法令，禁止公开举报。

新法令一出舆论哗然，此时邓"律师"出手了，他给人们出主意：上面明令禁止的是公开举报，那你们就写秘密举报信。一时间，公开举报确实没有了，可匿名举报信又开始满天飞。子产一看这事不是个办法，便再下新的禁令，连匿名举报也取缔了。邓析又让人们以在其他文件中夹带举报信的方式继续。子产与邓析斗智斗勇的结果便是："令无穷，则邓析应之亦无穷矣。"

一旦有了成文法，就必定会出现"钻法律空子"行为，也就必定会涌现出吃法律饭的"律师"（古时候这类人经常被贬称为"讼棍"）。但有人钻法律空子就一定是坏事吗？恐也未必。规则制定出来，不可能一开始就是完美无瑕的，钻空子的人实际上是法律漏洞的检验机。他们的行为虽然出于利己动机，但客观上会让法律越来越完备、越来越公平。

邓析凭着自己对法律的充分了解和敏感性，不光"诉讼代理"搞得风生水起，甚至还开起了"法律咨询机构"。他根据案件大小制定了不同的收费标准，小案子就收一件上衣，大案子收一件长袍，生意做得红红火火。有一种说法是，子产无法忍受邓析对自己接连不断的挑衅，找了个罪名把他给杀了。但此事十分值得怀疑，既然公开颁布法律条文，就必须有面对质疑和挑战的心理准备。邓析就事论事，子产却选择"解决掉提出问题的人"，"后半部春秋，全赖此人生色"的子产，怕也不至于心胸狭隘到如此地步。

春秋，便是这样一个经历着从礼制到法制变迁的社会，其本质是血缘氏族的崩解。从表面上看，古代史似乎都是帝王将相、贤人名士的家史。但春秋前和春秋后，这些青史留名的人物，其出身结构是迥然不同的。当氏族瓦解，而人们得以以个体身份出现时，群星璀璨的百家争鸣便随之而来了。

士的变迁

"士"这个概念古今皆有，但在不同的历史时期，含义可谓是大相径庭。甲骨文中似乎没有"士"这个字，金文中的"士"是一柄悬挂的宽刃战斧，象征手持大斧作战的武士。"王"字与其类似，不过斧面更为宽阔，也意味着持有者拥有更大的威权。所以，在西周时期，"士"应当是追随在君主左右，"执干戈以卫社稷"的贵族武士。

周人的世界里，贵族男子也被称为国人，他们享有最高的政治权力，也承担着保家卫国、对外征伐的义务。彼时的"士"必定是贵族男子，而贵族男子也几乎一定是"士"。他们是骁勇善战的，没有后世诸如宋、明等朝代重文轻武的思想。官员也文武不分，和平年代他们在朝中为官、在自己的封地为君，战时则带领着家族子弟上战场。

但即便是在武德充沛的西周，贵族内部也不可能不出现分化。他们中地位崇高者，或为一国之君，或为一家之主，是诸侯、卿大夫；地位低下者，则仅仅保留一点点贵族的福利和微末的头衔。正如《左传·桓公二年》所言："天子建国，诸侯立家，卿置侧室，大夫有贰宗，士有隶子弟，庶人、工、商，各有分亲，皆有等衰。"将贵族们分为天子、诸侯、卿、大夫、士五个等级。士级再往下，便是等同奴隶的"隶子弟"，正式失去了贵族身份。

因此，虽然广义的"士"应当包含从一国之君到最普通的贵族子弟，但大部分时候，"士"仅仅是特指贵族中最下层的那一部分人。他们是西周宗法制下贵族与庶民的分水岭，这个群体在贵族中最为庞大，也最为特殊：向上，他们有着辉煌的家族史，甚至上溯几代就是地位尊崇的一国之君；向下，他们与基层直接打交道，自己随时面临着阶层跌落的可能。

在阶级社会中，人的社会阶层天然有着向下跌落的趋势。原先在宗法制的约束下，大部分的"士"除了被动接受命运的安排，并没有其他出路。但春秋是礼崩乐坏的时代，机遇和挑战同时增多，"士"这个可上可下的阶层一定是感触最深、主观能动性最强的群体：大贵族们危机感不强，底层人没有改变命运所必需的学识和人脉。

"士"的来源，也在变得越来越丰富。列国之间的兼并战争、大家族之间的互相倾轧必定让许多原先的大贵族衰亡，他们曾经煊赫的家世和优良的教育传统，会让其中的一些人拥有重新崛起的可能性。他们的野心也多半要强于普通士人和平民百姓，一旦世道有变，这些人是不甘于沉沦下僚的。另一方面，社会生产力的跃迁给农业生产带来了剩余价值，让土地兼并和商业流通变成可能。

虽然西周开始就存在着"贝币""布币"等看起来像是货币的东西，但基本上仅见于贵族之间大宗商品尤其是土地的交易环节。而且这种交易还带有明显的官方属性，需要朝廷大官来做公证人。真正意义上的商品经济、通货和指向到个人的私有化，应当是春秋时才出现的——血缘氏族社会中个体无足轻重，财产私有化也无从谈起，即便存在也是不完整的私有化。商品经济、私有化的诞生，一定会拉开人与人之间的贫富差距，春秋之前从未出现过的"财主""地主"将走上历史的前台，他们的子弟中毫无疑问会有一部分将脱离农业生产，通过学文习武改变命运、提升阶层，成为"士"的新来源。

也就是说，当社会摆脱了贵族分权、氏族宗法的约束以后，个体的选择将毋庸置疑的变得更为多元化，"阶层固化"的程度肯定会降低。夹在上层贵族和下层民众之间的"士"，便自然由"传统的下层贵族""上层贵族跌落""下层贫民晋升"三个渠道汇聚而成。从春秋到战国，这几类出身的名人如过江之鲫，不可胜数。

比如曹刿，他应当就是传统士的代表。他能够面见国君，可知其家世当是鲁国旧贵族；但平日里连肉都吃不上，证明曹刿只不过是个"低配"贵族。如果他只是一介平民，哪里说得出"小惠未遍，民弗从也""小信未孚，神弗福也"这样有远见卓识的话？又哪能根据"辙乱旗靡"就判断出齐国人是真实战败？这些治国理政的高端技能，除了家学渊源，普通人仅凭智慧是凭空想象不出来的。

再比如孔子，他是贵族倾轧，后世子孙跌落又奋起的典型。他的六世祖叫孔父嘉，为春秋初年宋殇公的司马。宋国与郑国交战屡屡失败引起民众不满，大臣华督利用这种不满情绪作乱，杀掉了宋殇公和司马孔父嘉。孔父嘉之子逃亡到鲁国开枝散叶，于是才有了万世师表的孔夫子。到了孔子这一代家道衰微，生活已经比较困顿了，但好歹他还有机会读书，才有了将来的成就。

孔门弟子里，出身平民的也不少。比如颜回，孔子夸奖他"贤哉！回也。一箪食，一瓢饮，在陋巷。人不堪其忧，回也不改其乐"。一竹笼饭、一瓢冷水、一间贫民区的破房子就足以让颜回"不改其乐"，可见颜回早就过惯了这样的苦日子，连改变生活状态的想法都没有了。另一位与颜回同列"孔门十哲"的弟子端木赐（子贡）则是商人家庭出身，是孔子学生里最有钱的一位。后来端木赐在鲁、卫两国做了很大的官，成功实现了从"富人"到"贵人"的阶层跃迁。可见春秋晚期确实已经有了较为发达的商品经济，而商人有了钱就不仅仅甘于经济地位，同样也要谋求政治地位了。颜回、子路贫富差距大，但他们的出身实则都是平民。

孔子还有一位有代表性的弟子冉雍。冉雍字仲弓，出身寒微，《史记·仲尼弟子列传》载："仲弓父，贱人。"可孔子十分看好这个家世卑贱的弟子："犁牛之子骍且角，虽欲勿用，山川其舍诸？"意思是粗笨的耕牛生下了俊美的小牛，纵然不想用于祭祀，山川神灵也不会答应啊。换言之，冉雍这样的人才，如沙中的黄金，总有一天会被发掘出来。又评价："雍也可使南面。"统治者坐北朝南，这是说冉雍是做领导的料，后来他果然被鲁国执政家族季孙氏简拔任用。"上博简"《中弓》篇第一简，即言"季桓子使仲弓为宰，以告孔子"，师徒之间就如何理政展开了探讨，《论语》也提到"仲弓为季氏宰，问政。"从"贱人"之子，到季孙氏家宰，冉雍的阶层跃迁不可谓不大。

钱穆先生在《先秦诸子系年考辨》中下了这样的结论："孔子弟子，多起微贱。颜子居陋巷，死有棺无椁。曾子耘瓜，其母亲织。闵子骞着芦衣，为父推车。仲弓父贱人。子贡货殖。子路食藜藿，负米，冠雄鸡，佩猳豚。有子为卒。原思居穷阎，敝衣冠。樊迟请学稼圃。公冶长在缧绁。子张鲁之鄙家。虽不尽信，要之可见。其以贵族来学者，鲁惟南宫敬叔，宋惟司马牛，他无闻焉。孔子亦曰：'吾少也贱'，其后亲为鲁司寇，弟子多为家臣，邑大夫。晚世如曾子、子夏，为诸侯师，声名显天下。故平民以学术进身而预贵族之位，自儒而始盛也。"

孔门这些寒微出身的弟子之所以能够一个个出人头地，除了孔子诲人不倦、教学有方外，春秋的社会变迁带来了阶层跨越的时代风口恐怕是更主要的原因。正是因为西周以来层层分封的贵族社会崩塌，世卿世禄垄断一切官职的贵族日渐式微，他们空出来的位置才得以被"士"所填补。原本士是士、卿大夫是卿大夫，二者身份悬殊；可如今的士祖上或许就是卿大夫，如今的卿大夫正在淡出历史舞台，慢慢地，"士"便与"大夫"合流，成了"士大夫"。"士大夫精神"，也就渐渐成为中国历代读书人的精神了。

那什么是"士大夫精神"呢？按照笔者的理解，这是一种兼具贵族精神和平民主义的精神特质。"士"最初的来源是贵族，是以统治者的视角是俯瞰世间的，有重义轻利、讲究形式的"礼"的层面；但随着下层人士通过学习成才、经商致富跃迁而来，必定又有以被统治者视角向上仰视的一面，有追求事功、因地制宜的"俗"的层面。这两面的交织，塑造了中国士大夫独特的人格。所以他们往往是"穷则独善其身，达则兼济天下"，往往是"有人辞官归故里，有人星夜赶科场"。有的人"风声雨声读书声，声声入耳；家事国事天下事，事事关心"，而有的人则"一壶浊酒喜相逢。古今多少事，都付笑谈中"。

从春秋以后，"士"实际上已经不再是天然具备统治权的"国人"，而是需要通过学习被二次任用的"职业"官僚的前身了。一个人的血统就能百分之百决定他的未来的时代已经渐行渐远，"学而优则仕"将成为此后两千年出人头地最重要的路径。当晋国被赵、魏、韩三家瓜分后，姜太公的后人被田氏取代，列国诸侯被强横的卿室们架空，卿室又被跋扈的家臣反制，上陵下替的春秋终于彻底"沸腾"。此时的华夏世界，技术进步推动了社会制度的变迁，七个幅员无比辽阔的强大政权横空出世。位居列国顶点的万乘之尊们，通过官僚体系严密控制着广袤的国土，将统治的触手延伸到每一个自耕农小家庭。他们贪婪地吸取着民间的资源，彼此进行着烈度空前的战争。相比之前的任何一个历史时期，前所未有的竞争强度给有才华的个体带来了前所未有的拼搏机遇。对士人来说，最美好的时代——战国——来了。为此，笔者以小文一篇聊作春秋的收尾，预览一下那即将到来的游士走天下的火热年代——

性情论

夫天之所命谓之性，人之所欲谓之情。性情者，秉天理而合人情，贤愚同而今古一也。故老子曰："含德之厚，比于赤子。"

人生而皆为赤子，蒙昧无知，饥寒则啼、饱暖则哈，其情也真；及长，知世事之难，则矫饰其情、言辞谲诈，其情也伪。时阳虎之出而往拜赐，圣人颇晓权变；鄙诸侯之私而追董卓，则奸雄亦有义愤耳。故人情真伪，在知之与否，何有于曲直？其必曰："古之人皆性如赤子，今之人尽情似操莽，误矣。"

然齐宣王之见孟子也，直言曰："寡人有疾。"此后之王者所不能，何也？非唯宣王至性，亦为势所逼也。

曩者，幽王惑于褒姒，得罪于申侯，身罹犬戎之难。平王东迁，周室比于诸侯。天下纷纷，乱由是启。齐楚秦晋，无岁不征，灭国绝祀者以百数，遂称大国。及战国时，争斗逾烈，报级动曰数万，围城动经数年，农夫皆操戈刃，童稚亦登册籍。当此大争之世，欲人情淳朴、性出天然，可得而欤？

齐地表东海，利兼鱼盐，桓公赖之以霸。虽屡有篡弑，终不失为大。至宣王时，小国屠灭几尽，余者皆战国也。其势不能并立，必相侵吞。论及时要，在广其地而富其民也。然齐夙有者不过青徐，犹与鲁共之。四境非比秦关之百二形胜：西出河北，有三晋龙蟠；南下吴越，有强楚虎视。北乡则虽破灭燕，然终不能有其国。坐四战之地，不图强则无以自存，此其一者。齐人长于商旅，民风剽猂，易动难安，亦非比关中民气纯粹，勇于公战也，此其二者。故虽有稷下之盛，败燕之威，皆虚名而少实。齐之威名益重，则国益危，湣王之败，不亦宜乎？齐宣之礼贤下士、深自谦抑者，盖隐忧深而所图者大也。

非止齐，七国彼此掣肘，一国兴则天下共击之，势皆困顿，人人自危。士因得以游其间，以策干君王。得一贤而富强其国者不可胜举：秦相商君，卒定混一之基；魏用吴起，遂兼河西之地。燕拜乐毅，乃复王哙之仇。失一贤而破灭其国者，亦不可胜举：范雎之秦则魏齐授首，商鞅去魏而子昂见禽，骑劫代将燕师遽败矣。是以七国之君，莫不以并兼相尚而以求贤相法，故孟子辈者颇贵重。其贵重者：列国相争，士无恒主，行合言用则宣力襄赞；不合则去而他适，虽万乘之尊不能制也。

一统之世，士人非仕于当朝则无进身之地，君益尊而臣益卑焉。唐宣宗曰"此阶前万里也"，岂无弦外之音哉？

参考文献

[1] 左丘明 . 左传 [M]. 郭丹，译注 . 北京：中华书局，2016.

[2] 杨伯峻 . 春秋左传注 [M]. 北京：中华书局，2016.

[3] 童书业 . 春秋左传研究 [M]. 上海：上海人民出版社，2019.

[4] 高士奇 . 左传纪事本末 [M]. 杨伯峻，点校 . 北京：中华书局，2015.

[5] 司马迁 . 史记 [M]. 北京：中华书局，2011.

[6] 刘尚慈 . 春秋公羊传译注 [M]. 北京：中华书局，2010.

[7] 榖梁赤 . 春秋榖梁传 [M]. 徐正英，邹皓，译注 . 北京：中华书局，2016.

[8] 周振甫 . 诗经译注 [M]. 北京：中华书局，2010.

[9] 赵世超 . 周代国野制度研究 [M]. 北京：人民出版社，2020.

[10] 赵光贤 . 周代社会辨析 [M]. 北京：人民出版社，1980.

[11] 吕思勉 . 先秦史：吕思勉文集 [M]. 上海：上海古籍出版社，2005.

[12] 徐中舒 . 先秦史论稿 [M]. 四川：巴蜀书社，1992.

[13] 童书业 . 春秋史 [M]. 上海：上海人民出版社，2019.

[14] 晁福林 . 夏商西周的社会变迁 [M]. 北京：北京师范大学出版社，1996.

[15] 晁福林 . 夏商西周史丛考 [M]. 北京：商务印书馆，2018.

[16] 许倬云 . 西周史 [M]. 北京：三联书店，2018.

[17] 杨宽 . 西周史 [M]. 上海：上海人民出版社，2016.

[18] 李峰 . 西周的政体：中国早期的官僚制度和国家 [M]. 吴敏娜等，译 . 北京：三联书店，2010.

[19] 李峰 . 西周的灭亡：中国早期国家的地理和政治危机 [M]. 汤惠生，译 . 上海：上海古籍出版社，2007.

[20] 李孟存，李尚师 . 晋国史 [M]. 山西：三晋出版社，2015.

[21] 张正明 . 楚史 [M]. 湖北：湖北教育出版社，1995.

[22] 中国社会科学院考古研究所 . 殷周金文集成 [M]. 北京：中华书局，2007.

[23] 葛兆光 . 宅兹中国：重建有关"中国"的历史论述 [M]. 北京：中华书局，2011.

[24] 胡鸿 . 能夏则大与渐慕华风：政治体视角下的华夏与华夏化 [M]. 北京：北京师范大学出版社，2017.

[25] 林屋公子 . 先秦古国志 [M]. 北京：华文出版社，2015.

[26] 林屋公子 . 先秦古国志之吴越春秋 [M]. 北京：民主与建设出版社，2016.

一场改变中日朝三国
走向的巅峰对决！

比小说好看
比剧本精彩

你一定爱读的中国战争史

（系列丛书）

有史可证，有迹可循

从春秋到元朝，两千多年的战争故事，让你一读就上瘾

通俗易懂，有趣有料

插科打诨也好，正色直言也罢，说的是古往今来战场风云，塑的是家国内外忠奸百态。场场大戏，英雄、奸雄与"狗熊"，人人都是角儿；篇篇传奇，妙招、奇招和险招，处处有谋略。

中国历史新演绎

用人物刻画战争，用战争串联历史。每一场战争都有典籍支撑。14位新锐作者联袂执笔，精选经典战役铺陈，涉及战略、战术、战法、武器、兵力、布阵、战场展开……

情节紧张，行文爽快

跌宕起伏的王朝命运，两军交戈的剑拔弩张，千钧一发的安危瞬间，惊心动魄的逃亡旅程，风林火山的用兵之法，三十六计的多方施展，卧薪尝胆的多年隐忍，柳暗花明的意外展开……古人的故事，今人读来依然扣人心弦。